普通高等教育新形态教材

BAOGUAN SHIWU

报关实务

山秀娟　管　迪　王洪艳◎主　编
林　建　陈　岚　何　娜　张　平◎副主编
刘振铎　徐军洲◎参　编

清华大学出版社
北　京

内 容 简 介

“报关实务”是国际贸易专业、报关专业、国际货运专业等涉及外贸领域学科的专业核心课程。本书涵盖理论及实训两大体系。理论部分采取案例导入式教学，具体包含海关管理、外贸管制、一般进出口货物、保税加工货物、跨境电商货物、其他海关监管货物、报关单填制等内容；实训部分采取任务引领式教学，包括企业注册、证件申领、建立报关委托关系、一般海关监管货物报关、保税加工货物报关、暂准进出境货物报关等实操内容。案例导入理论教学、任务引领实操演练，理论和实操相结合、更好地提升学生专业素养。本书为新形态教材，采用“互联网＋”教学模式，在正文中嵌入二维码，将互联网信息技术与纸质教材相融合，多种介质综合应用，表现力丰富。

本教材可作为本科及各大高职院校国际贸易、报关、国际货运等涉及外贸专业的教学用书，也可作为从事外贸及报关工作人员的参考书籍。

图书在版编目(CIP)数据

报关实务/山秀娟，管迪，王洪艳主编. —北京：清华大学出版社，2021.6 (2024.1重印)
普通高等教育新形态教材
ISBN 978-7-302-58138-3

Ⅰ.①报… Ⅱ.①山… ②管… ③王… Ⅲ.①进出口贸易-海关手续-中国-高等学校-教材 Ⅳ.①F752.5

中国版本图书馆 CIP 数据核字(2021)第 085700 号

责任编辑：刘志彬
封面设计：汉风唐韵
责任校对：宋玉莲
责任印制：宋　林

出版发行：清华大学出版社
网　　址：https://www.tup.com.cn，https://www.wqxuetang.com
地　　址：北京清华大学学研大厦 A 座　　**邮　　编**：100084
社 总 机：010-83470000　　**邮　　购**：010-62786544
投稿与读者服务：010-62776969，c-service@tup. tsinghua. edu. cn
质量反馈：010-62772015，zhiliang@tup. tsinghua. edu. cn
印 装 者：三河市人民印务有限公司
经　　销：全国新华书店
开　　本：185mm×260mm　　**印　　张**：16.5　　**字　　数**：382 千字
版　　次：2021 年 6 月第 1 版　　**印　　次**：2024 年 1 月第 5 次印刷
定　　价：46.50 元

产品编号：092389-01

前言

2018年4月20日起，国家质量监督检验检疫总局的出入境检验检疫管理职责和队伍统一划入海关总署。出入境检验检疫部门统一以海关名义对外开展工作，一线旅检、查验和窗口岗位实现统一上岗、统一着海关制服、统一佩戴关衔、统一使用海关标识，由此关检融合正式拉开序幕，我国进入了全国通关一体化的改革推进及深化阶段，海关的关务管理规范进入了频繁调整期，这给各大高职院校的应用型人才培养带来极大挑战。

2018年以来海关总署及相关部门陆续发布公告完善法规促进关检融合，推进全国通关一体化改革。整合申报项目是关检业务融合的“第一枪”，也是关检融合标志性的改革举措，企业报关流程和作业模式发生极大变化。关检业务融合过程中，企业报关报检资质合并、海关监管现场布局调整、通关作业查验放行简化，报关单也进一步优化修改，新版报关单从原关、检共计229个申报项目精简合并至105个；随附单证从原报关、报检74项单据合并成10项，102项监管证件合并简化成64项。同时全国范围内推进单一窗口建设，在单一窗口模式下实现国际贸易的许可管理、出口退税、口岸物流、舱单申报、税收缴付、企业资质等多方面的一体化管理，推动内陆同沿海沿边通关协作，实现口岸管理相关部门“信息互换、监管互认、执法互助”。全国通关一体化的改革深化使得行政审批、海关监管、货物验放和通关平台等多个领域全面优化调整，相关法律法规和规章制度、规范性文件有了大幅度变化。

为推进贸易便利化，发挥跨境电商的稳就业促发展作用，海关制定一系列举措优化跨境电商报关环境，新增跨境电商B2C和B2B通关模式，增设跨境电商监管代码。2019年1月开始跨境电子商务零售进出口商品实行“清单核放、汇总申报”便捷通关，2020年7月开始跨境电子商务企业对企业出口监管开展试点业务，货物优先查验，高效放行。

基于以上海关关务管理的重大变化，本书结合近两年的贸易新形势、海关新法规、报关新模式，围绕主要的海关监管货物类型，在内容上有侧重地进行编写，涵盖理论及实训两大体系。理论部分采取案例导入式教学，具体包含海关管理、外贸管制、一般进出口货物、保税加工货物、跨境电商货物、其他海关监管货物、报关单填制等内容；实训部分采取任务引领式教学，提升实践技能，包括企业注册、证件申领、建立报关委托关系、一般海关监管货物报关、保税加工货物报关、暂准进出境货物报关等实训实操内容。本教材通过案例导入和任务引领的两大教材编排特色来提升学生的学习兴趣，提升学生的知识素养和实操技能，更好地培养具有专业特色和职业素养的报关人才。

本教材特色如下：

第一，根据教育部〔2019〕3 号要求，编写的新形态教材，采用“互联网＋”教学模式，文中运用二维码的形式链接了大量拓展教学资源，表现力丰富。

第二，补充跨境电商规范，内容求新，贴合人才需求。近年来全球贸易趋于便利化、通关改革一体化，关务管理政策变动极大，而教学内容较为滞后，严重影响课堂教学效果。本教材结合海关最新法规，补充跨境电商部分的相关规范，介绍最新的报关理论内容和案例，强调最新的技能实训应用，贴合报关行业的真实人才需求。

第三，理论实训结合，结构合理、突出业务重点。本教材从报关类课程特色及行业需求出发，以应用型人才培养为教学目标，通过报关理论和实训项目的有机连接，展开写作。海关监管货物繁多，本教材选取部分重点监管货物分章节展开，突出业务重心，剔除保税物流货物的内容，简化了过境转运、寄售维修等货物的内容，重点选择一般进出口货物、保税加工货物、暂准进出境货物、特定减免税货物及跨境电子商务货物，使学生全面和深入掌握相关报关业务。

第四，依托单一窗口，专设实训、提升实践能力。报关是一项专业性强、应用性强、实践性强的业务，且需要报关员及时更新技能，因此本教材专设实训，以单一窗口为依托，高度仿真现实业务场景，包含企业资质、货物报关、出口退税、证件监管等多个实训任务模块。

本教材由武汉晴川学院山秀娟、沈阳科技学院管迪、东营职业学院王洪艳任主编；西南石油大学林建、龙岩学院陈岚、闽南理工学院何娜、武汉纺织大学张平任副主编；华北科技学院刘振铎、湖北理工学院徐军洲参与编写。

本教材编写过程中参阅了大量教材、法律法规、网站资料，但因时间仓促，加之编写者水平能力有限，教材中若有遗漏和不足之处，恳请读者批评指正。最后感谢南京步惊云软件有限责任公司和天津津通报关公司对本教材的大力支持，提高了教材的实用性，在此谨致以真诚的感谢。

本教材可作为本科及各大高职院校国际贸易专业、报关与国际货运专业等涉及外贸专业的教学用书，也可作为从事外贸及报关工作人员的参考书籍。

编　者

目　录

第一章　报关与海关管理

学习目标

1. 了解报关的概念、分类及内容。
2. 熟悉海关的性质、任务。
3. 掌握海关的权力范围与管理体制。
4. 掌握海关对报关单位与报关员的管理规定。
5. 了解海关通关一体化改革的内容。

案例导入

出行提醒：出境携带现金超过 2 万元或将面临高额罚款！

2018 年 5 月 2 日，广州海关隶属广州天河东站海关在广九直通车现场，接连查获 10 名中国籍旅客违规超量携带货币现金出境，共查获人民币 92.53 万元。依据《中华人民共和国国家货币出入境管理办法》等相关规定，进出境人员每人每次携带人民币的限额为 20 000元。

旅客携带货币进出境时，应详细了解外汇管理和海关通关相关规定，并主动向海关进行申报。如需携带超量外币现钞出境，应先至相关部门办理《携带证》，出境时交由海关核对验放。此外，如果携带超出 5 000 美元或与 5 000 美元等值的外币进境，也须向海关进行申报。通过瞒报、伪报、隐匿等方法企图逃避海关监管的，一经查获海关将依法处理。

出入境，除了禁止携带过量现金以外，过量行李物品也可能会遭受惩罚。2018 年 1 月 23 日，广州机场检验检疫局对一名来自泰国的旅客行李物品进行查验时，发现其携带大量燕窝。经查共计 48 盒，重达 17.8 公斤。据统计，这是广州机场检验检疫部门近年来截获燕窝数量最大的批次。但是，根据相关法律规定，燕窝(罐头装燕窝除外)禁止携带、邮寄入境。检验检疫人员一旦发现，将依法对燕窝予以截留并作退运出境的处理。主要是考虑到燕窝主产地多为禽流感疫区，未经清洗加工或加工工艺不当的燕窝可能会夹带禽类粪便、羽毛等，存在携带高致病性禽流感病毒的风险。

资料来源：搜狐网 https：//m. sohu. com/a/236965605 _ 682078/

案例思考 对于携带现金及行李物品，海关有何监管要求？海关的任务有哪些？除了行李物品，海关监管对象还有哪些呢？

第一节 报关概述

一、报关的含义

根据《中华人民共和国海关法》(以下简称《海关法》)，报关是指进出口货物收发货人、进出境运输工具负责人、进出境物品的所有人或者他们的代理人向海关办理货物、物品或运输工具进出境手续及相关海关事务的过程。

在国际贸易活动中，进出口货物的报关手续由其所有人或代理人完成；进出境物品的报关手续由当事人自己或者代理人完成；运输工具的进出境手续一般由代理完成。本书主要讨论的是国际贸易中进出口货物的报关手续问题。进出口货物的收发货人或者其代理人在货物进出境时，依法办理申报、纳税等手续，接受海关的监管和检查。《海关法》规定："进出境运输工具、货物、物品，必须通过设立海关的地点进境或者出境。"因此，由设立海关的地点进出境并办理规定的海关手续是运输工具、货物、物品进出境的基本规则，也是进出境运输工具负责人、进出口货物收发货人、进出境物品的所有人应履行的一项基本义务。

需要说明的是，在进出境活动中，我们还经常使用"通关"这一概念。通关与报关既有联系又有区别。通关是指进出境运输工具的负责人、进出口货物的收发货人及代理人、进出境货物的所有人向海关办理报关对象进出境手续，海关对其提交的单证和进出境申请书依法进行审核、查验、征缴税费、批量进境出境放行的管理的全过程。两者都是针对运输工具、货物、物品的进出境而言的，但活动角度不同，报关是从海关行政管理相对人的角度，仅指向海关办理进出境手续及相关手续，而通关不仅包括海关行政管理相对人向海关办理有关手续，还包括海关对进出境运输工具、货物、物品依法进行监督管理，核准其进出境的管理过程。

知识链接 1-1 报关与报检

生活中也常常使用清关的概念，清关即结关，是指进出口或转运货物出入一国关境时，依照各项法律法规和规定应当履行的手续。清关是指货物办结了海关手续，海关不再监管(货物的监管不仅限于码头海关监管区域)。货物在办理结关期间，不论是进口、出口或转运，都是处在海关监管之下，不准自由流通。整个报关流程不仅包括狭义的通关阶段，还包括结关。

另外，在货物进出境过程中，有时还需要办理“报检”手续。报检也称报验，一般是指收发货人或代理人按照法律、行政法规、合同的规定或根据需要向进出口商品检验检疫机构申请办理检验、检疫、鉴定工作的手续，是进出口商品检验检疫工作的一个环节。

二、报关的分类

（一）按照报关的目的不同分类

按照报关的目的不同，可分为出口报关和进口报关。

出口报关是指发货人（或其代理）向海关申报出口货物的详细情况，海关据以审查，合格后放行，准予出口。一般出口报关程序主要分为申报、查验、征税、放行四个步骤。

进口报关是指收货人或其代理向海关申报进口手续和缴纳进口税的法律行为。海关根据报关人的申报，依法进行验关。海关经查验无误后，才能放行。进口报关应该分为一般监管方式进口和保税方式进口这两种方式。方式不同报关步骤差别很大。

（二）按照报关对象的不同分类

按照报关对象的不同，可分为运输工具报关、货物报关和物品报关。海关对于不同的报关对象有不同的监管要求，所以分为不同的报关类型。

进出境运输工具报关手续较简单，作为货物、人员及其携带物品的进出境载体，如轮船、火车、飞机、汽车等凡运输工具涉及我国关境的进出行为，必须对运输工具进行申报。主要是向海关交验随附的反映运输工具进出境合法的及运载货物、物品合法的相关清单、证件等单证。

进出境货物报关手续较为复杂，分为进境商品货物和出境商品货物的报关。因为货物用途多样及国家管制政策不同等，不同的货物的报关规范都不尽相同，甚至相同的货物其适用的报关规范也不一致。

进出境物品报关较为简单，指的就是个人携带或特殊机构申请携带进出境的行李物品、生活物品、邮寄进出境的物品进行报关活动。物品的基本特征是非贸易用、自用、合理数量，涉及个人行李包裹。

（三）按报关活动的实施者不同分类

根据报关活动的实施者的不同，即是否存在委托代理关系，可以分为自理报关和代理报关。自理报关是进出口货物收发货人自行办理报关业务。根据我国海关目前的规定，进出口货物收发货人必须依法向海关注册登记后方能自行办理报关业务。代理报关是指接受进出口货物收发货人的委托，代理其办理报关业务的行为。我国《海关法》把有权接受他人委托办理报关业务的企业称为报关企业。报关企业必须依法取得报关企业注册登记许可并向海关注册登记后方能从事代理报关业务。

根据代理报关法律行为责任承担者的不同，代理报关又分为直接代理报关和间接代理报关，如表1-1所示。直接代理报关是指报关企业接受委托人（即进出口货物收发货人）的委托，以委托人的名义办理报关业务的行为。根据相关法律，以委托人名义办理报关业务需要收发货人向报关企业提供授权委托书。间接代理报关是指报关企业接受委托人的委托以报关企业自身的名义向海关办理报关业务的行为。在直接代理中，代理人代理行为的法律后果直接作用于被代理人；而在间接代理中，报关企业应当承担与进出口货物收发货人自己报关时所应当承担的连带的法律责任。目前，我国报关企业大多采取直接代理形式报关，经营快件业务的营运人等国际货物运输代理企业适用间接代理报关。

表 1-1 报关代理的属性和法律责任

行为与责任	代理方式	行为属性	法律责任
报关企业代理报关	直接代理	委托代理行为	法律后果直接作用于被代理人（委托人），报关企业应承担相应的法律责任
	间接代理	视同报关企业自己报关	法律后果直接作用于代理人（报关企业），由报关企业承担收发货人自己报关时应承担的法律责任

（四）按照报关地点的不同分类

按照报关地点的不同，可分为口岸报关与属地报关。

口岸报关，是指在货物的实际进出境地海关报关。属地报关，是指在报关单位的企业注册地直属关区内办理报关手续。目前，海关通关便利化改革实施的“属地申报，口岸验放”是企业在所在地直属关区内报关，进出境地海关验放货物。另外，收发货人为高级认证企业，报关企业为一般信用类及以上企业进出口货物时，可以实施“属地申报，属地放行”的通关模式。

三、报关的内容

（一）进出境运输工具报关的基本内容

根据《海关法》规定，所有进出我国关境的运输工具必须经由设立海关的港口、空港、车站、国界孔道、国际邮件互换局及其他可办理海关手续的场所申报进出境。

进出境运输工具申报的内容如下：运输工具进出境的时间、航次；运输工具进出境时所载货物情况；运输工具工作人员名单及其自用物品、货币等情况；运输工具所载旅客情况；运输工具所载邮递物品、行李物品情况；其他需要向海关申报的情况。

（二）进出境货物报关的基本内容

进出境货物的报关业务包括：按照规定填制报关单，如实申报进出口货物的商品编码、实际成交价格、原产地及相应的优惠贸易协定代码，并办理提交报关单证等与申报有关的事宜；申请办理缴纳税费和退税、补税事宜；申请办理加工贸易合同备案、变更和核销及保税监管等事宜；申请办理进出口货物减税、免税等事宜；办理进出口货物的查验、结关等事宜；办理应当由报关单位办理的其他事宜。

（三）进出境物品报关的基本内容

海关监管进出境物品包括行李物品、邮递物品和其他物品，三者在报关要求上有所不同。《海关法》规定，个人携带进出境的行李物品、邮寄进出境的物品，应当以自用合理数量为限。所谓自用合理数量，对于行李物品而言，“自用”指的是进出境旅客本人自用、馈赠亲友而非为出售或出租，“合理数量”是指海关根据进出境旅客旅行目的和居留时间所规定的正常数量；对于邮递物品，则指的是海关对进出境邮递物品规定的征、免税限制。自用合理数量原则是海关对进出境物品监管的基本原则，也是对进出境物品报关的基本要求。

▶ 1. 进出境行李物品的报关

当今世界上大多数国家的海关法律都规定对旅客进出境采用“红绿通道”制度。我国海关也采用了“红绿通道”制度，如表 1-2 所示。我国海关规定，进出境旅客在向海关申报时，可以在分别以红色和绿色作为标记的两种通道中进行选择。带有绿色标志的通道称“无申报通道”（又称“绿色通道”），适用于携运物品在数量和价值上均不超过免税限额，且无国家限制或禁止进出境物品的旅客；带有红色标志的通道称“申报通道”（又称“红色通道”），适用于携带应向海关申报物品的旅客。对于选择“红色通道”的旅客，必须填写“中华人民共和国海关进出境旅客行李物品申报单”（以下简称申报单）或海关规定的其他申报单证，在进出境地向海关作出书面申报。

知识链接 1-2
出入境旅客行李物品报关方式

表 1-2 绿色通道和红色通道的选择

通　　道	适用条件
绿色通道 （无申报通道）	适用于携带物品在数量和价值上均不超过免税额度，且无国家限制和禁止进出境物品的旅客。
红色通道 （申报通道）	适用于携带有需向海关申报物品的旅客。

▶ 2. 进出境邮递物品的报关

进出境邮递物品的申报方式由其特殊的邮递运输方式决定。我国是《万国邮政公约》的签约国，根据《万国邮政公约》的规定，进出口邮包必须由寄件人填写“报税单”（小包邮件填写绿色标签），列明所寄物品的名称、价值、数量，向邮包寄达国家的海关申报。进出境邮递物品的“报税单”和绿色标签随同物品通过邮政企业或快递公司呈递给海关。

▶ 3. 进出境其他物品的报关

进出境其他物品主要包括暂时免税进出境物品、享有外交特权和豁免权的外国机构或者人员进出境物品等。

个人携带进出境的暂时免税进出境物品须由物品携带者在进境或出境时向海关作出书面申报，并经海关批准登记，方可免税携带进出境，而且应由本人复带出境或进境。

享有外交特权和豁免权的外国机构或者人员进出境公用、自用物品应当以海关核准的直接需用数量为限。使馆和使馆人员因特殊需要携运中国政府禁止或者限制进出境物品进出境的，应当事先获得中国政府有关主管部门的批准。

课堂思考

从美国留学回来，在国际机场行李物品怎么报关？

第二节　海关管理概述

一、海关的性质和任务

《海关法》第二条规定：“中华人民共和国海关是国家的进出关境监督管理机关。海关依照本法和其他有关法律、行政法规，监管进出境的运输工具、货物、行李物品、邮递物品和其他物品，征收关税和其他税、费，查缉走私，并编制海关统计和办理其他海关业务。”

（一）海关的性质

▶ 1. 海关是国家行政机关

我国的国家机关包括享有立法权的立法机关、享有司法权的司法机关和享有行政管理权的行政机关。国务院是我国最高行政机关，海关总署是国务院内设的直属机构。

▶ 2. 海关是国家进出境监督管理机关

海关履行国家行政制度的监督职能，是国家宏观管理的一个重要组成部分。海关依照有关法律、行政法规并通过法律赋予的权力，制定具体的行政规章和行政措施，对特定领域的活动开展监督管理，以保证其按国家的法律规范进行。

海关实施监督管理的范围是进出关境及与之有关的活动，监督管理的对象是所有进出关境的运输工具、货物、物品。

▶ 3. 海关的监督管理是国家行政执法活动

海关通过法律赋予的权力，对特定范围内的社会经济活动进行监督管理，并对违法行为依法实施行政处罚，以保证这些社会经济活动按照国家的法律规范进行。

海关执法的依据是《海关法》和其他有关法律、行政法规。海关事务属于中央立法事权，立法者为全国人大及其常务委员会和国务院。海关总署也可以根据法律和国务院的法规、决定、命令，制定规章，作为执法依据的补充。省、自治区、直辖市人民代表大会和人民政府不得制定海关法律规范，地方法规、地方规章不是海关执法的依据。

（二）海关的任务

《海关法》明确规定海关有四项基本任务，即监管进出境的运输工具、货物、行李物品、邮递物品和其他物品（以下简称监管），征收关税和其他税费（以下简称征税），查缉走私（以下简称缉私）和编制海关统计（以下简称统计）。

▶ 1. 监管

海关监管是指海关运用国家赋予的权力，通过一系列管理制度与管理程序，依法对进出境运输工具、货物、物品的进出境活动所实施的一种行政管理。海关监管是一项国家职能，其目的在于保证一切进出境活动符合国家政策和法律的规范，维护国家主权和利益。海关监管不是海关监督管理的简称，海关监督管理是海关全部行政执法活动的统称。

监管作为海关四项基本任务之一，除了通过备案、审单、查验、放行、后续管理等方式对进出境运输工具、货物、物品的进出境活动实施监管外，还要执行或监督执行国家其他对外贸易管理制度的实施，如进出口许可制度、外汇管理制度、进出口商品检验检疫制度、文物管理制度等，从而在政治、经济、文化道德、公众健康等方面维护国家利益。

▶ 2. 征税

征税是海关的另一项重要任务。海关征税工作的基本法律依据是《海关法》、《中华人民共和国进出口关税条例》(以下简称《关税条例》)以及其他有关法律、行政法规。征税工作包括征收关税和进口环节海关代征税。

进出口货物、物品在办理海关手续放行后，允许在国内流通，应与国内货物同等对待，缴纳应征的国内税。为了节省征税人力、简化征税手续、严密管理，进口货物、物品的国内税由海关代征，即我国海关对进口货物、物品征收关税的同时，还负责代其他机关征收若干种类的进口环节税。目前，由海关代征的进口环节税包括增值税和消费税。

▶ 3. 缉私

查缉走私是海关为保证顺利完成监管和征税等任务，依照法律赋予的权力，在海关监管场所和海关附近的沿海沿边规定地区，为发现、制止、打击、综合治理走私活动而进行的一种调查和惩处活动。

走私是指进出境活动的当事人或相关人违反《海关法》及有关法律、行政法规，逃避海关监管，偷逃应纳税款、逃避国家有关进出境的禁止性或者限制性管理，非法运输、携带、邮寄国家禁止、限制进出境或者依法应当缴纳税款的货物、物品进出境，或者未经海关许可并且未缴应纳税款、交验有关许可证件，擅自将保税货物、特定减免税货物以及其他海关监管货物、物品、进境的境外运输工具在境内销售的行为。

《海关法》规定："国家实行联合缉私、统一处理、综合治理的缉私体制。海关负责组织、协调、管理查缉走私工作。"这一规定从法律上明确了海关打击走私的主导地位以及与有关部门的执法协调。根据我国的缉私体制，除了海关以外，公安、工商、税务、烟草专卖等部门也有查缉走私的权力，但这些部门查获的走私案件，必须按照法律规定，统一处理。各有关行政部门查获的走私案件，应当给予行政处罚的，移送海关依法处理；涉嫌犯罪的，应当移送海关侦查走私犯罪公安机构或地方公安机关依据案件管辖分工和法定程序办理。

▶ 4. 统计

海关统计以实际进出口货物作为统计和分析的对象，通过搜集、整理、加工处理进出口货物报关单或经海关核准的其他申报单证，对进出口货物的品种、数(重)量、价格、国别(地区)、经营单位、境内目的地、境内货源地、监管方式、运输方式、关别等项目分别进行统计和综合分析，全面、准确地反映对外贸易的运行态势，及时提供统计信息和

知识链接 1-3
认识《中华人民共和国海关法》

咨询，实施有效的统计监督，开展国际贸易统计的交流与合作，促进对外贸易的发展。我国海关的统计制度规定，实际进出境并引起境内物质存量增加或者减少的货物，列入海关统计；进出境物品超过自用、合理数量的，列入海关统计。对于部分不列入海关统计的货物和物品，则根据我国对外贸易管理和海关管理的需要，实施单项统计。

二、海关的权力

海关权力是指国家为保证海关依法履行职责，通过《中华人民共和国海关法》(以下称《海关法》)和其他法律、行政法规赋予海关的对进出境运输工具、货物、物品的监督管理权能，属于公共行政职权，其行使受一定范围和条件的限制，并应当接受执法监督。

(一) 行政许可权

行政许可权是指海关依据《海关法》《行政许可法》及《海关实施〈中华人民共和国行政许可法〉办法》规定，对公民、法人组织或者其他组织的申请，经依法审查，准予其从事与海关进出境监督管理相关的特定活动的权力。

海关主要的行政许可事项有：报关企业注册登记(直属海关审批)、出口监管仓、保税仓库设立(直属海关审批)、免税商店设立(海关总署审批)、海关监管货物仓储(直属海关审批)、承运境内海关监管货物的运输企业、车辆注册(直属海关审批)、保税物流中心 A、B 型设立(海关总署审批)、长江驳运船舶转运海关监管货物的进出口货物(直属海关审批)等。

(二) 税费征收权

税费征收权是指海关依据《海关法》《进出口税则》《进出口关税条例》及《进出口货物征税管理办法》的规定，对所有的进出境货物、物品和运输工具行使的征收税费的职权。

海关税费征收权的主要内容有：完税价格的审定；对进出口货物、物品属性存在质疑的有权提取货样进行化验鉴定；在法定期限内，对少征、漏征税款的进出口货物进行补征税、追征税款；依法对特定进出口货物、物品减免税。

(三) 进出境监管权

进出口监管权是指海关依据《海关法》及有关法律、法规的规定，对货物、物品、运输工具进出境活动实施监管的职权。具体内容如下：

▶ 1. 检查权

海关有权检查进出境运输工具，检查有走私嫌疑的运输工具和有藏匿走私货物、物品嫌疑的场所，检查走私嫌疑人的身体。

海关对进出境运输工具的检查不受海关监管区域的限制；对走私嫌疑人身体的检查，应在海关监管区和海关附近沿海沿边规定地区内进行；对有走私嫌疑的运输工具和有藏匿走私货物、物品嫌疑的场所，在海关监管区和海关附近沿海沿边规定地区内，海关人员可直接检查，超出此范围，在调查走私案件时，须经直属海关关长或者其授权的隶属海关关长批准，才能进行检查，但不能检查公民住处。

▶ 2. 查阅、复制权

查阅、复制进出境人员的证件，查阅与进出境运输工具、货物、物品有关的合同、发票、账册、单据、记录、文件、业务函电、录音录像制品和其他的有关资料。

▶ 3. 查问权

海关有权对违反《海关法》或者其他有关法律、行政法规的嫌疑人进行查问，调查其违法行为。

▶ 4. 查验权

海关有权查验进出境货物、个人携带进出境的行李物品、邮寄进出境的物品。海关查验货物认为必要时，可以径行提取货样。

▶ 5. 查询权

海关调查走私案件时，经直属海关关长或者其授权的隶属海关关长批准，可查询案件涉嫌单位和涉嫌人员在金融机构、邮政企业的存款、汇款。

▶ 6. 稽查权

海关在法律规定的年限内，对企业进出境活动及与进出口货物有关的账务、记账凭证、单证资料等有权进行稽查。

▶ 7. 扣留权

海关在下列情况下可以行使扣留权：

(1) 对违反《海关法》或者其他有关法律、行政法规的进出境运输工具、货物和物品以及与之有关的合同、发票、账册、单据、记录、文件、业务函电、录音录像制品和其他资料，可以扣留。

(2) 在海关监管区和海关附近沿海沿边规定地区，对有走私嫌疑的运输工具、货物、物品和走私犯罪嫌疑人，经直属海关关长或者其授权的隶属海关关长批准，可以扣留；对走私犯罪嫌疑人，扣留时间不得超过24小时，在特殊情况下可以延长至48小时。

(3) 在海关监管区和海关附近沿海沿边规定地区以外，对其中有证据证明有走私嫌疑的运输工具、货物、物品，可以扣留。

(四) 行政强制权

行政强制权包括海关行政强制措施和海关行政强制执行。海关强制措施是指海关在行政管理过程中，为制止违法行为、防止证据损毁、避免危害发生、控制危险扩大等情形，依法对公民人身自由实施暂时限制，或者对公民、法人或其他组织的财产实施暂时性控制的行为。

具体包括：限制公民人身自由、扣留财物、冻结存款或汇款、封存货物或者账簿、单证及其他强制措施等。海关行政强制执行是指海关在有关当事人不依法履行义务的前提下，为实现监督管理职能，依法强制当事人履行法定义务的行为。具体包括：加收滞纳金、加收滞报金、扣缴税款、抵缴或变价抵缴等。

进口货物的收货人自运输工具申报进境之日起超过三个月未向海关申报的，其进口货物由海关提取依法变卖处理，所得价款在扣除运输、装卸、储存等费用和税款后，尚有余款的，自货物依法变卖之日起一年内，经收货人申请，予以发还；其中属于国家对进口有限制性规定，应当提交许可证件而不能提供的，不予发还。逾期无人申请或者不予发还的，上缴国库。确属误卸或者溢卸的进境货物，经海关审定，由原运输工具负责人或者货物的收发货人自该运输工具卸货之日起三个月内，办理退运或者进口手续；必要时，经海关批准，可以延期三个月。逾期未办手续的，由海关按前款规定处理。前两款所列货物不宜长期保存的，海关可以根据实际情况提前处理。收货人或者货物所有人声明放弃的进口货物，由海关提取依法变卖处理；所得价款在扣除运输、装卸、储存等费用后，上缴国库。

进出口货物纳税义务人在规定纳税期限内有明显转移藏匿其应税货物及财产迹象的，海关可以责令其提供担保，纳税义务人不提供担保的，由直属关长或授权的隶属关长批准，海关可以冻结存款或扣留货物等采取税收保全措施。

(五) 行政处罚权

海关有权对违法当事人予以行政处罚，包括对走私货物、物品及违法所处以没收，对有走私行为和违反海关监管规定行为的当事人处以罚款，对有违法行为的报关企业和报关员处以暂停或取消报关资格的处罚等。

(六) 佩带和使用武器权

根据《海关工作人员使用武器和警械的规定》，海关使用的武器包括轻型枪支、电警棍、手铐以及其他经批准可使用的武器和警械；使用范围为执行缉私任务时；使用对象为走私分子和走私嫌疑人；使用条件必须是在不能制服被追缉逃跑的走私团体或遭遇武装掩护走私，不能制止以暴力掠夺查扣的走私货物、物品和其他物品，以及以暴力抗拒检查、抢夺武器和警械、威胁海关工作人员生命安全非开枪不能自卫时。

(七) 连续追缉权

进出境运输工具或者个人违抗海关监管逃逸的，海关可以连续追至海关监管区和海关附近沿海沿边规定地区以外，将其带回处理。这里所称的逃逸，既包括进出境运输工具或者个人违抗海关监管，自海关监管区和海关附近沿海沿边规定地区向内(陆地)一侧逃逸，也包括向外(海域)一侧逃逸。海关追缉时需保持连续状态。

(八) 其他海关权力

除上述海关权力外，海关还有行政裁定权、行政复议权、行政命令权、行政奖励权、对知识产权实施海关保护权等权力。

三、海关的管理体制与机构

(一) 海关的管理体制

《海关法》规定，“国务院设立海关总署，统一管理全国海关”，“海关依法独立行使职权，向海关总署负责”，确定了海关总署作为国务院直属机构的地位，进一步明确了海关机构的隶属关系，将海关集中统一的垂直领导体制以法律的形式予以确立。

《海关法》以法律形式明确了海关的设关原则：“国家在对外开放的口岸和海关监管业务集中的地点设立海关。海关的隶属关系，不受行政区划的限制。”“对外开放的口岸”是指由国务院批准，允许运输工具及所载人员、货物、物品直接出入国(关)境的港口、机场、车站，以及允许运输工具、人员、货物、物品出入国(关)境的边境通道。国家规定，在对外开放的口岸必须设置海关、出入境检验检疫机构。“海关监管业务集中的地点”是指虽非国务院批准对外开放的口岸，但是海关某类或者某几类监管业务比较集中的地方，如运输监管、保税加工监管等。“海关的隶属关系，不受行政区划的限制”，表明了海关管理体制与一般性的行政管理体制的区域划分无必然联系。

(二) 海关的组织机构

海关机构的设置为海关总署、直属海关和隶属海关三级。隶属海关由直属海关领导，向直属海关负责；直属海关由海关总署领导，向海关总署负责。

▶ 1. 海关总署

海关总署是国务院的直属机构，在国务院领导下统一管理全国海关机构、人员编制、经费物资和各项海关业务，是海关系统的最高领导部门。海关总署下设广东分署，在上海和天津设立特派员办事处，作为其派出机构。海关总署的基本任务是在国务院领导下，领导和组织全国海关正确贯彻实施《海关法》和国家的有关政策、行政法规，积极发挥依法行政、为国把关的职能。

▶ 2. 直属海关

直属海关是指直接由海关总署领导，负责管理一定区域范围内海关业务的海关。

目前直属海关共有 42 个，另外还有 2 所学校为上海关校和中国海关管理干部学院。除香港、澳门、台湾地区外，分布在全国 31 个省、自治区、直辖市。直属海关就本关区内的海关事务独立行使职权，向海关总署负责。直属海关承担着在关区内组织开展海关各项业务和关区集中审单作业，全面有效地贯彻执行海关各项政策、法律、法规、管理制度和作业规范的重要职责，在海关三级业务职能管理中发挥着承上启下的作用。

▶ 3. 隶属海关

隶属海关是指由直属海关领导，负责办理具体海关业务的海关，是海关进出境监督管理职能的基本执行单位，一般都设在口岸和海关业务集中的地点。

知识链接 1-4
我国直属海关分布情况

▶ 4. 海关缉私警察机构

海关总署、公安部联合组建缉私局，设在海关总署。缉私局既是海关总署的一个内设局，又是公安部的一个序列局，实行海关总署和公安部双重领导，以海关领导为主的体制。海关总署缉私局下辖广东分署缉私局、各直属海关缉私局，直属海关缉私局下辖隶属海关缉私分局。

课堂思考

武汉市是内陆临江城市，武汉海关是哪种类型的海关？是不是所有的海关都在沿海或沿边地区？为什么在武汉光谷软件园(工业区)旁边设立“武汉东湖新经济技术开发区海关”？

第三节　报关单位

一、报关单位的概念

报关单位是指依法在海关注册登记的进出口货物收发货人和报关企业。根据《海关法》规定："进出口货物收发货人、报关企业办理报关手续，必须依法经海关注册登记。"因此，依法向海关注册登记是法人、其他组织或者个人成为报关单位的法定要求。

二、报关单位的类型

（一）进出口货物收发货人

进出口货物收发货人是指依法直接进口或者出口货物的中华人民共和国关境内的法人、其他组织或者个人。

一般而言，进出口货物收发货人指的是依法向国务院对外贸易主管部门或者其委托的机构办理备案登记的对外贸易经营者。对于一些未取得对外贸易经营者备案登记表但按照国家有关规定需要从事非贸易性进出口活动的单位，如境外企业、新闻、经贸机构、文化团体等依法在中国境内设立的常驻代表机构，少量货样进出境的单位，国家机关、学校、科研院所等组织机构，临时接受捐赠、礼品、国际援助的单位，国际船舶代理企业等，在进出口货物时，海关也视其为进出口货物收发货人，属于临时报关单位。

进出口货物收发货人经向海关注册登记后只能为本单位进出口货物报关。

（二）报关企业

报关企业，是指按照规定经海关准予注册登记，接受进出口货物收发货人的委托，以进出口货物收发货人的名义或者以自己的名义，向海关办理代理报关业务，从事报关服务的境内企业法人。报关企业无进出口经营权。

目前，我国从事报关服务的报关企业主要有两类：一类是主营国际货物运输代理等业务，兼营进出口货物代理报关业务的国际货物运输代理公司等；另一类是主营代理报关业务的报关公司或报关行。

进出口货物收发货人与报关企业的区别，如表 1-3 所示。

表 1-3　进出口货物收发货人与报关企业的区别

类　型	报关方式不同	备案管理	备案有效期
进出口货物收发货人	可以自理报关，也可以委托报关企业代理报关。自理报关时，只能为本企业报关。不能代理其他企业报关	有进出口经营权并在经所在地海关备案的进出口货物收发货人可以在全国各个口岸报关	除海关另有规定外，备案长期有效，但每年 6 月 30 号之前向海关提交《报关单位注册信息年度报告》，不再另行通知。逾期未提交的，证书效力自动中止

续表

类型	报关方式不同	备案管理	备案有效期
报关企业	分直接代理报关和间接代理报关，经营国际货物运输代理、国际运输工具代理等业务时采用间接代理报关	经所在地直属海关或者其授权的隶属海关办理注册登记许可后，方能办理报关业务	登记许可期限为 2 年。被许可人需要延续注册登记许可有效期的，应当办理注册登记许可延续手续

三、报关单位的注册登记

根据《中华人民共和国海关报关单位注册登记管理规定》，除法律、行政法规或者海关规章另有规定外，办理报关业务的报关单位，应当按照本规定到海关办理注册登记。

（一）报关注册登记制度的概念

报关注册登记制度是指进出口货物收发货人、报关企业依法向海关提交规定的注册登记申请材料，经注册地海关依法对申请注册登记的材料进行审核，准予其办理报关业务的管理制度。中华人民共和国海关是报关单位注册登记管理的主管机关。

报关单位注册登记分为报关企业注册登记和进出口货物收发货人注册登记。海关对这两类报关单位规定了不同的报关注册登记条件。报关企业应当经所在地直属海关或者其授权的隶属海关办理注册登记许可后，方能办理报关业务，即对于报关企业，海关要求其必须具备规定的受理条件并取得海关报关注册登记许可；进出口货物收发货人可以直接到所在地海关办理注册登记，即对于进出口货物收发货人，海关实行备案登记制度。报关单位应当在每年 6 月 30 日前向注册地海关提交《报关单位注册信息年度报告》。

报关单位所属人员从事报关业务的，报关单位应当到海关办理备案手续，海关予以核发证明。报关单位可以在办理注册登记手续的同时办理所属报关人员备案。

注册申请条件：

（1）具备境内企业法人资格条件；

（2）法定代表人无走私记录；

（3）无因走私违法行为被海关撤销注册登记许可记录；

（4）有符合从事报关服务所必需的固定经营场所和设施；

（5）海关监管所需要的其他条件。

（二）进出口货物收发货人注册登记

进出口货物收发货人应当按照规定到所在地海关办理报关单位注册登记手续。进出口货物收发货人办理注册登记后可以在中华人民共和国关境内口岸或者海关监管业务集中的地点办理本企业的报关业务。

知识链接 1-5

“报关企业注册登记”行政审批事项流程图

除海关另有规定外，进出口货物收发货人的《中华人民共和国海关报关单位注册登记证书》长期有效。

收发货人注册登记申请应当递交的材料如下：

(1)《报关单位情况登记表》；

(2) 营业执照副本以及组织机构代码证书副本复印件；

(3) 对外贸易经营者备案登记表或者外商投资企业(台港澳侨投资企业)批准证书，或者外商投资企业设立备案回执或者外商投资企业变更备案回执复印件；

(4) 企业法定代表人、企业经办人身份证复印件。

自2019年2月开始，申请人办理工商注册登记时，可同步办理《报关单位注册登记证书》，即多证合一式办理，无需再到海关办理备案登记手续；海关不再核发《报关单位注册登记证书》(进出口货物收发货人)；进出口货物收发货人需要获取书面备案登记信息的，可以通过"单一窗口"在线打印备案登记回执，并到所在地海关加盖海关印章。

进出口货物收发货人依法设立的分支机构可以办理进出口货物收发货人分支机构备案，由进出口货物收发货人凭《报关单位情况登记表》向分支机构所在地海关申请办理。进出口货物收发货人及其在海关备案的分支机构可以在全国办理进出口报关业务。进出口货物收发货人应当对其分支机构的行为承担法律责任。

进出口货物收发货人企业名称、企业性质、企业住所、法定代表人(负责人)等海关注册登记内容发生变更的，应当自变更生效之日起30日内向注册地海关办理变更手续。所属报关人员发生变更的，进出口货物收发货人应当在变更事实发生之日起30日内，向注册地海关办理变更手续。

(三) 临时报关单位注册登记

《中华人民共和国海关报关单位注册登记管理规定》第二十八条规定："临时注册登记单位在向海关申报前，应当向所在地海关办理备案手续。特殊情况下可以向拟进出境口岸或者海关监管业务集中地海关办理备案手续。"

下列单位未取得对外贸易经营者备案登记表，按照国家有关规定需要从事非贸易性进出口活动的，应当办理临时注册登记手续：

(1) 境外企业、新闻、经贸机构、文化团体等依法在中国境内设立的常驻代表机构；

(2) 少量货样进出境的单位；

(3) 国家机关、学校、科研院所等组织机构；

(4) 临时接受捐赠、礼品、国际援助的单位；

(5) 其他可以从事非贸易性进出口活动的单位。

海关审核申请资料后，对准予临时注册登记的单位，海关不予核发注册登记证书，仅出具《临时注册登记证明》。临时注册登记有效期最长为1年，有效期届满后应当重新办理临时注册登记手续。

申请临时注册登记的企业、机关、事业单位应根据具体情况提交下列资料：

(1)《报关单位情况登记表》；

(2) 非贸易性活动证明材料。

(四) 报关企业注册登记

报关企业的注册登记管理机关是各直属海关及授权的隶属海关负责企业管理工作的部

门。直属海关未授权隶属海关办理注册登记许可的，隶属海关自受理申请之日起20个工作日内将审查意见报送直属海关，直属海关自收到审查意见之日起20个工作日内作出决定；直属海关授权隶属海关审批的，自受理之日起20个工作日内作出决定。

报关企业在取得注册登记许可的直属海关关区外从事报关服务的，应当依法设立分支机构，并且向分支机构所在地海关备案。报关企业在取得注册登记许可的直属海关关区内从事报关服务的，可以设立分支机构，并且向分支机构所在地海关备案。报关企业分支机构可以在备案海关关区内从事报关服务。备案海关为隶属海关的，报关企业分支机构可以在备案海关所属直属海关关区内从事报关服务。报关企业对其分支机构的行为承担法律责任。

报关企业注册登记许可期限为2年。被许可人需要延续注册登记许可有效期的，应当办理注册登记许可延续手续，应当在有效期届满40日前向海关提出申请，未按规定时限提出申请的，海关不再受理延续申请。报关企业分支机构备案有效期为2年，报关企业分支机构应当在有效期届满前30日到分支机构所在地海关办理换证手续。

知识链接1-6
海关注册登记

1. 报关企业注册登记的申请条件

(1)《报关单位情况登记表》，如表1-4所示；

(2) 企业法人营业执照副本复印件；

(3) 报关服务营业场所所有权证明或者使用权证明；

(4) 其他与申请注册登记许可相关的材料。

2. 报关企业注册登记申请应当递交的材料

(1)《报关单位情况登记表》；

(2)《报关企业注册登记许可申请书》；

(3) 企业法人营业执照副本复印件以及组织机构代码证书副本复印件；

(4) 报关服务营业场所所有权证明或者使用权证明；

(5) 其他与申请注册登记许可相关的材料。

四、报关单位的管理规范

报关单位向海关提交的进出口货物报关单应当加盖本单位的报关专用章。报关专用章应当按照海关总署统一规定的要求刻制。报关企业及其分支机构的报关专用章仅限在其取得注册登记许可或者备案的直属海关关区内使用。进出口货物收发货人的报关专用章可以在全关境内使用。

报关单位、报关人员违反规定，构成走私行为、违反海关监管规定行为或者其他违反《海关法》行为的，由海关依照有关规定予以处理；构成犯罪的，依法追究刑事责任。

报关单位有下列情形之一的，海关予以警告责令改正，可处1万元以下罚款：

(1) 报关单位企业名称、企业性质、企业住所、法定代表人(负责人)等海关注册登记内容发生变更，未按照规定向海关办理变更手续的；

(2) 向海关提交的注册信息中隐瞒真实情况、弄虚作假的。

表 1-4　报关单位情况登记表(模板)

统一社会信用代码					
经营类别		行政区划		注册海关	
中文名称					
英文名称					
工商注册地址				邮政编码	
英文地址					
其他经营地址					
经济区划				特殊贸易区域	
组织机构类型		经济类型		行业种类	
企业类别		是否为快件运营企业		快递业务经营许可证号	
法定代表人(负责人)		法定代表人(负责人)移动电话		法定代表人(负责人)固定电话	
法定代表人(负责人)身份证件类型		身份证件号码		法定代表人(负责人)电子邮箱	
海关业务联系人		海关业务联系人移动电话		海关业务联系人固定电话	
上级单位统一社会信用代码		与上级单位关系		海关业务联系人电子邮箱	
上级单位名称					
经营范围					

序号	出资者名称	出资国别	出资金额(万)	出资金额币制
1				
2				
3				

本单位承诺，我单位对向海关所提交的申请材料以及本表所填报的注册登记信息内容的真实性负责并承担法律责任。

(单位公章)

年　月　日

五、海关对报关单位的信用管理

2018 年 3 月 3 日，海关总署公布了新修订的《中华人民共和国海关企业信用管理办法》，海关根据企业信用状况将企业认定为认证企业、一般信用企业和失信企业，按照“诚信守法便利、失信违法惩戒”原则，分别使用相应的管理措施，如表1-5所示。概括而言，对认证企业实施具有一定激励性和便利性的管理措施，对失信企业实施具有一定约束性和惩戒性的管理措施；对于一般信用企业，海关适用常规性的管理措施。企业可通过海关进出口信用公示平台查询企业信用状态。

表1-5 企业信用类别及对应的管理方式

管理原则	便利管理	AEO高级认证企业	企业信用信息公布在“中国海关企业进出口信用信息公示平台”
	便利管理	AEO一般认证企业	
诚信守法便利	常规管理	一般信用企业	
失信违法惩戒	严密监管	失信企业	

(一) 海关认定的认证企业

认证企业是中国海关经认证的经营者(Authorized Economic Operator，AEO)，是世界海关组织倡导的通过海关对信用状况、守法程度和安全水平较高的企业实施认证，对通过认证的企业给予优惠通关便利的一项制度。《管理办法》将认证企业分为高级认证企业和一般认证企业，主要适用海关注册登记企业及备案企业，包括参与国际流通的生产商、进口商、出口商、中间商、口岸和机场、货站经营者、综合经营者、仓储业经营者和分销商等。

中国海关积极推动AEO的国际互认，截至2020年10月我国已与欧盟、日本和韩国等15个经济体签署了互认安排，涵盖42个国家(地区)，占AEO制度国家(地区)的50%。中国海关与其他国家或者地区海关开展互认的企业主要是海关高级认证企业，相互给予互认企业包括便捷通关在内的相关优惠便利措施。

(二) 海关认定为一般信用企业

企业有下列情形之一的，海关认定为一般信用企业：

(1) 首次注册登记或者备案的企业；

(2) 认证企业不再符合《海关认证企业标准》规定的条件，且未发生失信企业所列情形的；适用失信企业管理满1年，且未再发生失信企业所列的情形的；

(3) 自被海关认定为失信企业之日起连续2年未发生失信企业情形的。

(三) 海关认定为失信企业

企业有下列情形之一的，海关认定为失信企业：

(1) 有走私犯罪或者走私行为的；

(2) 非报关企业1年内违反海关监管规定行为次数超过上年度报关单、进出境备案清单等相关单证总票数千分之一且被海关行政处罚金额超过10万元的违规行为2次以上的，或者被海关行政处罚金额累计超过100万元的；

报关企业1年内违反海关监管规定行为次数超过上年度报关单、进出境备案清单总票数万分之五的，或者被海关行政处罚金额累计超过10万元的；

(3) 拖欠应缴税款、应缴罚没款项的；

(4) 经过实地查看，在海关登记的住所或者经营场所无法查找并且通过在海关登记的联系方式无法取得联系的企业(失联企业)被海关列入信用信息异常企业名录超过90日的；

(5) 假借海关或者其他企业名义获取不当利益的；

(6) 向海关隐瞒真实情况或者提供虚假信息，影响企业信用管理的；

(7) 抗拒、阻碍海关工作人员依法执行职务，情节严重的；

(8) 因刑事犯罪被列入国家失信联合惩戒名单的；

(9) 海关总署规定的其他情形。

当年注册登记或者备案的非报关企业、报关企业，1年内因违反海关监管规定被海关行政处罚金额分别累计超过100万元、30万元的，海关认定为失信企业。

(四) 海关终止认证的情形

企业有下列情形之一的，海关应当终止认证：

(1) 发生涉嫌走私或违反海关监管规定的行为被海关立案侦查或调查的；

(2) 申请认证期间，企业被海关稽查、核查的，海关可以终止认证；

(3) 主动撤回认证申请的；

(4) 其他应当终止认证的情形。

(五) 海关对企业信用状况的认定结果事实动态调整

海关对高级认证企业应当每3年重新认证一次，对一般认证企业不定期重新认证。认证企业未通过重新认证适用一般信用企业管理的，1年内不得再次申请成为认证企业；高级认证企业未通过重新认证但符合一般认证企业标准的，适用一般认证企业管理。

适用失信企业管理满1年，且未再发生失信企业规定情形的，海关应当将其调整为一般信用企业管理。

失信企业被调整为一般信用企业满1年的，可以向海关申请成为认证企业。

(六) 企业对各类企业的管理原则和措施

▶ 1. 一般认证企业

一般认证企业适用下列管理措施：

(1) 进出口货物平均查验率在一般信用企业平均查验率的50%以下；

(2) 优先办理进出口货物通关手续；

(3) 海关收取的担保金额可低于其可能承担的税款总额或海关总署规定的金额；

(4) 海关总署规定的其他管理措施。

▶ 2. 高级认证企业

高级认证企业除适用一般认证企业管理措施外，还适用下列管理措施：

(1) 进出口货物平均查验率在一般信用企业平均查验率的20%以下；

(2) 可以向海关申请免除担保；

(3) 减少对企业稽查、核查频次；

(4) 可以在出口货物运抵海关监管区之前向海关申报；

(5) AEO互认国家或者地区海关提供的通关便利措施。

（6）海关为企业设立协调员；

（7）国家有关部门实施的守信联合激励措施；

（8）因不可抗力中断国际贸易恢复后优先通关；

（9）海关总署规定的其他管理措施。

▶ 3. 失信企业

知识链接 1-7

中国海关与白俄罗斯海关正式实施 AEO 互认

失信企业适用海关下列管理原则和措施：

（1）进出口货物平均查验率在 80%以上；

（2）不予免除查验没有问题企业的吊装、移位、仓储等费用；

（3）不适用汇总征税制度；

（4）除特殊情形外，不适用存样留像放行措施；

（5）经营加工贸易业务的，全额提供担保；

（6）提高对企业稽查、核查频次；

（7）国家有关部门实施的失信联合惩戒措施；

（8）海关总署规定的其他管理措施。

▶ 4. 其他管理规定

（1）高级认证企业适用的管理措施优于一般认证企业；

（2）因企业信用状况认定结果不一致导致适用的管理措施相抵触的，海关按照就低原则实施管理；

（3）认证企业涉嫌走私被立案侦查或者调查的，海关暂停适用相应管理措施，按照一般信用企业进行管理；

（4）企业名称或者海关注册编码发生变更的，海关对企业信用状况的认定结果和管理措施继续适用；

（5）企业有下列情形之一的，按照以下原则作出调整：

① 企业发生存续分立，分立后的存续企业承继分立前企业的主要权利义务的，适用海关对分立前企业的信用状况认定结果和管理措施，其余的分立企业视为首次注册企业；

② 企业发生解散分立，分立企业视为首次注册企业；

③ 企业发生吸收合并，合并企业适用海关对合并后存续企业的信用状况认定结果和管理措施；

④ 企业发生新设合并，合并企业视为首次注册企业。

课堂思考

两种类型报关单位注册登记办理方式有何不同？若收发货人是 AEO 高级认证企业能够享受哪些通关的便利？

第四节　报　关　员

一、报关员概念

报关员是就职于某一报关单位，经报关单位向海关备案，为进出口货物、物品或运输工具向海关办理申报、纳税等手续的工作人员。根据2014年3月实施的《中华人民共和国海关报关单位注册登记管理规定》，报关人员指经报关单位向海关备案，专门负责办理所在单位报关业务的人员。

二、报关员权利和义务

报关员的权利主要有：以所在报关单位名义执业，办理报关业务；向海关查询其办理的报关业务情况；拒绝海关工作人员的不合法要求；对海关对其作出的处理决定享有陈述、申辩、申诉的权利；依法申请行政复议或者提起行政诉讼；合法权益因海关违法行为受到损害的，依法要求赔偿。

报关员的义务主要有：熟悉所申报货物基本情况，对申报内容和有关材料真实性、完整性进行合理审查；提供齐全、正确、有效的单证，准确、清楚、完整填制海关单证，并按照规定办理报关业务及相关手续；海关查验进出口货物时，配合海关查验；配合海关稽查和对涉嫌走私违规案件的查处；协助所属报关单位完整保存各种原始单证、票据、函电等资料，协助报关单位办理有关事项。

三、报关员备案

报关单位所属人员从事报关业务到海关备案的，海关收取《报关单位情况登记表（所属报关人员）》如表1-6，和身份证复印件，验核拟备案报关人员有效身份证件原件后，核发《报关人员备案证明》。

表1-6　报关单位情况登记表（所属报关人员）

所属报关单位统一社会信用代码				
序号	姓名	身份证件类型	身份证件号码	业务种类
1				□备案　□变更　□注销
2				□备案　□变更　□注销
3				□备案　□变更　□注销
4				□备案　□变更　□注销
5				□备案　□变更　□注销

我单位承诺对本表所填报备案信息内容的真实性和所属报关人员的报关行为负责并承担相应的法律责任。

（单位公章）

年　月　日

<table>
<tr><td>

报关人员备案证明

（报关单位名称）：

你单位（海关注册编码：__________）所属报关人员__________（身份证件类型）号码：（__________）已完成海关备案，备案编号：________，备案日期：__________。

海关

（注册登记印章）

年　月　日

</td></tr>
</table>

报关员注册有效期为2年。报关员需要延续报关员注册有效期的，应当办理报关员注册延续手续。报关员未办理注册延续手续或者海关未准予报关员注册延续的，自有效期届满之日起，其报关员注册自动终止。报关员办理报关员注册延续手续的，应当在有效期届满30日前向海关提出。

四、中国报关协会及关务水平测试

中国报关协会（China Customs Brokers Association，CCBA）于2002年12月11日成立，是由中华人民共和国民政部注册，是由经海关批准的从事报关的企业、地方报关协会、报关单位和个人自愿结成的非营利性质的具有法人资格的全国性行业组织。中国报关协会是中国唯一的全国性报关行业组织，协会成员包括报关企业、进出口货物收发货人及其报关员。中国报关协会受民政部和海关总署双重管理，其登记管理机关为民政部，业务主管单位为海关总署。

知识链接1-8 关务水平测试的测试内容及组织

关务水平测试现由中国报关协会主管。

课堂思考

海关总署自2014年取消报关员资格核准审批，对报关从业人员不再设置门槛和准入条件，是否意味着对报关人员素质要求降低了？

第五节　全国通关一体化改革

近年来，海关总署牵头，会同相关部委和地方政府，深入贯彻落实供给侧结构性改革和“放管服”改革要求，在国务院“推进‘单一窗口’建设，实现全国通关一体化”的目标安排下，以口岸管理相关部门自身业务一体化为基础，以“单一窗口”为依托，以“三互”大通关为机制化保障，共同努力实现跨地区、跨层级、跨部门的通关协作，推动全国通关一体化取得积极进展。

一、一体化通关的内容

一是口岸相关部门自身业务一体化基本形成。公安部应用全国统一的出入境边防检查信息系统，统一边检执法执勤制度，基本实现边检业务体系一体化。交通运输部推广应用全国统一的船舶安全监督管理系统，全面实现船舶通关一体化。质检总局实现"通报、通检、通放"和"出口直放、进口直通"的检验检疫通关一体化。海关总署建设风险防控中心和税收征管中心，企业可在全国任一海关办理全部通关手续，口岸防控安全准入风险，95%以上的审价归类作业后移到货物放行后处置，海关全国通关一体化迈上新台阶。

二是"单一窗口"进一步促进贸易便利化。17个省市建成"单一窗口"，企业可以通过"单一窗口"一次提交满足所有部门申报需求的数据，由系统后台分发，各部门并联作业，系统统一反馈结果，减少同类数据重复录入和在相关部门间来回奔波。为实现主要功能标准统一，包括货物申报、运输工具申报、税费支付等9大功能的"单一窗口"标准版正在推进建设，年底前实现所有口岸全覆盖。

三是"三互"大通关协作机制成效明显。加强国际大通关协作助推"一带一路"建设，与沿线国家海关合作，努力推进互联互通、"关通天下"。各相关部委通过建设信用信息平台、推进联网核查、签署合作备忘录等形式，深化和拓展信息共享。扎实推进"一站式作业"，关检联合查验全面推广实施，国际航行船舶联合登临检查工作有序推进。

四是外贸营商环境持续优化。不断完善通关诚信体系，相关部委对进出口企业实施联合激励和联合惩戒。落实"双随机、一公开"，不让企业进"保险箱"。实施出口退税数据联网传输并取消签发纸质证明联，出口退税更加便捷。对全国查验没有问题的外贸企业免除吊装、移位、仓储等费用约5亿元，惠及企业16万家。制定并实施压缩货物通关时间三分之一的具体措施。

五是国际贸易"单一窗口"建设，实现全国所有口岸全覆盖。建立进出境申报、物流监控、企业资信等数据共享平台，凡可通过口岸部门间联网查验的证件、资料不再要求企业提供，最大限度实现申报、查验、税费支付等各环节无纸化。2017年内基本实现全国通关一体化。两中心建设并全面启用，实现全部运输方式和税则各章节的全覆盖。稳步推进"一次申报、分步处置"通关模式，深化税收征管方式改革，推进全国海关协同监管，让企业感受"全国海关是一关"。

知识链接1-9
案例：关检融合后的整车查验

六是深化协作共管，推进统一执法和联合执法。以信息共享为基础实施联合监管，推进跨部门一次性联合检查。将现行货物报关报检"串联"流程改为"并联"，探索多环节合一、扁平化的口岸管理新模式。强化跨部门、跨地区通关协作，实现在货物进出口岸或申报人所在地海关和检验检疫机构均可以办理全部报关报检手续。同时强化风险防控，确保通得快、管得住。

二、关检融合整合申报

按照海关总署统一部署，从2018年8月1日起，海关进出口货物将实行整合申报，报关单、报检单合并为一张报关单。此次整合申报项目是关检业务融合标志性的改革举措，将改变企业原有报关流程和作业模式，实现报关报检"一张大表"货物申报。

整合申报项目主要是对海关原报关单申报项目和检验检疫原报检单申报项目进行梳

理，报关报检面向企业端整合形成“四个一”，即“一张报关单、一套随附单证、一组参数代码、一个申报系统”，整合后变化如表1-7所示。

▶ 1. 整合原报关、报检申报数据项

在前期征求各部委、报关协会、部分报关企业意见的基础上，按照“依法依规、去繁就简”原则，对海关原报关单和检验检疫原报检单申报项目进行梳理整合，通过合并共有项、删除极少使用项，将原报关、报检单合计229个货物申报数据项精简到105个，大幅减少企业申报项目。

▶ 2. 原报关报检单整合形成一张报关单

整合后的新版报关单以原报关单48个项目为基础，增加部分原报检内容形成了具有56个项目的新报关单打印格式。此次整合对进口、出口货物报关单和进境、出境货物备案清单布局结构进行优化，版式由竖版改为横版，与国际推荐的报关单样式更加接近，纸质单证全部采用普通打印方式，取消套打，不再印制空白格式单证。修改后的进口、出口货物报关单和进境、出境货物备案清单格式自2018年8月1日起启用，原报关单、备案清单同时废止，原入境、出境货物报检单同时停止使用。

▶ 3. 原报关报检单据单证整合为一套随附单证

整合简化申报随附单证，对企业原报关、报检所需随附单证进行梳理，整理随附单证类别代码及申报要求，整合原报关、报检重复提交的随附单据和相关单证，形成统一的随附单证申报规范。

▶ 4. 原报关报检参数整合为一组参数代码

对原报关、报检项目涉及的参数代码进行梳理，参照国际标准，实现现有参数代码的标准化。梳理整合后，统一了8个原报关、报检共有项的代码，包括国别(地区)代码、港口代码、币制代码、运输方式代码、监管方式代码、计量单位代码、包装种类代码、集装箱规格代码等。具体参数代码详见：海关总署门户网站〉在线服务〉通关参数〉关检融合部分通关参数查询及下载。

▶ 5. 原报关报检申报系统整合为一个申报系统

在申报项目整合的基础上，将原报关报检的申报系统进行整合，形成一个统一的申报系统。用户由“互联网＋海关”、国际贸易“单一窗口”接入。新系统按照整合申报内容对原有报关、报检的申报数据项、参数、随附单据等都进行了调整。

关检融合重点变化，如表1-7所示。

表1-7　关检融合重点变化

变化事项	变化内容	实施前	实施后
业务	境外收发货人	不做要求	鼓励填写
	境内收发货人	没有强制要求同时具备收发货人和检验检疫自理报检资质	必须同时具备收发货人和检验检疫自理报检资质
	申报企业	没有强制要求报关报检资质	必须同时具备报关报检资质

续表

变化事项	变化内容	实施前	实施后
填制	数据元	报关报检共229项数据元，报关基本申报项48项	105项数据元，报关基本申报项76项
	企业代码	分别填写海关备案号和检验检疫备案号	优先按照社会统一信用代码填报
	商品编码	10位海关商品编码	10位海关商品编码+3位检验检疫编码
	集装箱商品项号关系	无须填写	填写
	关检关联号	关检报关单和报检单	关检合一不需关联
随附单据	上传方式	分别上传	统一上传
	上传格式	报关支持PDF，报检支持多格式	只支持PDF
参数	参数变化	国别代码，港口代码，币制代码，运输方式代码，监管方式代码，计量单位代码，包装种类代码，集装箱规格代码	
打印方式	打印项目	按照报关单48项打印，商品8项	新报关单含检疫项目共56项，商品信息6项
	打印方式	套打	A4打印，第二页开始无表头信息
	打印版式	竖版	横版
	打印内容	右上角打印条形码	右上角同时打印二维码和条形码

技能演练

进出口企业登记注册

业务背景

任务1 《对外贸经营者备案登记》办理

任务2 营业执照经营范围修改

任务3 进出口货物收发货人注册登记

任务4 进出口购汇及核销登记

任务5 企业备案注册(多证合一)

技能演练-1

进出口企业登记注册

线上课堂——练习与测试

扫描封底二维码刮刮卡
获取答题权限

在线题库-1

案例分析-1

第二章　报关与对外贸易管制

学习目标

1. 了解外贸管制的概念、目的和实现途径。
2. 理解我国外贸管制的主要措施。
3. 掌握禁止、限制、自由进出口货物、技术管制制度的基本内容。
4. 掌握进出口许可证及证件的海关管理规范。
5. 了解进出口货物收、付汇管制制度的基本内容和贸易救济措施的基本内容。

案例导入

拱北海关首次查获“世界上最危险的水果”——炮弹果

2019 年 1 月拱北海关首次截获炮弹果。据拱北海关隶属闸口海关植物检疫鉴定初筛室了解，炮弹果成熟或遭遇外力时，果实会炸裂，且爆炸威力不小，具有一定的危险性。目前该果实已被妥善存放到防爆箱中待后续处理。事发当日晚 19 时，拱北口岸入境旅客新斤，一名旅客行李箱过 X 光机检查时，图像显示箱内有一尺寸较大、橙色球状物体，引起了海关关员的注意。经检查，该旅客行李箱内有一个形似椰子的球状果实，外表呈茶褐色，净重 3.8 千克。据旅客自述，该果实来自新加坡，是新加坡好友家中种植的果实并赠予其食用，因果实独特少见，准备将其带入境与家人一起食用。由于该旅客未申报且无相关检疫审批手续，海关关员依法对该水果作截留销毁处理。随后关员将果实封存后送往初筛室作鉴定。

经鉴定，该果实尺寸约 20cm×20cm，木质外壳坚硬，顶端有六个坑状疤痕，各项特征均与炮弹果相符。其外壳很坚硬，内部有 65～550 粒坚硬的种子。由于果实不仅硕大且十分沉重，在其原产地，一旦从树上掉落，很可能砸伤从树下经过的人。据资料介绍，当果实成熟或受到一定程度的外力冲击时还会发生爆炸，威力类似一个小型手榴弹。爆炸时，坚硬的外皮和果实里的种子四处飞散，最远可波及方圆20米，起到传播种子的作用，有利于繁衍后代，但爆炸的威力却足以伤害或杀死鸟类。

拱北海关提醒出入境旅客，新鲜水果、具有繁殖能力的植物材料等，都不允许携带入境。如违规携带，不仅物品会被依法截留销毁或退回，携带人还可能被处以罚款5000元以下的行政处罚，情节严重的，将面临刑事处罚。

资料来源：https：//baijiahao. baidu. com/s? id=1622236839922738870&wfr=spider&for=pc

案例思考　出入境检验检疫制度是我国对外贸易管制的重要框架之一，包含哪些内容。除此之外，我国外贸管制制度的主要框架还有哪些?

第一节　对外贸易管制概述

一、对外贸易管制的概念

对外贸易管制是指一个国家政府为了国家的宏观经济利益、国内外政策需要及履行所缔结或所加入的国际公约的义务，在符合国际贸易有关规则的基础上，确立实行各种管制措施，设立相应管制机构，通过对本国的进出口活动采取各种贸易政策或措施以规范对外贸易活动的总称。

对外贸易管制是各个国家政府实现政治及经济目的的手段，制定对外贸易管制措施是各个国家不可或缺的政府职能，绝大多数的国家所制定的对外贸易管制制度大都不尽相同。整体来说，对外贸易管制的制度制定基本可分为以下三类，即：一是按管理目的分为进口贸易管制和出口贸易管制；二是按管理手段分为关税措施和非关税措施；三是按管制对象分为货物进出口管制、技术进出口管制、国际服务贸易管制。

对外贸易管制的要义包括以下几点：

(一) 贸易管制政策是一国对外政策的体现

对外贸易管制以实现国家对内对外政策目标为基本出发点。不同时期一国根据其不同的政治目的及经济目的或军事目的，可能制定不同的外贸管制政策。如我国稀土资源及产品的管制变化。中国是世界上稀土产量最大的国家，一直以来也是第一大稀土出口国。1985年我国的稀土管制政策是积极鼓励，随着经济发展，稀土作为众多高精产业的工业原料，世界发达国家均逐渐视稀土为其国家军事发展及经济发展的战略性制约资源，我国对稀土的管制也逐渐收紧。1998年建立稀土出口配额制度，到2005年取消出口退税，到2006年启动出口征税，禁止部分稀土产品出口，2008年对稀土精矿增加出口税率，对部分稀土产品下降出口配额。

知识链接 2-1
外贸管制制度的政策调整

(二) 对外贸易管制是国家管制

对外贸易管制制度确立、机构设置和措施实施的权利属于中央行政立法机构，与地方各级政府无关，外贸管制制度所涉及的法律渊源也只限于宪法、法律、部门规章及相关的国际条约，与地方性法规及各民族自治区政府的地方条例无关。在我国，外贸管制以进口管制为主，如关税或进口配额、进口许可证等手段。

(三) 对外贸易管制是政府的一种强制性行政管理行为

对外贸易管制所涉及的法律制度都具有强制性，外贸贸易管制措施一经政府制定并生效后对所有有关经营者及进出境有关对象都具有强制性，对外贸易经营者或其代理人在报关活动中必须无条件严格遵守。具体来看，如由国务院商务主管部门或其会同国务院有关部门制定的《禁止进/出口货物目录》，凡是纳入目录的均不得进出口。

课堂思考

对外贸易管制与贸易壁垒等同吗？

二、对外贸易管制的目的

对外贸易管制不同于贸易壁垒，它是一国政府维护本国经济权益保护国民安全的重要职能。尽管不同国家所实行的政策在形式和内容上存在诸多差异，但其管制目的存在一致性，表现为以下几方面。

(一) 对外贸易管制是为了发展本国经济，保护本国经济利益

各国的外贸管制措施往往紧靠经济发展。发达国家实行对外贸易管制，目的在于维持其产品垄断和技术垄断的竞争优势，避免国际贸易活动对本国经济产生不良影响，发展本国经济；发展中国家则是为了保护其民族工业的良好发展，防止国外产品冲击其国内市场过于猛烈从而损及国内经济。除此之外保护本国的国际金融地位和国际收支平衡也是各国外贸管制的主要目的。

(二) 对外贸易管制有时也是为了达到国家政治或军事目的

无论是发达国家还是发展中国家，往往出于政治或军事的考虑，在不同时期对不同国家或不同商品实行外贸管制，甚至不惜牺牲经济利益。因此，贸易管制往往成为一国推行外交政策的有效手段。

(三) 各国实现对外贸易管制，也是为了实现国家职能

主权国家，对其自然资源和经济行为享有排他的永久主权。对外贸易管制制度和措施的强制性是国家为实现保护本国环境和自然资源、保障国民人身安全、调控本国经济而实现国家管理职能的一个重要体现。

从对外贸易管制的目的不难看出贸易管制政策是一国对外政策的体现。正是为了实现上述目的，各国都要根据其不同时期的不同经济利益或军事和政治形势需要，随时调整对外贸易管制政策。因此，不同国家或同一国家的不同时期的贸易管制政策是不尽相同的。贸易管制因时因势而变化的性质，是贸易管制的又一特点。此外对外贸易管制的另一特点

是以对进口的管制为重点。虽然贸易管制有效地保护了本国国内市场和本国的经济利益，但在一定程度上也阻碍了世界经济交流，抑制了国际贸易的发展。因此，如何充分发挥贸易管制的有利因素，尽量减少其带来不利因素，变被动保护为主动、积极的保护，是衡量一个国家管理对外贸易水平的标志。

所以对外贸易管制的特点可以概括为以下三条：

（1）各国不同的外贸管制政策，是该国对外政策的体现；

（2）对外贸易管制政策，并不是一成不变，在同一国家或不同的国家会因时间或形势的变化而发生变化；

（3）对外贸易管制政策中以进口管制为主，我国对出口货物或技术的管制要宽松很多，其他各国也均以进口管制为重点。

三、对外贸易管制的实现方式

对外贸易管制是对外贸易的国家管制，任何从事对外贸易活动者都必须无条件遵守。国家对外贸易管制的目标是以对外贸易管制法律法规为保障，依靠有效的政府行政管理手段来最终实现。

（一）海关监管是实现外贸管制的重要手段

海关通过对进出关境的货物或其他商品的监管来实现管制。我国将对外贸易划分为货物进出口，技术进出口和国际服务进出口，货物的贸易及通过货物形式表现出来的技术贸易，最终都要经过关境实现贸易行为。海关在国家赋予的权力下作为进出关境监督管理机关，行使进出境的监督管理职责。

《海关法》第四十条规定："国家对进出境货物、物品有禁止性或限制性规定的，海关依据法律、行政法规、国务院的规定或者国务院有关部门依据法律、行政法规授权做出的规定实施监管。"该条款不仅赋予了海关对进出口货物依法实施监督管理的权力，还明确了国家对外贸易管制政策所涉及的法律法规，是海关对进出口货物监管工作的法律依据。根据我国行政管理职责分工，与对外贸易管制相关的法律、行政法规、部门规章分别由全国人大、国务院及其所属各部、委（局）负责制定颁发，海关则是贸易管制政策在货物进出口环节的具体执行机关。

因此，海关对进出口货物实施监管或制定有关监管程序时，必须以国家贸易管制政策所涉及的法律法规为依据，充分重视这些法律法规与海关实际工作之间的必然联系，以准确贯彻和执行政策作为海关开展各项管理工作的前提和原则，制定合法、高效的海关监督管理程序，充分利用《海关法》赋予的权力，确保国家各项贸易管制目标的实现。

（二）报关是海关确认进出口货物合法性的先决条件

报关是进出口收发货人或其代理人依法向海关进行进出口申报办理海关手续的过程，是履行进出口手续的必要环节。从法律意义上来说，报关意味着向海关报告进出口货物的情况，申请按其申报的内容放行进出口货物。《海关法》第二十四条规定："进口货物的收货人、出口货物的发货人应当向海关如实申报，交验进出口许可证件和有关单证。国家限制进出口的货物，没有进出口许可证件的，不予放行。"该条款是关于收发货人在办理进出口货物海关手续时关于申报环节法律义务的规定，也是有关"'单''证''货'互为相符是海关确认货物合法进出口的必要条件"之法律依据。因此，报关不仅是进出口货物收发货人或其代理人必须履行的手续，也是海关确认进出口货物合法性的先决条件。

也就是说对进出口受国家贸易管制的货物，只有确认达到"单单相符""单货相符""单证相符""证货相符"的情况下，海关才可放行，也就是说海关是通过"单""证""货"三大要素，对实际进出口货物合法性的监管来实现贸易管制。

由于进出口货物涉及的"单""证"是根据法律由国家商务主管部门及其他行业主管部门依据国家贸易管制政策发放的各类许可证件，因此整个外贸管制过程是在国家多个职能部门共同协调和参与下完成。

四、对外贸易管制的法律体系

我国对外贸易管制制度是一种综合管理制度，主要由海关监管制度、关税制度、对外贸易经营者的资格管理制度、进出口许可制度、出入境检验检疫制度、进出口货物收付汇管理制度以及贸易救济制度等构成。为保障贸易管制各项制度的实施，我国已基本建立并逐步健全起了以《对外贸易法》为核心的对外贸易管理与管制的法律体系，并依照这些法律、行政法规、部门规章和我国履行国际公约的有关规定，自主实行对外贸易管制。

由于贸易管制是种国家管制，其法律渊源不包括地方性法规、地方性规章及各民族自治区政府的地方条例和单行条例，贸易管制所涉及的法律渊源只限于宪法、法律、行政法规、部门规章以及相关的国际条约。

（一）法律

法律是指由国家最高权力机关——全国人民代表大会或它的常务委员会制定，由国家主席颁布的规范性文件的总称。我国现行的与贸易管制有关的法律主要有：《中华人民共和国对外贸易法》《中华人民共和国海关法》《中华人民共和国进出口商品检验法》《中华人民共和国进出境动植物检疫法》《中华人民共和国固体废物污染环境防治法》《中华人民共和国国境卫生检疫法》《中华人民共和国野生动物保护法》《中华人民共和国药品管理法》《中华人民共和国文物保护法》《中华人民共和国食品卫生法》等。

（二）行政法规

行政法规是指国务院为了实施宪法和其他相关法律，在自己职权范围内，制定的基本行政管理规范性文件的总和。我国现行的与贸易管制有关的行政法规主要有：《中华人民共和国货物进出口管理条例》《中华人民共和国技术进出口管理条例》《中华人民共和国进出口关税条例》《中华人民共和国知识产权海关保护条例》《中华人民共和国核出口管制条例》《中华人民共和国野生植物保护条例》《中华人民共和国外汇管理条例》等。

（三）部门规章

部门规章是国务院各部门根据法律和国务院的行政法规、决定和命令，在本部门权限范围内发布的规范性文件总和。我国现行的与贸易管制有关的部门规章很多，例如：《货物进口许可证管理办法》《货物出口许可证管理办法》《货物自动进口许可管理办法》《出口收汇核销管理办法》《进口药品管理办法》《中华人民共和国精神药品管理办法》《中华人民共和国放射性药品管理办法》《纺织品出口自动许可暂行办法》等。

（四）国际条约

国际条约是指国家及其他国际法主体间所缔结的以国际法为准则，并确定其相互关系中的权利和义务的一种国际书面协议。也是国际法主体间相互交往中最普遍的法律形式。

由于各国在通过国内立法实施本国进出口贸易管理和管制的各项措施的同时，必然要与其他国家协调立场，确定相互之间在国际贸易活动中的权利与义务关系，以实现其外交政策和对外贸易政策所确立的目标，因此国际贸易条约与协定便成为各国之间确立国际贸易关系立场的重要的法律形式。我国目前所签订生效的各类国际条约，虽然不属于我国国内法的范畴，但就其效力而言可将其视为我国的法律渊源之一。我国对外贸易管制的法律体系如表 2-1 所示。

表 2-1 我国对外贸易管制的法律体系

法律体系	主要法律及法规
1. 法律 法律是指由国家最高权力机关全国人民代表大会或其常务委员会制定，由国家主席颁布的规范性文件的总称。	(1)《中华人民共和国对外贸易法》 (2)《中华人民共和国海关法》 (3)《中华人民共和国进出口商品检验法》 (4)《中华人民共和国进出境动植物检疫法》 (5)《中华人民共和国固体废物污染环境防治法》 (6)《中华人民共和国国境卫生检疫法》 (7)《中华人民共和国野生动物保护法》 (8)《中华人民共和国药品管理法》 (9)《中华人民共和国文物保护法》 (10)《中华人民共和国食品卫生法》
2. 行政法规 行政法规是指国务院为了实现宪法和其他相关法律，在自己职权范围内，制定的基本行政管理规范性文件的综合。	(1)《中华人民共和国货物进出口管理条例》 (2)《中华人民共和国技术进出口管理条例》 (3)《中华人民共和国进出口关税条例》 (4)《中华人民共和国知识产权海关保护条例》 (5)《中华人民共和国核出口管制条例》 (6)《中华人民共和国野生植物保护条例》 (7)《中华人民共和国外汇管理条例》 (8)《中华人民共和国反倾销条例》 (9)《中华人民共和国反补贴条例》 (10)《中华人民共和国保障措施条例》
3. 部门规章 部门规章是指国务院各部门根据法律和国务院的行政法规、决定和命令，在本部门权限范围内发布的规范性文件综合	(1)《货物进口许可证管理办法》 (2)《货物出口许可证管理办法》 (3)《货物自动进口许可管理办法》 (4)《出口收汇核销管理办法》 (5)《进口药品管理办法》 (6)《中华人民共和国精神药品管理办法》 (7)《中华人民共和国放射性药品管理办法》 (8)《两用物项和技术进出口许可证管理办法》

续表

法律体系	主要法律及法规
4. 国际条约 国际条约是指国家及其他国际法主体间缔结的，以国际法为准则，并确定其相互间权利义务关系的一种国际书面协议	(1)《关于简化和协调海关业务制度的国际公约》 (2)《濒危野生动植物种国际贸易公约》 (3)《关于消耗臭氧层物质的蒙特利尔议定书》 (4)《关于麻醉品和精神药物的国际公约》 (5)《关于化学品国际贸易资料交换的伦敦准则》 (6)《关于在国际贸易中对某些危险化学品和农药采用事先知情国际书面协议同意程序的鹿特丹公约》 (7)《控制危险废物越境转移及处置的巴塞尔公约》 (8)《建立世界知识产权组织公约》

目前我国所加入或缔结的涉及贸易管制的国际条约主要有我国加入世界贸易组织(WTO)所签订的有关双边或多边的各类贸易协定。如：《京都公约》——关于简化和协调海关制度的国际公约；《濒危野生动植物种国际公约》(我国于1980年12月25日加入CITES，1981年4月8日对我国生效。产于我国并列入CITES附录的野生动物有400多种、野生植物有1300多种)；《蒙特利尔议定书》——关于消耗臭氧层物质的国际公约；《精神药物国际公约》；《伦敦准则》——关于化学品国际贸易资料交流的国际公约；《鹿特丹公约》——关于在国际贸易中对某些危险化学品和农药采用事先知情同意程序的国际公约：《巴塞尔公约》——关于控制危险废物越境转移及其处置的国际公约；《国际纺织品贸易协定》；《建立世界知识产权组织公约》。

五、我国对外贸易管制的基本框架

对外贸易管制制度是一种综合制度，主要由关税制度、对外贸易经营者的资格管理制度、货物进出口许可制度、出入境检验检疫制度以及进出口货物收付汇管理制度、救济措施等组合而成，主要可以概括为："证""备""检""核""救"五种制度。

(1)"证"——即货物或技术进出口许可制度。它主要指进出口许可证及许可证件，即法律法规定的各种具有许可进出口性质的证明、文件。进出口许可证件是我国实行进出口许可制度中的重要内容。进出口许可制度不仅是我国贸易管制的核心管理制度，而且也是我国贸易管制的主要实现方式之一。进出口许可证是货物或技术进出口的证明文件，既是我国贸易管制的最基本手段，同时又是我国有关行政管理机构执行贸易管制与监督的重要依据。

(2)"备"——即对外贸易经营资格的备案登记制度。此制度是由进出口经营权管理制度和进出口经营范围管理制度组成。进出口经营权，即对外贸易经营资格，是指在我国境内的法人或其他组织对外签订进出口贸易合同的资格。经营范围是指国家允许企业从事生产经营活动的具体商品类别和服务项目，具体体现在国家允许企业生产经营活动的内容和方式。《对外贸易法》规定，对外贸易经营者未进行备案登记的，海关不予办理验放进出口报关货物，对外贸易经营者备案登记后才能获得进出口经营权。不论是传统货物还是新兴跨境电商货物，海关都做出了对外贸易经营资格备案登记的规范性要求，备案登记是对外贸易经营者依法从事进出口货物或技术业务的前提。2001年我国入世后需在三年内完成从进出口贸易经营权审批制向登记制的过渡，自2014年《对外贸易法》修订实行后，我国对外贸易进出口经营资格已由审批制过渡为备案登记制。

(3)“检”——即商品质量的检验检疫、动植物检疫和国境卫生检疫，简称为“三检”。它主要强调的是对货物的进出口实行必要的检验或检疫，也是我国贸易管制方面的重要内容之一。其基本目标是保证进出口商品的质量、保障人民的生命安全与健康，我国出入境检验检疫机构可依法对进出口的货物实施必要的检验检疫。

(4)“核”——即进出口收付汇核销。它反映我国有关进出口货物的收付汇管理，强调对实际进出口的货物与技术实行较为严格的收付汇核销制度，以达到国家对外汇实施管制的目的，防止偷逃、偷套外汇。

(5)“救”——即贸易管制中的救济措施。根据世界贸易组织的有关规定，任何一个世贸组织成员都可以为维护自身经济贸易利益的目的，防止或阻止本国产业受到侵害和损害而采取保护性措施。在对进出口贸易实行管制过程中，我国根据国际公认的规则所采取的贸易补救措施主要包括反倾销、反补贴和保障措施。

需特别说明的是，关税制度是进出口商品经过一国关境时，由政府设置的海关对其征收税赋的一种制度。主要有以增加国家财政收入为目的的财政关税和主要以保护本国相关产业为目的而征收的保护性关税。我国在征收关税时，从保护本国产品与外国产品的竞争的目的出发，实行保护关税政策。这一政策主要是通过我国的海关税则政策以及体现这种政策的海关税则来体现的。

课堂思考

1. 关于简化和协调海关制度的国际公约是(　　)。

A.《京都公约》　　　　B.《蒙特利尔议定书》

C.《伦敦准则》　　　　D.《鹿特丹公约》

2.《巴塞尔公约》是(　　)的公约。

A. 关于消耗臭氧层物质的国际公约

B. 关于化学品国际贸易资料交流的国际公约

C. 关于在国际贸易中对某些危险化学品和农药采用事先知情同意程序的国际公约

D. 关于控制危险废物越境转移及其处置的国际公约

第二节　对外贸易管制的主要制度

一、许可制度

进出口许可制度是根据国家的法律、政策、对外贸易计划和国内市场的需要，对进出口经营权、经营范围、贸易国别、进出口商品品种和数量等实行全面管制的制度。进出口许可实际上是国家对进出口的一种行政管理程序，属于非关税措施，既包括进出口许可证制度本身的程序，也包括以国家许可为前提条件的其他行政管理手续。货物进出口许可制度作为一项非关税措施，是世界各国管理进出口的一种常见手段，在国际贸易中长期存在，并广泛运用。

货物、技术进出口许可管理制度，是我国进出口许可管理制度的主体，是国家对外贸易管制中极其重要的管理制度。其管理范围包括货物和技术的禁止管理、限制管理、自由管理及自由进口的部分实行自动登记许可管理四类。如图 2-1 所示。

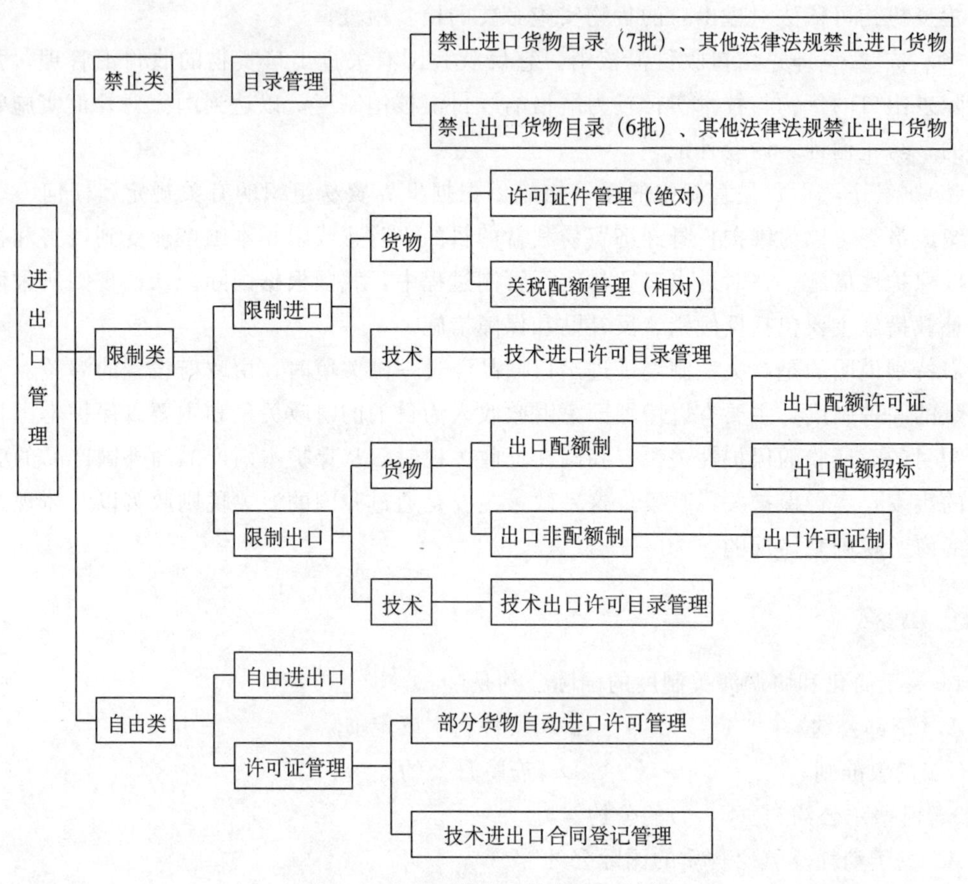

图 2-1　进出口货物和技术管理制度

（一）禁止进出口管理

为维护国家安全和社会公共利益，保护人民的生命健康，履行中华人民共和国所缔结或者参加的国际条约和协定，国务院商务主管部门会同国务院有关部门，依照《对外贸易法》的有关规定，制定、调整并公布禁止进出口货物、技术目录。对列入国家公布的禁止进口目录以及其他法律法规明令禁止或停止进口的货物、技术，任何对外贸易经营者不得经营进口。海关依据国家相关法律法规对禁止进出口目录商品实施监督管理，如表 2-2 所示。

表 2-2　禁止进出口货物管理一览表

<table>
<tr><th></th><th>禁止货物目录批次</th><th>商　　品</th><th>有关法律、法规明令禁止的商品</th><th>其　　他</th></tr>
<tr><td rowspan="6">禁止进口</td><td colspan="2">《禁止进口货物目录》(共七批)：</td><td rowspan="6">①动植物病源(包括菌种、毒种等)、害虫及其他有害生物、动物尸体、土壤；
②动植物疫情流行的国家和地区的有关动植物、动植物产品和其他检疫物；
③带有违反“一个中国”原则的货物及其包装；
④以氯氟羟物质为制冷剂、发泡剂的家用电器产品和以氯氟羟物质为制冷工质的家用电器用压缩机；
⑤滴滴涕、氯丹等。</td><td rowspan="6">① 以 CFC-12 为制冷工质的汽车及以 CFC-12 为制冷工质的汽车空调压缩机(含汽车空调器)；
② 右置方向盘汽车；
③ 旧服装；
④ Ⅷ因子制剂等血液制品；
⑤ 氯酸钾、硝酸铵。</td></tr>
<tr><td>第一批</td><td>保护自然生态环境和生态资源，如犀牛角、麝香、虎骨等。</td></tr>
<tr><td>第二批</td><td>旧机电产品类，涉及生产安全(压力容器类)、人身安全(电器、医疗设备类)和环境保护(汽车、工程及车船机械类)。</td></tr>
<tr><td>《禁止进口固体废物目录》(原三、四、五批)</td><td>包括废动物产品，废动植物油脂，矿产品、矿渣、矿物油、沥青的废料，废药物，杂项化学品废物，废橡胶、皮革，废特种纸，废纺织原料及制品，玻璃废物，金属和含金属废物等。</td></tr>
<tr><td>第六批</td><td>保护人的健康，维护环境安全，淘汰落后产品，履行国际条约，如长纤维青石棉、二噁英等。</td></tr>
<tr><td>第七批</td><td>2021 年 1 月 1 日起，新增禁止进口货物：氯丹、林丹、灭蚁灵、五氯苯、滴滴涕、艾氏剂等持久类有机污染物化学品和含汞的消毒剂、原电池及电池组、荧光灯等制品。</td></tr>
<tr><td rowspan="7">禁止出口</td><td colspan="2">《禁止出口货物目录》(共六批)：</td><td colspan="2" rowspan="7">①未定名的或者新发现并有重要价值的野生植物；
②原料血浆；
③商业性出口的野生红豆杉及其部分产品；
④劳改产品；
⑤以氯氟羟物质为制冷剂、发泡剂的家用电器产品和以氯氟羟物质为制冷工质的家用电器用压缩机；
⑥滴滴涕、氯丹等。</td></tr>
<tr><td>第一批</td><td>保护自然生态环境和生态资源，如四氯化碳、犀牛角、虎骨、麝香、发菜、麻黄草。</td></tr>
<tr><td>第二批</td><td>保护我国匮乏的森林资源，如木炭。</td></tr>
<tr><td>第三批</td><td>保护人的健康，维护环境安全，淘汰落后产品，履行国际条约，如长纤维青石棉、二噁英等。</td></tr>
<tr><td>第四批</td><td>主要包括硅砂、石英砂及其他天然砂。</td></tr>
<tr><td>第五批</td><td>包括无论是否经化学处理过的森林凋落物及泥炭(草炭)。</td></tr>
<tr><td>第六批</td><td>2021 年 1 月 1 日起，新增禁止出口货物：氯丹、林丹、灭蚁灵、五氯苯、滴滴涕、艾氏剂等持久类有机污染物化学品和含汞的消毒剂、原电池及电池组、荧光灯等制品。</td></tr>
</table>

▶ 1. 禁止进口货物管理

我国政府明令禁止进口的货物包括：列入由国务院商务主管部门或会同国务院有关部

门制定的《禁止进口货物目录》的商品、国家有关法律法规明令禁止进口的商品以及其他各种原因停止进口的商品。

(1) 列入《禁止进口货物目录》的商品，禁止进口。目前，我国公布的《禁止进口货物目录》包括：

①《禁止进口货物目录》(第一、第六批)是从我国国情出发，为履行我国所缔结或者参加的与保护世界自然生态环境相关的一系列国际条约和协定而发布的，其目的是保护我国自然生态环境和生态资源。如国家禁止进口属破坏臭氧层物质的四氯化碳、禁止进口属世界濒危物种管理范畴的犀牛角和虎骨。

②《禁止进口货物目录》(第二批)均为旧机电产品类，是国家对涉及生产安全(压力容器类)、人身安全(电器、医疗设备类)和环境保护(汽车、工程及车船机械类)的旧机电产品所实施的禁止进口管理。

③《禁止进口固体废物目录》所涉及的是对环境有污染的固体废物类，包括城市垃圾、医疗废物、含铅汽油淤渣等废物。

④ 为保护人类健康，维护环境安全，履行《鹿特丹公约》和《斯德哥尔摩公约》而颁布的。如：长纤维青石棉、二噁英等。

(2) 国家有关法律法规明令禁止进口的商品。例如：

① 来自动植物疫情流行国家和地区的有关动植物及其产品和其他检疫物。

② 动植物病原及其他有害生物、动物尸体。

③ 带有违反“一个中国”原则内容的货物及其包装。

④ 以氯氟羟物质为制冷剂、发泡剂的家用电器产品和以氯氟羟物质为制冷工质的家用电器用压缩机。

⑤ 滴滴涕、氯丹(高毒农药)，莱克多巴胺和盐酸莱克多巴胺。

(3) 其他各种原因停止进口的商品。如：

① 以 CFC-12 为制冷工质的汽车及以 CFC-12 为制冷工质的汽车空调压缩机。

② 右置方向盘的汽车。

③ 旧衣服。

④ III 因子制剂等血液制品。

⑤ 氯酸钾、硝酸钾。

2. 禁止出口货物

(1) 列入《禁止出口货物目录》中的禁止出口。目前我国公布的共六批。

① 第 1 批：为保护环境而禁止出口的货物，如四氯化碳、犀牛角、麝香、虎骨、发菜、麻黄草等。

② 第 2 批：保护我国森林资源而禁止出口大于一定尺寸的木炭。

③ 第 3 批：为保护人类健康，维护环境安全，履行《鹿特丹公约》和《斯德哥尔摩公约》而颁布的。如：长纤维青石棉、二噁英等。

④ 第 4 批：硅砂及石英砂及其他天然砂。

⑤ 第 5 批：无论是否经过化学处理的森林凋落物及泥炭，如腐叶腐根等。

⑥ 第 6 批：氯丹、林丹、灭蚁灵、五氯苯、滴滴涕、艾氏剂等持久类有机污染物化学品和含汞的消毒剂、原电池及电池组、荧光灯等制品。

(2) 国家法律法规明令禁止的货物。

国家法律法规明令禁止的货物有未定名的或者新发现并有重要价值的野生植物、原料血浆、商业性出口的野生红豆杉及其部分产品、劳改产品，以氯氟羟物质为制冷剂、发泡剂的家用电器产品和以氯氟羟物质为制冷工质的家用电器用压缩机、滴滴涕、氯丹(高毒农药)，莱克多巴胺和盐酸莱克多巴胺等。

▶ 3. 禁止进口技术管理

根据《对外贸易法》《技术进出口管理条例》以及《禁止进口限制进口技术管理办法》的有关规定，国务院商务主管部门会同国务院有关部门，制定、调整并公布禁止进口的技术目录。属于禁止进口的技术，不得进口。

禁止进口的技术主要是些没有价值或者会对我国造成不良影响的具体技术，主要集中在高耗能高污染和低技术类，目前《中国禁止进口限制进口技术目录》(以下简称《目录》)所列明的禁止进口的技术涉及钢铁冶金技术、有色金属冶金技术、化工技术、石油炼制技术、石油化工技术、消防技术、电工技术、轻工技术、印刷技术、医药技术、建筑材料生产技术等技术领域，《目录》中标示的都很具体和明确。这里不是指这些领域的所有技术都禁止进口，对于这些领域中的先进技术、对我国有利的技术国家是鼓励进口的。

▶ 4. 禁止出口技术管理

根据《对外贸易法》，《技术进出口管理条例》以及《禁止进口、限制进口技术管理办法》的有关规定，国务院外经贸主管部门会同国务院有关部门，制定、调整并公布禁止出口的技术目录。属于禁止出口技术的，不得出口。

目前列入《中国禁止出口限制出口技术目录》禁止出口部分的技术主要是涉及国家安全和技术保密等方面，如核技术、测绘技术、地质技术、药品生产技术、农业技术等技术领域。

(二) 限制进出口管理

为维护国家安全和社会公共利益，保护人民的生命健康，履行中华人民共和国所缔结或者参加的国际条约和协定，海关依据国家相关法律法规对限制进出口目录货物、技术实施监督管理，如表 2-3 所示。

国家实行限制进出口管理的货物、技术必须依照国家有关规定取得国务院外经贸主管部门或者由其会同国务院有关部门许可，方可进出口。部分特殊进出口货物如两用物项和技术、密码产品、固体废物、野生动植物、药品、美术品、音像制品、黄金及其制品、药物制品等的进出口按照其主管部门的有关规定申领特殊许可证，接受海关的监管。本部分阐述适用于一般性许可证(件)的货物和技术的限制管理。

▶ 1. 限制进口货物管理

目前我国限制进口货物管理按照其限制方式划分为许可证件管理和关税配额管理。

2018年实行进口许可证管理的货物共2种，分别为重点旧机电和消耗臭氧层物质。由商务部配额许可证事务局负责签发重点旧机电产品的进口许可证，商务部委托地方商务主管部门负责签发消耗臭氧层物质的进口许可证。

▶ 2. 限制出口货物管理

目前我国限制出口货物管理按照其限制方式主要是许可证及证件管理。

(1) 出口配额许可证管理

出口配额许可证管理是国家对部分商品的出口，在一定时期内(一般是1年)规定数量总额，经国家批准获得配额的允许出口，否则不准出口的配额管理措施。出口配额许可证管理是国家通过行政管理手段对一些重要商品以规定绝对数量的方式来实现限制出口的目的。

出口配额许可证管理是通过直接分配的方式，由国务院商务主管部门或者国务院有关部门在各自的职责范围内根据申请者需求结合其进出口实际、能力等条件，按照效益、公正、公开和公平竞争的原则进行分配。国家各配额主管部门对经申请有资格获得配额的申请者发放各类配额证明。

申请者取得配额证明后，到国务院商务主管部门及其授权发证机关，凭配额证明申领出口许可证。

知识链接2-2
一场关于出口配额的骗局

(2) 配额招标管理

配额招标管理是国家对部分商品的出口，在一定时期内(一般是1年)规定数量总额，采取招标分配的原则，经招标获得配额的允许出口，否则不准出口的管理配额措施。出口配额招标管理是国家通过行政管理手段对一些重要商品以规定绝对数量的方式来实现限制出口目的的。

国家各配额主管部门对中标者发放各类配额证明。中标者取得配额证明后，到国务院商务主管部门及其授权发证机关，凭配额证明申领出口许可证。

知识链接2-3
配额管理与许可证管理、许可证与许可证管理

(3) 出口非配额限制

出口非配额限制是以经国家行政许可并签发许可证件的方式来实现出口限制的贸易管制措施。目前，我国非配额限制管理主要包括出口许可证、濒危物种、两用物项出口以及黄金及其制品出口等许可管理。

表2-3 限制类进出口货物的管理

限制方式	具体手段	限制措施	适用范围	有效期	管理
进口关税管理	进口关税配额	须申领农产品进口关税配额证明或化肥进口关税配额证明	2020年适用的农产品有小麦稻谷和大米、玉米、棉花、食糖、羊毛及毛条；化肥有尿素、磷酸氢二铵、复合肥	1年，小麦、玉米、棉花由发改委主管，其余由商务部主管	农产品关税配额证为一证多批制

续表

限制方式	具体手段	限制措施	适用范围	有效期	管理
进口许可管理	进口许可证	须申领进口许可证方可进口	2020年为消耗臭氧层物质(如三氯氟甲烷等)和重点机电产品(如旧化工设备、旧工程机械等)	1年，不可超过当年12月31日	一证一关制（一批一证或非一批一证）
	进口许可证件	须申领进口许可证件	濒危物种、废物、药品、音像制品、黄金及制品等		
出口许可管理	出口配额许可证管理	凭配额证明申领出口许可证出口	大米、玉米、棉花、锯材和原油、成品油、锌矿砂、活牛（对港澳）、活猪(对港澳)、活鸡(对港澳)	配额为1年，许可证为6个月	一证一关制、一批一证制、非一批一证
	出口配额招标管理	凭招标配额申领出口许可证出口	蔺草及其制品、碳化硅、滑石块（粉）、矾土、镁砂、甘草及甘草制品等		
	出口许可证	须申领出口许可证方可出口	适用无数量限制的许可出口商品，包括对港澳市场以外的活牛活猪活鸡、消耗臭氧层物质、天然砂、汽车及底盘等	6个月，公历年度内使用	
	出口许可证件	须申领出口许可证件	濒危物种、文物、黄金及制品、农药等		

▶ 3. 限制进口技术管理

限制进口技术实行目录管理。属于《中国禁止进口限制进口技术目录》范围的技术，实行许可证管理，未经国家许可，不得进口。目前列入目录中的技术包括生物技术、化工技术、石油炼制技术、石油化工技术、生物化工技术和造币技术等技术领域。

知识链接 2-4

许可证与许可证的海关管理

进口属于限制进口的技术，应当向国务院商务主管部门提出技术进口申请，国务院商务主管部门收到技术进口申请后，应当会同国务院有关部门对申请进行审查，技术进口申请经批准的，由国务院商务主管部门发给《中华人民共和国技术进口许可意向书》，进口经营者取得技术进口许可意向书后，可以对外签订技术进口合同。进口经营者签订技术进口合同后，应当向国务院商务主管部门申请技术进口许可证。经审核符合发证条件的，由国务院商务主管部门颁发“中华人民共和国技术进口许可证”，凭以向海关办理进口通关手续。如图 2-2 所示。

▶ 4. 限制出口技术管理

限制出口技术实行目录管理。国务院商务主管部门会同国务院有关部门，制定、调整并公布限制出口的技术目录。属于目录范围的限制出口的技术，实行许可证管理；未经国

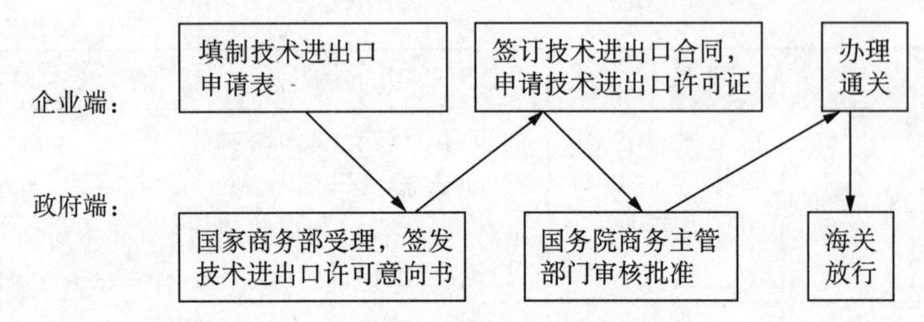

图 2-2　限制进出口技术报关流程

家许可，不得出口。

我国目前限制出口技术目录主要是《两用物项和技术出口许可证管理目录》以及《中国禁止出口限制出口技术目录》。出口属于上述限制出口的技术，应当向国务院商务主管部门提出技术出口申请，国务院商务主管部门经审核批准向申请者发放各类技术出口许可证件，凭以向海关办理出口通关手续。

知识链接 2-5
关于调整发布《中国禁止出口限制出口技术目录》的公告

经营限制出口技术的经营者在向海关申报出口手续时必须主动递交相关技术出口许可证件，否则经营者将承担为此而造成的一切法律责任。

（三）允许类进出口管理

除上述国家禁止、限制进出口货物、技术外，其他的货物和技术均属于自由进出口范围。自由进出口货物、技术的进出口不受限制。但基于监测进出口情况的需要，国家对部分属于自由进出口的货物实行自动进出口许可管理，对自由进出口的技术实行技术合同登记管理。

属于自由进出口的货物、技术进出口不受限制，实行自动进出口许可管理的只是部分货物，自由进出口的技术都需要进行合同登记。

▶ 1. 货物自动进口许可管理

自动进口许可管理是在任何情况下对进口申请一律予以批准的进口许可制度。自动进口许可管理的货物属于目录管理，属《自动进口许可管理货物目录》的货物必须向商务部主管部门申领自动进口许可证，进口属于自动进口许可管理的货物，均应当给予许可；这种进口许可实际上是一种在进口前的自动登记性质的许可制度，通常用于国家对这类货物的统计和监督目的，是我国进出口许可管理制度中的重要组成部分，是目前被各国普遍使用的一种进口管理制度。

进口属于自动进口许可管理的货物，进口经营者应当在办理海关报关手续前，向国务院外经贸主管部门或者国务院有关经济管理部门提交自动进口许可申请。

自动进口许可证有效期为 6 个月，仅限公历年度内有效。

自动进口许可证下货物原则上实行“一批一证”管理，对部分货物也可实行“非一批一证”管理。对实行“非一批一证”管理的，在有效期内可以分批次累计报关使用，不得超过 6 次。同一进口合同项下，收货人可以申请并领取多份自动进口许可证。

对实行“一批一证”的自动进口许可证管理的大宗、散装货物，其溢装数量在货物总量

3%以内的原油、成品油、化肥、钢材4种大宗散装货物予以免证，其余溢装数量在货物总量5%以内的予以免证；对"非一批一证"的大宗散装货物，每批货物进口时，按其实际数量自动核扣自动许可证额度数量，最后一批进口时，按自动进口许可证剩余数量，允许5%(原油、成品油、化肥、钢材上限为3%)溢装上限。

2017年自动进口许可证适用范围主要有两大类：非机电产品和机电产品。

(1) 非机电产品：牛肉、猪肉及副产品、羊肉、肉鸡、鲜奶、奶粉、大豆、油菜籽、植物油、豆粕、烟草、二醋酸纤维丝束、铜精矿、煤、废纸、废钢、废铝、铜、铁矿石、铝土矿、原油、成品油、天然气、氧化铝、化肥、钢材等商品。此类商品在税则上的监管代码有"0"字样。

(2) 机电类商品包括：

其一是由商务部签发的商品编码类产品：光盘生产设备、烟草机械、移动通信产品、卫星广播、电视设备及关键部件、汽车产品、飞机、船舶、游戏机等商品；

其二是由地方、部门机电产品进出口办公室签发的商品编码类产品：汽轮机、发动机及关键部件、水轮机及其他动力装置、化工装置、食品机械、工程机械、造纸机械、纺织机械、金属冶炼及加工设备、金属加工机床、电气设备、铁路机车、汽车产品、飞机、船舶、医疗设备等商品。

此类商品在税则上的监管代码有"0"字样。

知识链接2-6
监管证件及其代码

值得注意的是，随着海关无纸化通关改革的深入推行，自2016年2月1日起，在全国范围内实施自动进口许可证通关作业无纸化。有效范围为实施自动进口许可"一批一证"管理的货物(原油、燃料油除外)，且每份进口货物报关单仅适用一份自动进口许可证。下一步将扩大到全部自动许可管理商品和全部证书状态。对满足条件的，企业可申请电子许可证，根据海关相关规定采用无纸方式向海关申报，免于交验纸质自动进口许可证。海关将通过自动进口许可证联网核查方式验核电子许可证，不再进行纸面签注。

▶ 2. 技术进出口合同登记管理

进出口属于自由进出口的技术，应当向国务院商务主管部门或者其委托的机构办理合同备案登记。国务院商务主管部门应当自收到规定的文件之日起3个工作日内，对技术进出口合同进行登记，颁发技术进、出口合同登记证，申请人凭技术进、出口合同登记证，办理外汇、银行、税务、海关等相关手续。

二、对外贸易经营者管理制度

(一) 对外贸易经营者的概念

对外贸易经营者是指依法办理工商登记或者其他执业手续，依照《对外贸易法》及其相关法律、行政法规、部门规章从事对外贸易经营活动的法人、其他组织或者个人。依照《对外贸易法》及其相关法律、行政法规、部门规章从事对外贸易经营活动包含有很多的含义，它包括了需要向商务主管部门进行备案登记，进出口国家限制的商品需要办理许可手续等。

现在我国对对外贸易经营权采取的是备案登记制。对外贸易经营者需先取得经营对外贸易的工商营业执照，然后向国务院商务主管部门或者其委托机构办理备案登记，对外贸易经营者备案登记表样表，如图 2-3 所示。未办理注册登记的海关不予办理报关单位的注册登记，因此无法办理进出口货物的报关验放手续。

对外贸易经营者可以接受他人的委托，在经营范围内代为办理对外贸易业务。这就是代理进出口，它和代理报关是不同的概念。所谓经营范围内是指工商营业执照中批准的经营范围有代理进出口某类货物的权利。比如一般生产性企业只能进出口本企业自用或自产的商品，没有被批准经营国营贸易货物的外贸公司不能代理进出口国营贸易货物等。

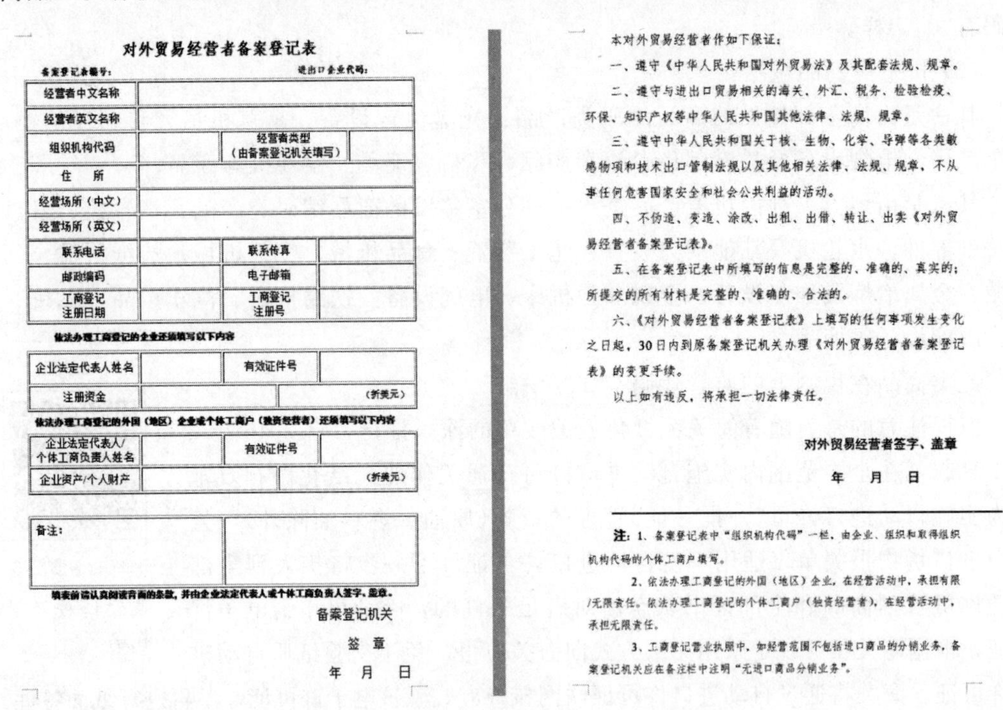

对外贸易经营者备案登记表

备案登记表编号：　　　　　　　　　　进出口企业代码：

经营者中文名称			
经营者英文名称			
组织机构代码		经营者类型 （由备案登记机关填写）	
住　所			
经营场所（中文）			
经营场所（英文）			
联系电话		联系传真	
邮政编码		电子邮箱	
工商登记 注册日期		工商登记 注册号	

依法办理工商登记的企业还须填写以下内容

企业法定代表人姓名		有效证件号	
注册资金		（折美元）	

依法办理工商登记的外国（地区）企业或个体工商户（独资经营者）还须填写以下内容

企业法定代表人/ 个体工商负责人姓名		有效证件号	
企业资产/个人财产		（折美元）	

备注：	

填表前请认真阅读背面的条款，并由企业法定代表人或个体工商负责人签字、盖章。

备案登记机关

签　章

年　月　日

本对外贸易经营者作如下保证：

一、遵守《中华人民共和国对外贸易法》及其配套法规、规章。

二、遵守与进出口贸易相关的海关、外汇、税务、检验检疫、环保、知识产权等中华人民共和国其他法律、法规、规章。

三、遵守中华人民共和国关于核、生物、化学、导弹等各类敏感物项和技术出口管制法规以及其他相关法律、法规、规章，不从事任何危害国家安全和社会公共利益的活动。

四、不伪造、变造、涂改、出租、出借、转让、出卖《对外贸易经营者备案登记表》。

五、在备案登记表中所填写的信息是完整的、准确的、真实的；所提交的所有材料是完整的、准确的、合法的。

六、《对外贸易经营者备案登记表》上填写的任何事项发生变化之日起，30日内到原备案登记机关办理《对外贸易经营者备案登记表》的变更手续。

以上如有违反，将承担一切法律责任。

对外贸易经营者签字、盖章

年　月　日

注： 1、备案登记表中“组织机构代码”一栏，由企业、组织和取得组织机构代码的个体工商户填写。

2、依法办理工商登记的外国（地区）企业，在经营活动中，承担有限/无限责任。依法办理工商登记的个体工商户（独资经营者），在经营活动中，承担无限责任。

3、工商登记营业执照中，如经营范围不包括进口商品的分销业务，备案登记机关应在备注栏中注明“无进口商品分销业务”。

图 2-3　对外贸易经营者备案登记表表样表

(二) 对外贸易经营者的权利及义务

对外贸易经营者依法自主经营、自负盈亏。

对外贸易经营者的权利主要有：依法进行对外贸易活动；依法自主使用外汇；反倾销、反补贴和保障措施的请求权；依法分享国家促进对外贸易所采取的各便利措施，如获得对外贸易发展基金、风险基金资助；通过对外贸易公共信息服务体系获取对外贸易信息等；依法成立和参加有关协会、商会；合法权益受到侵害时可申请行政复议或提起行政诉讼；外贸代理权；法律规定的其他权利。

对外贸易经营者的义务主要有：依法进行外贸活动，遵守国家与对外贸易有关的法律、行政法规；接受国家主管部门的监督，即对外贸易经营者应当按照国务院对外贸易主管部门或者国务院其他有关部门依法作出的规定，向有关部门提交与其对外贸易经营活动有关的文件及资料，有关部门应当为提供者保守商业秘密；法律规定的其他义务。

三、“检”——出入境检验检疫管理制度

（一）出入境检验检疫制度概念

知识链接 2-7
出入境检验检疫局

出入境检验检疫制度是指由国家进出境检验检疫部门依据我国有关法律和行政法规以及我国政府所缔结或者参加的国际条约、协定，对进出境的货物、物品及其包装物、交通运输工具、运输设备和进出境人员实施检验检疫监督管理的法律依据和行政手段的总和，其目的主要是维护我国对外贸易健康发展和保护我国利益不受损害。其主管部门是出入境检验检疫局，隶属于海关总署。

我国出入境检验检疫制度实行目录管理，即海关有关部门根据对外贸易需要，公布并调整《出入境检验检疫机构实施检验检疫的进出境商品目录》（又称《法检目录》）。《法检目录》所列明的商品称为法定检验商品，即国家规定实施强制性检验的进出境商品。列入《法检目录》的主要包括大部分动植物及其产品、食品、部分纺织品、部分机电产品、压力容器和车辆等。

（二）出入境检验检疫制度

我国出入境检验检疫制度包括：进出口商品检验制度、进出境动植物检疫制度以及国境卫生监督制度。

▶ 1. 进出口商品检验制度

（1）进出口商品检验制度的含义

进出口商品检验制度是根据出入境检验检疫法律法规规定，出入境检验检疫局及其口岸出入境检验检疫机构对进出口商品所进行品质、质量检验和监督管理的制度。

根据《中华人民共和国进出口商品检验法实施条例》（2019 年修订），海关总署主管全国进出口商品检验工作，并制定、调整必须实施检验的进出口商品目录（以下简称目录）。出入境检验检疫机构对列入目录的进出口商品以及法律、行政法规规定须经出入境检验检疫机构检验的其他进出口商品实施检验（以下称法定检验），法定检验的进口商品未经检验的，不准销售，不准使用。出入境检验检疫机构对法定检验以外的进出口商品，根据国家规定实施抽查检验。

（2）商品检验的内容

商品检验机构实施进出口商品检验的内容，包括商品的质量、规格、数量、重量、包装以及是否符合安全、卫生要求。我国商品检验的种类分为四种，即法定检验、合同检验、公正鉴定和委托检验。

除了列入《法检目录》的商品需要强制性检验检疫外，对于法定检验以外的进出境商品是否需要检验，由对外贸易当事人决定。对外贸易合同约定或者进出口商品的收发货人申请检验检疫时，检验检疫机构可以接受委托，实施检验检疫并制发证书。此外，检验检疫机构对法检以外的进出口商品，可以以抽查的方式予以监督管理。进出境的样品、礼品、暂时进出境的货物以及其他非贸易性物品，免予检验。但是，法律、行政法规另有规定的除外。

列入目录的进出口商品若符合国家规定的免予检验条件，可由收货人、发货人或者生产企业申请，经海关总署审查批准，出入境检验检疫机构免予检验。

（3）商品检验的申报

进出口商品的收货人或者发货人可以自行办理报检手续，也可以委托代理报检企业办理报检手续；采用快件方式进出口商品的，收货人或者发货人应当委托出入境快件运营企业办理报检手续。进出口商品的收货人或者发货人办理报检手续，应当依法向出入境检验检疫机构备案。

知识链接 2-8

海关总署公告 2019 年第 110 号（关于进口土耳其开心果检验检疫要求的公告）

代理报检企业接受进出口商品的收货人或者发货人的委托，以委托人的名义办理报检手续的，应当向出入境检验检疫机构提交授权委托书；以自己的名义办理报检手续的，应当承担与收货人或者发货人相同的法律责任。

出入境快件运营企业接受进出口商品的收货人或者发货人的委托，应当以自己的名义办理报检手续，承担与收货人或者发货人相同的法律责任。

委托人委托代理报检企业、出入境快件运营企业办理报检手续的，应当向代理报检企业、出入境快件运营企业提供所委托报检事项的真实情况；代理报检企业、出入境快件运营企业接受委托人的委托办理报检手续的，应当对委托人所提供情况的真实性进行合理审查。

（4）商品检验的地点

进口实行验证管理的商品，收货人应当向报关地的出入境检验检疫机构申请验证。出入境检验检疫机构按照海关总署的规定实施验证。

法定检验的进口商品应当在收货人报检时申报的目的地检验；大宗散装商品、易腐烂变质商品、可用作原料的固体废物以及已发生残损、短缺的商品，应当在卸货口岸检验；对前两款规定的进口商品，海关总署可以根据便利对外贸易和进出口商品检验工作的需要，指定在其他地点检验。

出口实行验证管理的商品，发货人应当向出入境检验检疫机构申请验证。出入境检验检疫机构按照海关总署的规定实施验证。在商品生产地检验的出口商品需要在口岸换证出口的，由商品生产地的出入境检验检疫机构按照规定签发检验换证凭单。

▶ 2. 进出境动植物检疫制度

进出境动植物检疫制度是根据《中华人民共和国进出境动植物检疫法》及其实施条例的规定，出入境检验检疫局及其口岸出入境检验检疫机构对进出境动植物、动植物产品的生产、加工、存放过程实行动植物检疫的进出境的监督管理制度。

我国实行进出境检验检疫制度的目的是防止动物传染病、寄生虫病和植物危险性病、虫、杂草以及其他有害生物传入、传出国境，保护农、林、牧、渔业生产和人体健康，促进对外经济贸易的发展。动植物检疫主要包含进出境的动植物、动植物产品和其他检疫物，装载动植物、动植物产品和其他检疫物的装载容器、包装物，以及来自动植物疫区的运输工具等。

口岸出入境检验检疫机构实施动植物检疫监督管理的方式有：实行注册登记、疫情调查、检测和防疫指导等。其管理主要包括：进境检疫、出境检疫、过境检疫、进出境携带和邮寄物检疫以及出入境运输工具检疫等。

▶ 3. 国境卫生监督制度

国境卫生监督制度是指出入境检验检疫机构卫生监督执法人员，根据《中华人民共和国国境卫生检疫法》及其实施细则，以及国家其他的卫生法律法规和卫生标准，在进出口岸对出入境的交通工具、货物、运输容器以及口岸辖区的公共场所、环境、生活措施、生产设备所进行的卫生检查、鉴定、评价和采样检验的制度。

我国实行国境卫生监督制度是为了防止传染病由国外传入或者由国内传出，实施国境卫生检疫，保护人体健康。其监督职能主要包括：进出境检疫、国境传染病检测、进出境卫生监督等。

商检、动植物检和卫检三者的区别，如表 2-4 所示。

表 2-4　商检、动植检和卫检三者的区别

	进出口商品检验	动植物检疫	国境卫生检疫
范围和检查重点不同	检验进出口商品的质量、规格、重量、包装以及是否符合安全、卫生要求	检查发现进出境的动植物可能具有或具有的各种传染性疾病和可能携带的各种有害生物	对出入境的运输工具、货物、运输容器以及口岸的公共场所、环境、生活设施、生产设备进行卫生检查、鉴定、评价和采样检验
检查要求不同	列入《法检目录》实施法定检验；其他的是否检验由货主自行决定	属法定检验检疫性质，不存在自行决定检验检疫与否的情况	
主管机构	进出口商品检验部门及许可机构	国家动植物检疫局	国家卫生检疫机关
依据不同	《中华人民共和国进出口商品检验法》及其相关行政法规	《中华人民共和国进出境动植物检疫法》及其相关行政法规	《中华人民共和国国境卫生检疫法》《中华人民共和国食品卫生法》
方式不同	法定检验、合同检验、公证鉴定和委托检验	进境检疫、出境检疫、过境检疫、进出境携带和邮寄物检疫以及出入境运输工具检疫	进出境卫生监督进出境检疫、国境传染病检测

课堂思考

一架从法国装载宠物狗的飞机，需要在厦门高崎国际机场停留后飞往美国。请问：飞机在停靠厦门高崎国际机场期间，作为装载动物过境的飞机的检疫需要注意些什么？

知识链接 2-9
关于入/出境货物通关单

四、“核”——进出口货物收付汇核销管理制度

外汇核销是指国家为加强进出口收付汇管理，指定外汇管理部门对进出口企业贸易的

外汇收入和支出情况进行监督检查的一种制度。我国进行外汇管制，对进出口货物收付汇实行核销制度。

境内出口单位向境外出口货物，均应当办理出口收汇核销手续。境内单位进口货物应该办理进口付汇核销手续。国家对货物贸易项下国际支付不予限制。进出口单位的收付汇应当具有真实、合法的交易基础，银行应对交易单证的真实性及其与收付汇的一致性进行合理审查。

(一) 收付汇核销管理的内容

1. 出口货物收汇管理

所谓出口收汇核销，是指国家外汇管理部门在每笔出口业务结束后，对出口是否安全、及时收取外汇以及其他有关业务情况进行监督管理的业务。我国对出口收汇管理采取的是外汇核销形式。国家为了防止出口单位将外汇截留境外，提高收汇率，国家外汇管理总局先后颁布了《出口收汇核销管理办法》和《出口收汇核销管理办法实施细则》，规定了出口外汇核销单管理的方式，对出口货物实施直接收汇控制。"出口外汇核销单"是跟踪、监督出口单位出口后收汇核销和出口单位办理货物出口手续的重要凭证之一。

出口收汇核销流程，如图 2-4 所示。

(1) 出口企业提前到外汇管理部门领取出口收汇核销单；

(2) 出口企业报关时，向海关提交事先从外汇管理部门领取的有顺序编号的外汇核销单，经海关审核无误，在核销单和与核销单有相同编号的报关单上盖"验讫章"；

(3) 报关后，出口企业在规定期限将核销单存根送回外汇管理局接受外汇管理部门对企业出口收汇情况的监督；

(4) 货物出口后，出口企业将海关退给的核销单、报关单和有关单据送交银行收汇；

(5) 货款汇交至出口地银行以后，银行向出口单位出具结汇水单或收账通知并在结汇水单或收账通知上填写有关核销单编号；

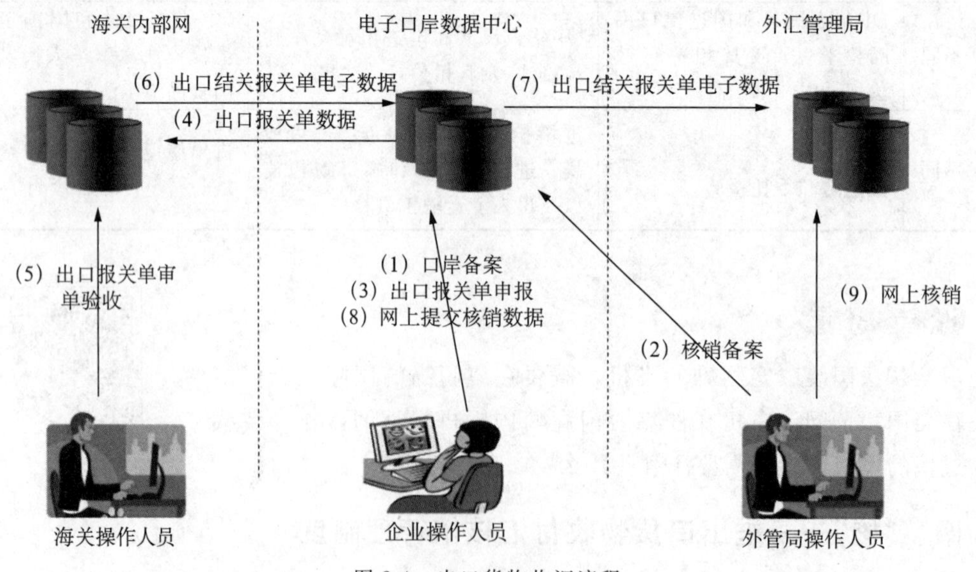

图 2-4 出口货物收汇流程

（6）出口单位凭出口收汇核销单和出口收汇核销专用联的结汇水单或收账通知及其他规定的单据，到国家外汇管理部门办理核销手续；

（7）国家外汇管理部门按规定办理核销后，在核销单上加盖“已核销”章，并将其中的出口退税专用联退还给出口单位作为日后退税依据。

▶ 2. 进口货物付汇管理

进口付汇核销是以付汇的金额为标准核对是否有相应的货物进口到国内或有其他证明抵冲付汇的一种事后管理措施。

进口货物付汇管理与出口收汇管理均采取外汇核销形式，国家为了防止汇出外汇而实际不进口商品的逃汇行为的发生，通过海关对进口货物的实际监管来监督进口付汇情况。

进口付汇核销监管包括：为监管需要而进行的事前必要的登记、备案及对黑名单进口单位开证付汇的真实性审核，付汇后凭核销单、备案表监测进口单位和银行售付汇情况及到货报送情况，对重点异常问题进行核查并处理违法违规行为。

进口外汇核销的流程如下：

（1）进口单位办理“对外付汇进口单位名录”；

（2）申请办理上述名录的同时申请核销员资格，领取报名回执后即可凭此回执办理进口业务，经培训合格后由外汇管理局派发进口付汇核销员资格证书；

（3）当要对外付汇时先查询本企业是否在名录，如果在则直接到开户银行办理对外付汇手续，如果尚未在名录或需由外汇局审核真实性或异地付汇等情况时需要先到外汇局办理“进口付汇备案表”，再凭此办理进口付汇手续；

（4）取得进口货物报关单付汇专用联；

（5）以货到付汇方式结算的由付汇银行自动核销，以预付、信用证、托收等其他方式结算的，企业应当在货物进口报关后一个月内向外汇局办理核销报审手续。

（二）国家外汇管理局对进出口收付汇的管理

国家外汇管理局及其分支机构（以下简称外汇局）依法对进口付汇的真实性与合规性进行监督管理。进口付汇管理按照属地管理原则进行，外汇局对辖内进口单位和经营外汇业务的金融机构（以下简称银行）进行监管。

▶ 1. 企业名录管理

外汇局实行“贸易外汇收支企业名录”登记管理，统一向金融机构发布名录。金融机构不得为不在名录的企业直接办理贸易外汇收支业务。

企业依法取得对外贸易经营权后，应当持有关材料到外汇局办理名录登记手续。名录企业登记信息发生变更的，应当到外汇局办理变更登记手续。企业终止经营或被取消对外贸易经营权的，应当到外汇局办理注销登记手续。外汇局可根据企业的贸易外汇收支业务状况及其合规情况注销企业名录。

▶ 2. 非现场核查

外汇局对进口单位进口付汇情况进行非现场总量核查和监测预警，定期或不定期对企业一定期限内的进出口数据和贸易外汇收支数据进行总量比对，核查企业贸易外汇收支的真实性及其与货物进出口的一致性。进出口货物收付汇管理与海关监管密切相关，它不仅关系到售汇、用汇问题，办理收、付汇的手续问题，也关系到海关对进出口货物的实际监管问题和海关与银行、外汇管理部门的协调配合问题。

外汇局对贸易信贷、转口贸易等特定业务，以及保税监管区域企业等特定主体实施专项监测。

外汇局对下列企业实施重点监测：一是贸易外汇收支与货物进出口一致性匹配情况超过一定范围的；二是贸易信贷余额或中长期贸易信贷发生额超过一定比例的；三是经专项监测发现其他异常或可疑的；最后是其他需要重点监测的。

▶ 3. 现场核查

外汇局可对企业非现场核查中发现的异常或可疑的贸易外汇收支业务实施现场核查。

外汇局可对金融机构办理贸易外汇收支业务的合规性与报送信息的及时性、完整性和准确性实施现场核查。被核查单位应当配合外汇局进行现场核查，如实说明情况，并提供有关文件、资料，不得拒绝、阻碍和隐瞒。

进行现场核查，现场核查人员不得少于 2 人，并出示证件。现场核查人员少于 2 人或者未出示证件的，被核查单位有权拒绝。

▶ 4. 分类管理

外汇局根据非现场或现场核查结果，结合企业遵守外汇管理规定等情况，外汇局将企业分成 A、B、C 三类。

外汇局发布 B、C 类企业名单前，应当将分类结果告知相关企业。企业可在收到外汇局分类结论告知书之日起 7 个工作日内向外汇局提出异议。外汇局应当对提出异议企业的分类情况进行复核。外汇局对分类结果进行动态调整，并对 B、C 类企业设立分类管理有效期。

在分类管理有效期内，对 A 类企业贸易外汇收支，适用便利化的管理措施。对 B、C 类企业的贸易外汇收支，在单证审核、业务类型及办理程序、结算方式等方面实施审慎监管。外汇局建立贸易外汇收支电子数据核查机制，对 B 类企业贸易外汇收支实施电子数据核查管理。对 C 类企业贸易外汇收支业务以及外汇局认定的其他业务，由外汇局实行事前逐笔登记管理，金融机构凭外汇局出具的登记证明为企业办理相关手续。

五、“救”——贸易救济措施

贸易救济措施主要有反倾销、反补贴和保障措施，其基本目的是要限制外国进口产品在我国市场上的恶意竞争和不公平竞争，防止我国经济和市场受到损害。反倾销、反补贴措施针对的是价格歧视，针对的是国内遭受不公平竞争或不公平贸易，保障措施针对的则是公平竞争环境下的进口产品激增的情况。

（一）反倾销措施

倾销是指一国的商品以低于正常的价格，挤入另一国市场，使进口国的市场受到严重的威胁和损害，使某项相关的工业受到严重的损害，这就构成了倾销。

反倾销是进口国政府为了保护其国内产业而对倾销的产品实施的措施，进口国可以对倾销商品，征收不超过倾销差额的反倾销税。目的是提高进口品的价格，降低其竞争力，从而保护本国产业。反倾销措施实施的条件是客观上的确存在着低价倾销且达到相当的幅度，对进口国造成了实质性损失，且前后存在因果关系。

反倾销措施包括临时反倾销措施和最终反倾销措施。

（二）反补贴措施

反补贴措施是进口国政府为了保护国内产业而对接受补贴的进口产品所采取的措施。实施反补贴措施的客观条件是出口国产品在生产或销售过程中，接受了来自政府的、行业组织的、垄断组织的补贴，使该商品以低于正常的价格销售到另一国市场，使进口国的市场受到了严重的损害。进口国就可以对该项商品征收不超过补贴额的反补贴税。但是，世界各国为了鼓励出口而对本国的出口产品实行的退还国内税的措施，不是征收反补贴税的条件。反补贴措施包括临时反补贴措施和最终反补贴措施。

（三）保障措施

保障措施是指进口产品数量增加，并对生产同类产品或者直接竞争产品的国内产业造成严重损害或者严重损害威胁时采取的进口限制措施。保障措施是公平贸易条件下针对进口产品采取的贸易救济措施，其目的是保护国内相关产业。保障措施包括临时保障措施和最终保障措施。

反倾销、反补贴和保障措施作为一国保护国内产业不受损害的救济手段，有一定共同点，在实施的措施上都有临时措施和最终措施，临时措施是为了防止在调查和磋商期间国内的产业和市场继续受到损害。国务院有关主管部门依据法律的规定进行调查，在调查和磋商期间有关进出口企业应当向海关出具担保，缴纳保证金，直到最终调查结果并予以公布，海关自公告实施之日起执行贸易救济措施。此外这三种措施存在也有较大区别，适用的条件、具体的对象、实施的形式和实施期限上并不完全相同。三大救济措施的对比如表 2-5 所示。

表 2-5　三大救济措施的对比

	反　倾　销	反　补　贴	保障措施
适用对象	不公平贸易和不公平竞争	不公平贸易和不公平竞争	公平条件下进口数量的激增
实施条件	①出口国的个人行为造成低于正常价格的低价 ②对进口国同类产业造成损害	①出口国的政府补贴造成低于正常价格的低价 ②对国内同类产业造成损害	①进口产品数量增加 ②对国内产业造成难以补救的损害
临时阶段	①征收临时反倾销税 ②要求提供现金保证金、保函或其他形式的担保（不超过 4 个月，可以延长至 9 个月）	①征收临时反补贴税 ②要求提供保证金、保函或者其他形式的担保（此期间不超过 4 个月，不能延长）	采取提高关税的形式（此期间不超过 200 天）
最终阶段	征收反倾销税	征收反补贴税	采取提高关税、数量限制等形式（一般不超过 4 年，特殊情况下可延长至 10 年）

知识链接 2-10

关于对原产于美国的进口聚苯醚进行反倾销立案调查的公告

1. WTO 规则允许成员方使用贸易救济手段来保护国内产业不受损害。其中(　　)既可以采取提高关税的形式也可以采取数量限制的形式。

A. 反倾销　　B. 反补贴

C. 保障措施　　D. 关税配额

2. 保障措施这种外贸救济措施针对的是(　　)。

A. 价格歧视

B. 国外有疫病的动植物正在流入我国

C. 我国重要物资的大量流出

D. 进口产品数量激增对国内产业不利

技能演练

技能演练-2

海关对外贸货物的监管

海关对外贸货物的监管

业务背景及相关单证

任务 1　许可证监管查询

任务 2　出口许可证办理

任务 3　自动进口许可证办理

线上课堂——练习与测试

扫描封底二维码刮刮卡

获取答题权限

在线题库-2

案例分析-2

第三章 一般进出口货物的报关规范

学习目标

1. 掌握海关监管货物的概念及分类。
2. 熟悉一般进出口货物的概念及监管特征。
3. 掌握一般进出口货物申报及报关流程。
4. 掌握一般进出口货物的申报日期、期限、地点及滞报金计算。
5. 理解我国电子报关的发展及应用。

案例导入

我国外贸进出口规模创历史新高

海关总署新闻发言人、统计分析司司长李魁文介绍，2018 年我国外贸进出口总值 30.51 万亿元，比 2017 年增长 9.7%。其中，出口 16.42 万亿元，增长 7.1%；进口 14.09 万亿元，增长 12.9%；贸易顺差 2.33 万亿元，收窄 18.3%。对外贸易总体平稳，稳中有进，进出口规模创历史新高。

从量、价因素来看，2018 年我国进出口增长数量拉动因素更强。据海关初步测算，我国进口数量指数为 106.4，出口数量指数为 103.6，数量对进口、出口的贡献程度均超过了五成，外贸进出口增长动力更为扎实。一般贸易进出口快速增长，比重上升。2018 年，我国一般贸易进出口 17.64 万亿元，增长 12.5%，占我国进出口总值的 57.8%，比 2017 年提升 1.4 个百分点。

其中：湖北省以一般贸易方式进出口 2675.4 亿元，增长 15.3%，占全省外贸总值

76.7%，占比同比提高2.7个百分点。以保税物流方式进出口163.1亿元，增长46.4%。

资料来源：中华人民共和国海关相关数据

案例思考 一般贸易货物是不是一般进出口货物？一般进出口货物的报关流程是怎么样的？它与保税货物有什么区别？

第一节 海关监管货物概述

一、海关监管货物的概念及分类

（一）海关监管货物概念

海关监管货物是指所有进出境货物，包括自向海关申报起到出境止的出口货物、自进境起到办结海关手续止的进口货物及自进境起到出境止的过境、转运和通运的货物。

实践之中，海关监管货物主要处于以下两种状态：一是进境货物尚未办理海关进口手续或出口货物虽已办理海关出口手续但尚未装运出口，仍存放于海关监管场所的进出口货物；二是进境货物已办理海关进口放行手续，但仍处于海关监管之下，需要纳入海关后续管理范畴，这一类海关监管货物主要包括保税进口、暂时进口和特定减免税进口的货物等。

知识链接 3-1
认识监管场所

任何海关监管的货物要完成结关大概经过三个阶段，即货物由海关非监管区域进入海关监管区域，经过监督管理海关解除监管。除了特殊情况，进出境货物、物品及运输工具必须通过经过海关监管场所才能完成进口或出口。在海关监管下，进出口货物的报关围绕此阶段完成不同阶段的手续，履行报关程序。

（二）海关监管货物的分类

按照货物进出境的不同目的及海关监管货物方式的不同可将海关监管货物分成以下几类：

▶ 1. 一般进出口货物

一般进出口货物是一般进口货物和一般出口货物的总称，指从境外进出口，在进出口环节缴纳进出口税费并办结了所有海关手续，在海关放行后不再进行监管，直接进入生产或流通领域的货物。

▶ 2. 保税货物

保税货物指经海关批准未办理纳税手续而进境，在境内储存、加工、装配后复运出境的货物。包括保税加工货物和保税物流货物两类。

▶ 3. 特定减免税货物

特定减免税货物指经海关根据国家政治和经济需要，经国务院批准，给予减免税优惠政策的特定地区、特定企业、有特定用途的货物。

▶ 4. 暂准进出境货物

暂准进出境货物指为特定的目的，经海关批准，凭担保暂时进出境，在境内或境外使用后原状复运出境或进境的货物。

▶ 5. 其他进出境货物

其他进出境货物指由境外启运，通过中国境内继续运往境外的货物，以及其他尚未办结海关手续的进出境货物。

▶ 6. 跨境电商货物

跨境电商货物是指分属不同关境的交易主体，通过电子商务平台达成交易、进行支付结算，并通过跨境物流送达从而完成交易的一种货物。随着电子商务平台的日益成熟，此类货物在海关监管货物中比重迅速增加。目前国务院为促进跨境电商的发展，在全国 46 个城市和地区设立跨境电子商务综合试验区。

本书经过筛选，选取传统贸易方式下体量较大的一般进出口货物和保税加工货物以及电子商务方式下的跨境电商货物三大类来展开讲解。

二、报关程序

报关程序指进出口货物收发货人、运输负责人、物品所有人或其代理人按照海关的规定，依法办理货物、物品及运输工具进出境及完成相关海关事务的手续和步骤。

我国海关规定不论何种类型的货物，进出境均需经过海关审单—查验—征税—放行共四个步骤，与之相适应，进出口货物收发货人或其代理人应当备齐进出境货物的有关单证并申报、配合查验、缴纳税款及提货装运，进出口货物收发货人及代理人应当及时办理申报、纳税和提货等手续，加快通关效率，避免产生滞报费或滞纳费。除此之外，部分货物在进出境时依法可以减免税，此类货物的报关程序要复杂一些。如加工贸易原材料的进口，因其加工贸易的性质，原料来自境外且成品出口境外，境内完成加工环节，我国为了简化手续同时鼓励外贸发展，允许此类货物可以保税进口，在进境环节可以暂免缴税，故在其实际进境之前需要对此原料进行前期备案等以便于监管；同时在进境放行后也要继续接受监管确保该批原料会复运出境。

报关程序按照时间先后顺序可分成前期阶段、进出境阶段、后续阶段三个阶段，进出口海关监管货物的报关程序对比，如表 3-1 所示。

（一）前期阶段

前期阶段是指根据海关对保税货物、特定减免税货物、暂准进出口货物等的监管要求，进出口货物收发货人或其代理人在货物进出境之前，向海关办理上述拟进出口货物的许可等备案手续的过程。

▶ 1. 保税货物

进出口货物收发货人或其代理人应当办理加工贸易合同的备案申请，加工贸易电子化手册或电子账册的申请建立等手续。

▶ 2. 特定减免税货物

进口货物收货人或其代理人应当办理企业的减免税备案登记、货物减免税的申请，减免税证明的申领手续。

▶ 3. 暂准进出境货物

暂准进出境货物中的展览品实际进境之前，进出口货物收发货人或其代理人应当办理举办展览会的备案申请手续。

▶ 4. 其他进出境货物

其他进出境货物中的加工贸易不作价设备进口之前，进口货物收货人或其代理人办理加工贸易不作价设备的备案手续，出料加工货物出境之前，出口货物发货人或其代理人办理出料加工的备案手续。

(二) 进出境阶段

进出境阶段是指进出口货物收发货人或其代理人按照海关要求，在进出境时向海关办理进出口申报、配合查验、缴纳税费、提取或装运货物手续的过程。这将在本章第三节中详细讲述。

知识链接 3-2

海关究竟是怎样识别不同货物的相应监管方式的?

(三) 后续阶段

后续阶段是指根据海关对保税货物、特定减免税货物、暂准进出境货物等的监管要求，进出口货物收发货人或其代理人在货物进出境储存、加工、装配、使用后，在规定的期限内对保税货物进行核销，对特定减免税及暂准进出境货物销案及申请解除监管的过程。

表 3-1　进出口海关监管货物的报关程序对比

<table>
<tr><th></th><th>前期阶段</th><th>进出境阶段</th><th>后续阶段</th></tr>
<tr><td>一般进出口货物</td><td>—</td><td rowspan="4">1. 进出口申报
2. 配合查验(验单、证、货)
3. 缴纳税款(海关决定照章征税、免税、减税)
4. 提运货物(海关放行)</td><td>—</td></tr>
<tr><td>保税货物</td><td>加工贸易备案和申领加工贸易登记手册</td><td>保税货物的核销结关</td></tr>
<tr><td>特定减免税货物</td><td>特定减免税货物备案登记和申领征免税证明</td><td>特定减免税货物的销案及解除监管</td></tr>
<tr><td>暂准进出境货物</td><td>暂准进出境货物的备案申请</td><td>暂准进出境货物销案及接触监管</td></tr>
</table>

第二节　一般进出口货物概述

一、一般进出口货物的概念

一般进出口货物是一般进口货物和一般出口货物的总称，指从境外进出口，在进出口环节缴纳进出口税费并办结了所有海关手续，在海关放行后不再进行监管，直接进入生产或流通领域的货物。

一般进出口货物是基于海关监管的角度来划分的，相对于保税货物、暂准进出境货物等货物的报关程序，一般进出口报关只针对进出口境环节，海关放行后不再进行监管，而其他海关监管货物还需要前期和后续监管。

二、一般进出口货物的特征

（一）进出境时缴纳进出口税费

一般进出口货物的收发货人应当按照《海关法》和其他有关法律、行政法规的规定，在货物进出境时向海关缴纳应当缴纳的税费，如进出口关税、反倾销税、反补贴税、进口环节代征税等。为提高税款支付和入库效率，优化缴税报关流程，海关总署于2018年10月公布新一代电子支付系统，高效实现海关、银行、国库直联，并将原来预扣和实扣的指令简化为单一的扣税指令，企业可选择柜台支付方式或登录“单一窗口”、“互联网＋海关”平台使用新一代电子支付系统缴纳海关税费，税款实扣成功后且符合放行条件的，海关系统会直接自动放行。

（二）进出口时提交相关的许可证件

货物进出口应受国家法律、行政法规管制的，进出口货物收发货人或其代理人应当向海关提交相关的进出口许可证件。

（三）海关放行即办结了海关手续

在进出口收发货人履行了纳税手续，提交单据及相关许可证件经海关审核无误，且海关对货物进行实际查验（或做出不予查验的决定）以后，海关按规定予以签章放行，进出口货物收发货人或其代理人可以办理提取进口货物或者装运出口货物的手续。对一般进出口货物来说，此时海关放行意味着进出口收发货人已经办结报关手续，可以直接进入生产和消费领域流通。“放行即结关”是一般进出口货物监管的主要特征。

三、一般进出口货物的优缺点

一般进出口货物在海关监管的所有货物中占比较大，是海关监管的重点。相对于保税货物、暂准进出境货物及特定减免税货物来说，一般进出口货物存在以下优缺点：

（一）优点

一是进出境收发货人以一般进出口货物方式报关，在报关前期不需要对货物进行保税或免税备案登记申请，在海关放行后也不需要接受海关后续监管，不需存放在特定监管区域，因此货物管理较自由，报关手续较简便。

二是一般进出口货物放行即结关，进境货物可以自由在境内流通转让，出境货物可以自由在境外流通转让，不需在规定时期内复运出境或复运进境。

知识链接3-3

一般进出口货物与一般贸易货物的区别

（二）缺点

一般进出口货物在进出境时需要缴纳应纳税费。相较于保税货物征税时间节点如在保税货物改变用途变为内销的情形，一般进出口货物对进出口收发货人的资金周转有一定影响，除此之外，相较于特定减免税及保税进口的税收优惠政策，一般进出口货物的税费不予减免。不少企业并不直接倾向于将一般进出口货物作为货物的报关首选，而是会尽可能在法律政策允许内争取保税或减免税等税收优惠。

四、一般进出口货物的范围

实际进出口货物，除特定减免税货物外都属于一般进出口货物的范围。实际进出口货物指的是进境后不再复运出境的进口货物及出境后不再复运进境的出口货物。主要包括：

（1）不批准保税的一般贸易进出口货物；

（2）转为实际进口的保税货物；

（3）转为实际进口的暂准进境货物或转为实际出口的暂准出境货物；

（4）易货贸易、补偿贸易进出口货物；

（5）不批准保税的寄售代销贸易货物；

（6）承包工程项目实际进出口货物；

（7）外国驻华商业机构进出口陈列用的样品；

（8）外国旅游者小批量订货出口的商品；

（9）随展览品进境的小卖品；

（10）实际进出口货样广告品；

（11）免费提供的进口货物，如：外商在经济贸易活动中赠送的进口货物；外商在经济贸易活动中免费提供的试车材料等；我国在境外的企业、机构向国内单位赠送的进口货物。

课堂思考

1. 下列哪些货物适用一般进出口通关制度？（　　）

A. 某加工贸易企业经批准从德国进口机器设备一套用于加工出口

B. 某公司经批准以易货贸易方式进口货物一批在境内出售

C. 张家港保税区批准出售橡胶一批给青岛汽车轮胎厂

D. 某境外商人免费提供机器设备一套给境内某企业用以来料加工

2. 下列货物哪种不适用于海关后续管理？（　　）

A. 外商在经贸活动中赠送的进口货物

B. 进料加工进口料件

C. 进境展览品

D. 香港影视公司摄制电影电视用的暂时进口的摄制仪器

第三节 一般进出口货物的报关及监管

依照我国《海关法》及相关的法律法规，一般进出口货物的报关程序只有进出境阶段。它由四个环节组成，分别是进出口申报、配合查验、缴纳税费及提取装运货物，相应的，以海关的角度来看，报关程序即为海关审单、查验、征税、放行共四个环节。值得注意的是，其他特殊监管货物如保税货物、暂准进出境货物等的报关也要依次经过这些环节的大部分程序，其进出境阶段与一般进出口货物的报关程序类似，只是在少数环节上（如征税）存在差别。

一、进出口申报

进出口申报是指进出口货物的收发货人、受委托的报关企业，依照《海关法》以及有关法律、行政法规和规章的要求，在规定的期限、地点，采用电子数据报关单和纸质报关单形式，向海关报告实际进出口货物的情况，并接受海关审核的行为。是否如实申报是区别走私与否的重要界限，因此海关对于进出口货物及运输工具的申报作了明确规定，包括申报时间、申报期限、申报方式、申报内容等。

进出口申报流程大致为：办理报关委托，准备报关单证，申请看货取样，电子数据申报，提交纸质报关单及随附单证，修改或撤销报关单，直到海关受理。

（一）申报主体

进出口货物的收发货人，可以自行向海关申报，也可以委托报关企业向海关申报。不论哪方报关，均应当预先在海关依法办理登记注册。进出口货物的收发货人以自己的名义，向海关申报的，报关单应当由进出口货物收发货人签名盖章，并随附有关单证。

报关企业接受进出口货物的收发货人委托，以自己的名义或以委托人的名义向海关申报的，应当向海关提交由委托人签署的授权委托书，并按照委托书的授权范围办理有关海关手续。

知识链接 3-4 代理报关委托书和委托协议

报关企业接受进出口货物收发货人委托办理报关手续的，应当与进出口货物收发货人签订有明确委托事项的委托协议，进出口货物收发货人应当向报关企业提供委托报关事项的真实情况。报关企业应当就真实性及完整性进行合理审查，如有关进出口货物的合同、发票、运输单据、装箱单等商业单据，以及所需的许可证件及随附单证等。

进出口收发货人和报关企业的报关委托前提是必须存在委托关系，关系确认后再签订委托协议。签订委托协议有两种方式可以选择，一是可以签订纸质代理报关委托协议书；二是可以电子口岸进行电子代理报关委托。若此前已存在委托关系时可直接签订委托协议，一份电子代理报关委托协议对应一份报关单的随附单据，不可重复使用。

(二) 报关单证

申报的单证可以分为两大类，即报关单和随附单证，随附单证又包括基本单证和特殊单证。

报关单是由报关员按照海关规定格式填制的申报单，是指进出口货物报关单或者具有进出口货物报关单性质的单证，如特殊监管区域进出境备案清单、ATA 单证册、过境货物报关单、快件报关单等。一般来说任何货物的申报都必须有报关单。

基本单证是指进出口货物的货运单据和商业单据，主要有进口提货单据、出口装货单据、商业发票装箱单等。一般来说，任何货物都必须有基本单证。

特殊单证主要有进出口许可证明、加工贸易手册(包括纸质手册、电子手册和电子账册)、特定减免税证明、作为有些货物进出境证明的原进出口货物报关单证、出口收汇核销单、原产地证明书、贸易合同等。某些货物的申报，必须有特殊单证，如租赁贸易货物进口申报，必须有租赁合同，别的货物进口申报则不定需要贸易合同，所以贸易合同对于租赁贸易货物申报来说是一种特殊单证。

准备申报单证的原则是：基本单证、特殊单证必须齐全有效合法，填制报关单必须真实、准确、完整，报关单与随附单证数据必须一致。如表 3-2 所示。

表 3-2　报关单证的类型及名称

单证类型		单证名称
报关单	报关单证	保税区进出境备案清单、ATA 单证册、过境货物报关单、快件报关单等
随附单证	基本单证	进口提货单据、出口装货单据、商业发票装箱单
	特殊单证	进出口许可证明、加工贸易手册、原产地证明书、贸易合同

(三) 申报前看货取样

《海关法》规定，进口货物的收货人经海关同意，可以在申报前查看货物或者提取货样，需要依法检验的货物，应当在检验合格后提取货样。

进口货物的收货人，向海关申报前，因确定货物的品名、规格、型号、归类等原因，可以向海关提出查看货物或提取货样的书面申请。海关审核同意的，派员到场实际监管。

报关企业接受进出口收发货人的委托，办理报关手续时，应当对委托人所提供情况的真实性进行合理审查，如证明进出口货物的实际情况的资料，包括进出口货物的品名、规格、用途、产地、贸易方式等，报关企业未对进出口货物的收发货人提供情况的真实性、完整性履行合理审查义务或违反海关规定申报的，应当承担相应的法律责任。

申报前看货取样必须具备一定条件。只有在通过外观无法确定货物归类等情况，海关才会同意收货人提取货样，收货人放弃行使看货取样的权利所产生的法律后果(如申报不符)由收货人自己承担，如果货物进境已有走私违法嫌疑并被海关发现，海关不予同意。查看货物或提取货样时，海关开具取样记录和取样清单；提取货样的货物涉及动植物及产品以及其他须依法提供检疫证明的，应当按照国家的有关法律规定，在取得主管部门签发的书面批准证明后提取。提取货样后，到场监管的海关关员与进口货物的收货人在取样记录和取样清单上签字确认。

课堂思考

青岛某船务公司报关员小安在从事报关业务中遇到这样一件事情。一家公司从韩国进口了一种人造纤维纱线，报关时，海关要求验货，开箱后发现不是人造纤维纱线，而是一种关税比人造纤维纱线高出很多的氨纶丝。海关认为是小安所在公司与外商串通想逃税。经进一步调查发现是韩国商人有意隐瞒，以逃避巨额关税。请问在这个案例中小安作为报关员有没有责任？

（四）申报地点

报关地分两种，一种是属地报关；一种是口岸报关。在企业申请注册的海关管辖关区申报的情形为属地报关；在货物的实际进出境口岸申报的情形为口岸报关。申报地点遵循以下原则：

▶ 1. 进境地原则

在一般正常情况下，进口货物应当由收货人或其代理人在货物的进境地向海关申报，并办理有关进口海关手续。

▶ 2. 转关运输原则

转关是指海关监管货物在海关监管下，从一个海关运至另一个海关办理某项海关手续的行为，包括进口转关、出口转关及境内转关。由于货物的批量、性质、内在包装或其他一些原因，经收货人或其代理人申请，海关同意后，进口货物也可以在设有海关的指运地向海关申报，出口货物可以在设有海关的启运地申报。随着通关一体化改革的全国推广，现在转关运输应用较少。

除以下 4 种情况外，海关不再接受办理转关运输：

(1)多式联运货物，以及具有全程提(运)单需要在境内换装运输工具的进出口货物；

(2)满足相关条件的进口固体废物；

(3)易受温度、静电、粉尘等自然因素影响或者其他特殊原因，不宜在口岸海关监管区实施查验，且满足相关条件的进出口货物；

(4)邮件、快件、暂时进出口货物(含 ATA 单证册项下货物)、过境货物、中欧班列载运货物、市场采购方式出口货物、跨境电子商务零售进出口商品、免税品以及外交、常驻机构和人员公自用物品。

▶ 3. 指定地点原则

经电缆、管道或其他特殊方式输送进境的货物，经营单位应当按海关的要求定期向指定的海关申报并办理有关进口海关手续。这些以特殊方式输送进境的货物，输送路线长，往往需要跨越几个海关甚至几个省份，它们的输送方式特殊，一般不会流失，而且有特定的计量工具，如电表、油表等。

知识链接 3-5
何谓转关

以保税货物、特定减免税货物、暂准进境货物申报的货物，因故改变使用目的或货物性质转为一般进口的，应当在货物所在地的主管海关申报。

不同货物申报地点的比较如表 3-3 所示。

表 3-3　不同货物申报地点的比较

货物类型	申报地点	条　件
一般进口	进境地海关	
转关进口	指运地海关	经申请
一般出口	出境地海关	
转关出口	启运地海关	经申请
转为实际进口的保税、特定减免税货物或暂准进出境货物	货物所在地主管海关	实际上是第二次申报

(五) 申报日期

申报日期是指申报数据被海关接受的日期。不论以电子数据报关单方式申报或以纸质报关单方式申报，海关以接受申报数据的日期为接受申报的日期。

以电子数据报关单方式申报的，申报日期为海关计算机系统接受申报数据时记录的日期，该日期将反馈给原数据发送单位，或公布于海关业务现场，或通过公共信息系统发布。以纸质报关单方式申报的，申报日期为海关接受纸质报关单并对报关单进行登记处理的日期。

电子数据报关单经过海关计算机检查被退回的，视为海关不接受申报，进出口货物收发货人、受委托的报关企业应当按照要求修改后重新申报，申报日期为海关接受重新申报的日期。

海关已接受申报的报关单电子数据，人工审核确认需要退回修改的，进出口货物收发货人、受委托的报关企业应当在 10 日内完成修改并重新发送报关单电子数据，申报日期仍为海关接受原报关单电子数据的日期；超过 10 日的，原报关单无效，进出口货物收发货人、受委托的报关企业应当另行向海关申报，申报日期为海关再次接受申报的日期。

(六) 申报期限

进口货物的收货人、受委托的报关企业应当自运输工具申报进境之日起十四日内向海关申报(从运输工具申报进境之日的第二天计算)，申报期限的最后一日是法定节假日或休息日的顺延至法定节假日后或休息日后的第一个工作日。

进口转关运输货物的收货人、受委托的报关企业应当自运输工具申报进境之日起十四日内，向进境地海关办理转关运输手续，有关货物应当自运抵指运地之日起十四日内向指运地海关申报。

出口货物发货人、受委托的报关企业应当在货物运抵海关监管区后、装货的二十四小时以前向海关申报。经电缆、管道或其他特殊方式进出境的货物依海关规定定期申报。

超过规定时限未向海关申报的，海关按照《中华人民共和国海关征收进口货物滞报金办法》征收滞报金。

（七）滞报金

滞报金是由于进口货物收货人或其代理人超过法定期限向海关报关而产生的一种行政罚款。征收滞报金的计算公式为：

滞报金＝进口货物完税价格×0.5‰×滞报期间

1. 滞报金的规定

（1）滞报金的日征收金额为进口货物完税价格的千分之零点五，以人民币“元”为计征单位，不足人民币一元的部分免予计征；

（2）滞报金的起征点为人民币50元；

（3）对应征收滞报金的进口货物，在未交纳滞报金之前，海关不放行货物。

2. 滞报日期的确定

（1）征收进口货物滞报金应当按日计征，以自运输工具申报进境之日起第十五日为起征日，以海关接受申报之日为截止日，起征日和截止日均计入滞报期间，另有规定的除外。滞报金起征日遇有休息日或者法定节假日的，顺延至休息日或者法定节假日之后的第一个工作日。国务院临时调整休息日与工作日的，海关应当按照调整后的情况确定滞报金的起征日。

（2）进口货物因收货人在运输工具申报进境之日起超过三个月未向海关申报，被海关提取作变卖处理后，收货人申请发还余款的，滞报金截止日为该三个月期限的最后一日。

（3）进口货物收货人向海关传送报关单电子数据申报后，未按照海关总署规定递交报关单及随附单证，海关予以撤销报关单电子数据处理。进口货物收货人重新向海关申报，产生滞报的，以自运输工具申报进境之日起第十五日为起征日，以海关接受申报之日为截止日。

（4）进口货物收货人申报后依法撤销原报关单电子数据重新申报的，以撤销原报关单之日起第十五日为起征日。

3. 滞报金的减免

有下列情形之一的可申请减免滞报金：

（1）政府主管部门有关贸易管理规定变更，要求收货人补充办理有关手续或者政府主管部门延迟签发许可证件，导致进口货物产生滞报的；

（2）产生滞报的进口货物属于政府间或者国际组织无偿援助和捐赠用于救灾、社会公益福利等方面的进口物资或者其他特殊货物的；

（3）由于不可抗力导致收货人无法在规定期限内申报，从而产生滞报的；

（4）因海关及相关司法、行政执法部门工作原因致使收货人无法在规定期限内申报，从而产生滞报的；

（5）其他特殊情况经海关批准的。

4. 滞报金的免征

有下列情形之一的，海关不予征收滞报金：

(1) 收货人在运输工具申报进境之日起超过三个月未向海关申报，进口货物被依法变卖处理，余款按《海关法》第三十条规定上缴国库的；

(2) 进口货物收货人在申报期限内，根据《海关法》有关规定向海关提供担保，并在担保期限内办理有关进口手续的；

(3) 进口货物收货人申报后依法撤销原报关单电子数据重新申报，因删单重报产生滞报的；

(4) 进口货物办理直接退运的；

(5) 进口货物应征收滞报金金额不满人民币 50 元的。

(八) 报关单申报步骤

海关规定进出口货物的申报采用电子数据报关单申报形式和纸质报关单申报形式。电子数据报关单和纸质报关单均具有法律效力。

知识链接 3-6
滞报金的计算案例练习

▶ 1. 申报方式

电子数据报关单申报形式是指进出口货物的收发货人、受委托的报关企业通过计算机系统按照《中华人民共和国海关进出口货物报关单填制规范》的要求向海关传送报关单电子数据并备齐随附单证的申报方式。

纸质报关单申报形式是指进出口货物的收发货人、受委托的报关企业，按照海关的规定填制报关单，备齐随附单证，向海关当面递交的申报方式。

(1) 电子申报

电子报关的常见申报方式有 3 种类型：

1)终端申报方式：进出口货物收发货人或其代理人使用联接海关计算机系统的电脑终端录入报关单内容，直接向海关发送报关单电子数据。

2)EDI 申报方式：进出口货物收发货人或其代理人在微机中安装 EDI 申报系统，在该系统中录入报关单内容，由计算机转换成标准格式的数据报文向海关计算机系统发送报关单电子数据。

3)网上申报方式：进出口货物收发货人或其代理人在微机中安装“中国电子口岸”系统，登录“中国电子口岸”网站，在“联网申报”系统中录入报关单内容，通过“中国电子口岸”向海关计算机系统发送报关单电子数据。

目前，在一般情况下，报关单位采用委托口岸录入单位的计算机终端向海关进行电子申报的情况较多。按照《进出口货物报关单填制规范》等规定，通过“单一窗口”标准版录入、并向海关审批系统发送的报关电子数据。

(2) 纸质申报

海关审结电子数据报关单后，进出口货物的收发货人、受委托的报关企业应当自接到海关“现场交单”或“放行交单”通知之日起 10 日内，持打印出的纸质报关单，备齐规定的随附单证并签名盖章，到货物所在地海关递交书面单证并办理相关海关手续。按照《进出口货物报关单填制规范》等规定，通过“单一窗口”标准版，可打印海关接受电子数据申报的纸质报关单或手工填制的纸质报关单。

未在规定期限或核准的期限内递交纸质报关单的，海关删除电子数据报关单，进出口货物的收发货人、受委托的报关企业应当重新申报。由此产生的滞报金按照《中华人民共和国海关征收进口货物滞报金办法》的规定办理。

确因节假日或转关运输等其他特殊原因需要逾期向海关递交书面单证并办理相关海关手续的，进出口货物的收发货人、受委托的报关企业应当事先向海关提出书面申请说明原因，经海关核准后在核准的期限内办理。其中，进出口货物收发货人自行报关的，由收发货人在申请书上签章；委托报关企业报关的，由报关企业和进出口货物收发货人双方共同在申请书上签章。

（3）提交单证

现场交单审核时，进出口货物的收发货人、受委托的报关企业应向海关递交与电子数据报关单内容一致的纸质报关单及随附单证，报关需提交的单证如表 3-4 所示。

特殊情况下经海关同意，允许先采用纸质报关单形式申报，事后补报电子数据，补报的电子数据应当与纸质报关单内容一致。在向未使用海关信息化管理系统作业的海关申报时可以采用纸质报关单申报形式。

表 3-4 报关需提交的单证

类型	需提交单据	备注
必要单证	合同 商业发票 装箱单 代理报关委托书	必须提交
非必要单证	进口货物报关单	一般贸易方式下提交
	进口货物报关单(进料加工专用)	加工贸易方式下提交
	入境货物通关单	商品海关监管条件含“A”
	进口许可证	商品海关监管条件含“1”
	自动进口许可证	一般贸易方式下商品海关监管条件含“7”或“0”；加工贸易方式下商品海关监管条件含“v”
	海运提单	海运方式下提交
	提货单-提货联	
	航空运单	空运方式下提交
	提货通知单	
	进出口货物征免税证明	货物类型为减免税时需提交

▶ 3. 修改申报内容及撤销申报

海关接受进出口货物的申报后，报关单证及其内容不得修改或者撤销；根据《中华人民共和国海关进出口货物报关单修改和撤销管理办法》第五条规定，可以办理进出口货物报关单修改或撤销手续的情形，如表 3-5 所示，应当按照进出口货物报关单修改和撤销的相关规定办理，提交进出口货物报关单修改/撤销申请书(样书)，如表 3-6 所示，经海关同意后方可修改或撤销。

表 3-5 可以办理进出口货物报关单修改或撤销手续的情形

可以办理进出口货物报关单修改或撤销手续的情形	出口货物放行后，由于装运、配载等原因造成原申报货物部分或者全部退关、变更运输工具的
	进出口货物在装载、运输、存储过程中发生溢短装，或者由于不可抗力造成灭失、短损等，导致原申报数据与实际货物不符的
	由于办理退补税、海关事务担保等其他海关手续而需要修改或者撤销报关单数据的
	根据贸易惯例先行采用暂时价格成交、实际结算时按商检品质认定或者国际市场实际价格付款方式需要修改申报内容的
	已申报进口货物办理直接退运手续，需要修改或者撤销原进口货物报关单的
	由于计算机、网络系统等技术原因导致电子数据申报错误的
	由于报关人员操作或者书写失误造成申报内容需要修改或者撤销的

表 3-6 进出口货物报关单修改/撤销确认书(样书)

编号：皇岗海关〔2019年〕____号

报关单编号	012359696	申 报 日 期	20200527
经营单位名称		报关单位名称	庆华国际货运代理(深圳)有限公司
修改或撤销原因	材质申报不规范。		
原填报内容	材质：15%铁 85%PPA		
修改内容	材质：15%铁 85%聚对苯二酰对苯二胺		

经营单位或报关单位确认：

同意 皇岗 海关对上述报关单内容进行修改/撤销。

报关人员卡号：

报关人员签名：

经营单位或报关单位印章

2020 年 5 月 27 日

二、配合查验

海关查验是指海关在接受报关单位的申报后，依法为确定进出境货物的性质、原产地、货物状况、数量和价值是否与货物申报单上已填报的详细内容相符，对货物进行实际检查的行政执法行为。查验是国家赋予海关的一种依法行政的权力，也是通关过程中必不可少的重要环节。

(一) 查验方式

海关实施查验可以是彻底查验，也可以是抽查。查验操作可以分为人工查验和设备查验。海关可以根据货物情况以及实际执法需要，确定具体的查验方式。查验应当由 2 名以上海关查验人员共同实施。

人工查验包括外形查验、开箱查验。外形查验是指对外部特征直观、易于判断基本属性的货物的包装、运输标志和外观等状况进行验核；开箱查验是指将货物从集装箱、货柜车箱等箱体中取出并拆除外包装后对货物实际状况进行验核。

设备查验是指利用技术检查设备为主对货物实际状况进行验核。

（1）彻底检查检查，既对货物逐件开箱（包）查验，对货物品种、规格、数量、重量、原产地货物状况等逐一与货物申报单详细核对。

（2）抽查，即按一定比例对货物有选择地开箱抽查，必须卸货。卸货程度和开箱（包）比例以能够确定货物的品名、规格、数量、重量等查验指令的要求为准。

（3）外型检验，对货物的包装、标记、商标等进行验核。外型查验只能适用于大型机器、大宗原材料等不易搬运、移动。此外，海关还充分利用科技手段配合查验，如地磅和X光机等查验设施和设备。

海关查验部门自查验受理起，到实施查验结束、反馈查验结果最多不得超过48小时，出口货物应于查验完毕后半个工作日内予以放行。查验过程中，发现有涉嫌走私违规等事情的，不受此时限限制。

（二）查验地点

一般在海关监管区内的进出口口岸码头、车站、机场、邮局或海关的其他监管场所进行查验。对进出口大宗散货、危险品 、鲜活商品、落驳运输的货物，经进出口收发货人申请，海关也可在作业现场予以查验放行。在特殊情况下经进出口收发货人或其代理人申请，海关审核同意，也可派员到规定的时间和场所以外的工厂、仓库或施工工地查验货物。

（三）海关在查验时的要求

（1）货物的收发货人或其代理人必须到场，并按海关的要求负责办理货物的搬移、拆装箱和重封货物的包装等工作。

（2）海关认为必要时，可以径行开验、复验或提取货样，货物管理人员应当到场作为见证人。

（3）查验期间费用问题。海关在监管区内实施查验不收取费用。对集装箱、货柜车或者其他货物加施海关封志的，按照规定收取封志工本费。因查验而产生的进出口货物搬移、开拆或者重封包装等费用，由进出口货物收发货人承担。在海关监管区外查验货物，进出口货物收发货人或者其代理人应当按照规定向海关交纳规费。

（4）对于危险品或者鲜活、易腐、易烂、易失效、易变质等不宜长期保存的货物，以及因其他特殊情况需要紧急验放的货物，经进出口货物收发货人或者其代理人申请，海关可以优先安排查验。

（四）复验及径行开验

海关可以对已查验的货物进行复验，已经参加过查验的查验人员不得参加对同一票货物的复验。适用情形有：经初次查验未能查明货物的真实属性，需要对已查验货物的某些

知识链接 3-7
何谓海关封志

性状做进一步确认的；货物涉嫌走私违规，需要重新查验的；进出口货物收发货人对海关查验结论有异议，提出复验要求并经海关同意的；其他海关认为必要的情形。查验人员在查验记录上应当注明“复验”字样。

径行开验指的是海关在进出口货物收发货人或其代理人不在场的情况下，对进出口货物进行开拆包装查验。海关径行开验时，存放货物的海关监管场所经营人、运输工具负责人应当到场协助，并在查验记录上签名确认。适用情形为进出口货物有违法嫌疑或经海关通知，进出口货物收发货人或其代理人届时未到场的。

（五）损失赔偿

我国《海关法》规定，海关在查验进出境货物品时，损坏被查验货物的，应当赔偿实际损失。海关赔偿的范围仅限于在实施检查过程中，由海关关员责任造成被查验货物的直接损失。若进出口收发货人或其代理人并未在海关检验时提出异议，事后发现货物有损坏的，海关不负责赔偿责任。双方共同商定货物的受损程度或修理费用，以海关审定的完税价格为基数，确定赔偿金额。赔款一律用人民币支付。

（六）操作流程

（1）海关确定查验后，由现场接单关员打印《查验通知单》，必要时制作查验关封交报关员。

（2）安排查验计划。由现场海关查验受理岗位安排查验的具体时间，一般当天安排第二天的查验计划。

（3）海关查验货物时，进口货物的收货人、出口货物的发货人或其授权报关员应当到场，并负责协助搬移货物，开拆和重封货物的包装。海关认为必要时，可以径行开验、复验或者提取货样。

（4）查验结束后，由陪同人员在《查验记录单》上签名、确认。记录由海关执行查验任务的关员填写，查验记录的内容一般包括查验时间，地点、收发货人或其代理人的名称以及申报货物的情况，查验了的货物的情况，查验关员和陪同查验的报关员应在查验记录上签具全名。

查验记录是进出口货物现场查验的真实反映，是海关和进出口货物收发货人或其代理人共同认可的正式记录和书证。查验记录能为海关征税、统计和后续管理提供可靠依据，也是海关查处违规案件、处理纳税争议的有力证据。

课堂思考

黄埔海关查验一批贵重的精密仪器，交给发货人或其代理人后，有关发货人或其代理人当时并未提出异议，后来确切证实是海关查验时损坏的。

讨论：海关应负赔偿责任吗？为什么？

三、缴纳税费

缴纳税费是指进出口货物收发货人或其代理人接到海关发出的税费缴纳通知后，以支票、本票、汇票、现金的形式，向海关指定的银行办理税费款项的缴纳手续，由银行将税费款项缴入海关专门账户的工作程序。准许进出口的货物、进出境物品，由海关依法征收关税及进口环节代征税，进口货物的收货人、出口货物的发货人、进境物品的所有人，是关税的纳税义务人。

（一）缴纳方式

1. 柜台支付

除另有规定外，海关应当在货物实际进境，并完成海关现场接单审核工作之后及时填发税款缴款书，纳税义务人到银行办理缴纳。

2. 电子支付

除另有规定外，在通关无纸化模式下，参与税费电子支付业务的进出口企业应在海关审结报关单生成电子税款信息之日起 10 日内，向商业银行发送扣款指令。企业已电子支付税款且报关单符合放行条件的，系统自动放行。未在规定期限内发送扣款指令的，将直接转为柜台支付，海关填发税款缴款书。

（二）纳税期限

进出口货物的纳税义务人，应当自海关填发税款缴款书之日起十五日内缴纳税款；逾期缴纳的，由海关征收滞纳金。进出口货物、进出境物品放行后，海关发现少征或者漏征税款，应当自缴纳税款或者货物、物品放行之日起一年内，向纳税义务人补征。因纳税义务人违反规定而造成的少征或者漏征，海关在三年以内可以追征。

知识链接 3-8
新一代海关税费电子支付系统

四、提取或装运货物

海关放行是指海关接受进出口货物的申报、审核电子数据报关单和纸质报关单及随附单证、查验货物、征收税费或接受担保以后，对进出口货物作出结束海关进出境现场监管决定，允许进出口货物离开海关监管现场的工作环节。未经海关放行的海关监管货物，任何单位和个人不得提取或发运。

与以往通关不同，海关接到企业预申报后，通过系统向货运监管场所发送电子放行信息，取消原来在纸质交付/发运凭证上加盖海关放行章的作业环节。企业无需再派专人到通关现场等候、领取加盖放行章的放行凭证。相比以前人工加盖放行章的作业模式，电子放行减少了作业环节，加快了通关速度。

知识链接 3-9
便利通关制度变迁案例

2015 年，我国全面取消打印出口货物报关单证明联（出口退税专用），2019 年 6 月已全面取消报关单收、付汇证明联，按规定须提交纸质报关单的，可通过中国电子口岸收付汇系统（如图 3-1 所示）自行以普通 A4 纸打印报关单并加盖企业公章。

图 3-1　中国电子口岸收付汇系统

技能演练

一般进出口货物的报关

业务背景、产品信息及相关单证

任务 1　建立代理报关委托关系

任务 2　一般进口货物报关

(1) 进口报关报检

(2) 缴税、放行

任务 3　一般出口货物报关及退税

(1) 出口申报及通关

(2) 出口退税申报

技能演练-3
一般进出口货物的报关

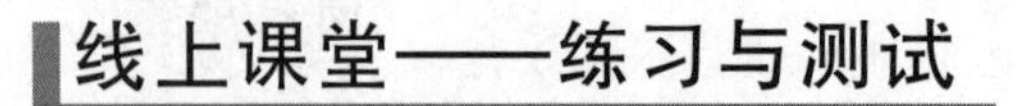

线上课堂——练习与测试

扫描封底二维码刮刮卡
获取答题权限

在线题库-3

案例分析-3

第四章 保税加工货物的报关规范

学习目标

1. 了解保税货物的概念及分类。
2. 掌握保税加工货物的特征。
3. 掌握保税加工货物的监管模式。
4. 掌握电子化手册的管理规定。
5. 掌握保税加工货物的海关监管流程。
6. 理解电子账册的海关管理规定。

案例导入

一座城市 三个综保区——聆听武汉产城之变

2018年12月，武汉出口加工区“升格”为综合保税区。武汉成为全国第二个拥有3个综保区的副省级城市。

武汉出口加工区全称“湖北武汉出口加工区”，2000年4月经国务院批准设立，2001年封关运行。“出口加工区，顾名思义，就是以加工制造业为主，产品主要出口。”其显著特征是国家在经济开发区中划出一块专属地，给予相应政策，重点开展“来料加工”“来料装配”“来样加工”，产品再出口外销。

然而，随着我国对外开放推进，国内消费需求旺盛，出口加工区“两头在外”的短板凸显。“公司生产的生物诊断试剂，原材料都来自国外，过去出口也主要是欧美等国家和地区，但随着国内需求不断增长，公司只得在一墙之隔的‘关外’新成立一家公司。”武汉云克隆科技公司副总章秀波介绍，“左手卖右手”，自己在出口加工区“关内”生产的试剂，“出口”卖给自己“关外”的公司，进出口关税、报关交易成本大增。

升级为综保区后，园区功能更全、政策更完善，区内可以实现研发、检测和销售等功能，延伸到产业两端，提升了附加值，并叠加了保税服务、国际贸易等功能，“买卖全球”将更加便利，可带动地方外向

型经济发展。

“综保区的政策优势对我们很有吸引力。”神龙汽车贸易分部经理崔龙表示，“过去直接出口，集装箱走汉新欧铁路出了新疆阿拉山口口岸，才能办理退税，有了综保区后，一进区就可立刻退税，大大加快资金回笼速度。”

此外，在进口方面，神龙公司进口的零部件产品，存放在综保区，处于保税状态，只有离开综保区进入生产线时，才交关税，可大大节约企业资金流。

资料来源：人民网湖北频道，https：//www. sohu. com/a/279940027 _ 120044167

案例思考 什么是出口加工区？为何设立出口加工区？与一般进出口货物相比，出口加工区的货物在通关上有何异同？综保区与出口加工区的功能区别有哪些？

第一节 保税加工货物概述

一、保税加工货物的含义

保税制度被喻为“20 世纪末最流行的经济维他命”，在促进国际贸易发展和经济增长方面起着关键作用。保税制度的起源和发展与国际贸易密不可分。19 世纪，资本主义机器大工业空前发展，市场经济活跃，国际间分工开始形成，国际贸易不断扩大。世界各国争相鼓励刺激对外贸易，尤其是出口贸易，保税制度应运而生。在这一背景下资本主义市场经济进一步发展，从事转口贸易的商人也越来越多，保税制度的商品范围也从单纯的加工生产保税扩大到如转口贸易货物的商业性保税制度。我国的保税制度起始于 1888 年，以第一批保税仓库在上海建立为标志，其功能最为原始简单，主要用于暂时地存放保税货物，到现在保税制度已经成为我国激励外贸发展的一大重要手段。

保税加工货物是一种适用于保税制度的特殊海关监管货物。保税加工货物指的是经海关批准未办理纳税手续进境，在境内加工装配后复运出境的货物。保税加工货物在复运出境后方能解除海关监管手续。保税加工货物是保税货物的一种形式，《中华人民共和国海关法》规定，保税货物是指经海关批准未办理纳税手续进境，在境内储存、加工、装配后复运出境的货物。与其他保税货物不同的是，保税加工货物在境内的加工为实质性加工。

知识链接 4-1 保税加工货物与加工贸易

二、保税加工货物的特征

(一) 经海关批准

经海关批准是进出境货物在进出境环节得以保税的必要条件。这一特征不仅体现在经营加工贸易的企业应当符合海关的监管要求，取得海关批准向海关注册备案，还体现在企业加工贸易合同项下的料件、元器件、辅助材料等也要经过海关审批，并申报单耗净耗等。除此以外，贸易方式、监管证件等也需要向海关备案获得海关批准，备案方可保税，经海关批准这一阶段是保税加工货物报关流程的前期准备阶段，这是与一般进出口货物报关流程的一大区别。

（二）暂缓纳税

进境暂缓纳税是保税货物的内涵。合法经营的企业在取得海关批准后的保税加工货物在进出境环节可以保税进境，即料件等货物在进口时暂时免于征收关税、消费税、增值税等进口环节税，成品在出口时一般也无需缴纳关税，海关另有规定的除外。

海关总署规定：除国家另有规定外，加工贸易进口料件属于国家对进口有限制性规定的，经营企业免于向海关提交进口许可证件。

加工贸易出口制成品属于国家对出口有限制性规定的，经营企业应当向海关提交出口许可证件。

（三）应复运出境

保税加工货物是国家为了鼓励加工贸易发展在税收上对于特定的进出境货物实行的一种便利性优惠，其特定目的是在境内加工装配后复运出境。若不能在规定时间内复运出境或改变用途转内销，则需照章征税。

《海关法》规定：加工贸易项下进口料件实行保税监管的，加工成品出口后，海关根据核定的实际加工复出口的数量予以核销；加工贸易保税进口料件或者制成品内销的，海关对保税的进口料件依法征税；属于国家对进口有限制性规定的，还应当向海关提交进口许可证件。

因此需要注意的是保税进境不等于免税进境，对于享受海关保税进境优惠的货物而言，最终能否实现免税取决于该货物的最终去向。

（四）放行不等于结关

从报关程序上讲，保税加工货物不同于一般进出口货物的是既有进出境报关环节的前期准备阶段，也有放行后的后续阶段。一般进出口货物放行即结关，但对于保税加工货物为核销结关。《海关法》规定，加工贸易制成品应当在规定的期限内复出口。在料件、元器件等进口放行之后的全部转移、生产加工直至复出口的整个环节都要受到海关的后续监管。

三、保税加工货物的范围

▶ 1. 保税料件

专为加工、装配出口产品而从国外进口且海关准予保税的原材料、零部件、元器件、包装物料、辅助材料。

▶ 2. 保税成品、半成品

利用保税料件加工生产的成品及还处于加工状态下的半成品。

▶ 3. 其他保税物料

在履行加工贸易合同过程中产生的剩余料件、边角料、残次品、副产品、受灾保税货物等。

为保证保税货物进出核销平衡的需要，加工贸易保税进口料件加工后产生的边角料、剩余料件、残次品、副产品及受灾保税货物属海关监管货物，未经海关许可，任何企业、单位、个人不得擅自销售或者移作他用。

四、保税加工货物的监管模式

保税加工货物的监管模式有两大类，一类是物理围网的监管模式；另一类是非物理围网的监管模式。

（一）非物理围网监管

非物理围网的监管模式主要采用纸质手册管理或计算机联网监管，计算机联网监管是现如今主流的监管模式，又分为电子化手册和电子账册。

▶ 1. 纸质手册管理

纸质手册管理是一种传统的监管方式，主要是用加工贸易纸质登记手册进行加工贸易合同内容的备案，凭以进出口，并记录进口料件出口成品的实际情况，最终凭以办理核销结案手续。纸质手册适用于贸易量较小的企业，以合同为单元进行监管，一份合同一次手册申领及备案。

这种监管方式在海关对保税加工货物监管中曾经起过相当大的作用，随着加工贸易体量的持续增加，纸质手册手续繁杂，管理滞后的弊端日益凸显，严重制约着海关监管效率。因此电子化手册逐渐取代纸质手册，成为现如今主流的监管方式。目前纸质手册尚在一定的范围内使用。

▶ 2. 计算机联网监管

计算机联网监管是一种高科技的监管方式，主要是应用计算机手段实现海关对加工贸易企业实施联网监管，建立电子账册或电子手册，备案、进口、出口、核销，全部通过计算机进行。海关管理科学严密，企业通关便捷高效，受到普遍欢迎，将成为海关对保税加工货物监管的主要模式。

根据监管方式的不同可分为两大类：电子化手册监管及电子账册监管。

首先，电子化手册。针对贸易体量较小的中小型企业，以合同为单元进行电子化监管，一份合同对应一次手册备案申领。电子化手册是由纸质手册的优化演变而来，其报关程序与规范和纸质手册监管类似。采用电子化手册的运营成本相对来说比较低，既能贴合反映当前加工贸易企业的生产运营情况，也方便海关为企业提供全天候、全方位以及方便快捷的网上“大通关”服务。

其次，电子账册。电子账册主要是针对大型企业，以加工贸易企业为单位进行监管。在电子账册的管理中对企业的加工贸易业务以固定的期限进行滚动式的核销监管。

（二）物理围网监管

物理围网监管，是指经国家批准，在关境内或关境线上划出一块地方，采用物理围网，让企业在围网内专门从事保税加工业务，由海关进行封闭的监管。在境内的保税加工封闭式监管模式为出口加工区，已经施行了多年，有一套完整的监管制度；在关境线上的保税加工封闭式监管模式为跨境工业区，我国目前只有一处，即珠澳跨境工业区，分澳门园区和珠海园区两部分，在澳门特别行政区的部分是澳门园区，在珠海经济特区的部分是珠海园区。随着特殊海关监管区域功能的不断延伸，保税区、综合保税区和保税港区也具备加工功能，成为保税加工货物的其他监管方式。

物理围网模式下采取电子账册式管理。

五、加工贸易企业的形式

加工贸易企业包括在海关注册登记的加工企业和经营企业两类。

加工企业，是指接受经营企业委托，负责对进口料件进行加工或者装配，且具有法人资格的生产企业，以及由经营企业设立的虽不具有法人资格，但实行相对独立核算并已经办理工商营业证(执照)的工厂。

经营企业，是指负责对外签订加工贸易进出口合同的各类进出口企业和外商投资企业，以及经批准获得来料加工经营许可的对外加工装配服务公司。

若经营企业和加工企业分属不同关区，则应由经营企业到加工企业所在地主管海关办理加工贸易手册备案。

第二节　保税加工货物电子化手册的监管

电子化手册是海关适应当前加工贸易新形势新发展的需要实行的“电子申报，网上备案，无纸通关，电子报核”的联网式监管模式，以合同为单元，以加工贸易登记手册为管理对象，覆盖“手册设立—料件进口保税—中期关务管理—成品出口报关—手册核销”全流程业务的监管。

一、手册设立

根据2018年海关总署第240号令，除另有规定外，经营企业办理加工贸易货物的手册设立，应当向海关如实申报贸易方式、单耗、进出口口岸，以及进口料件和出口成品的商品名称、商品编号、规格型号、价格和原产地等情况，并且提交下列单证：

第一，若经营企业自身有加工能力的，应当提交主管部门签发的《加工贸易加工企业生产能力证明》；

第二，若经营企业委托加工的，应当提交经营企业与加工企业签订的委托加工合同、主管部门签发的加工企业《加工贸易加工企业生产能力证明》；

第三，经营企业对外签订的合同。

从申报流程上来看，手册设立的过程包括加工贸易企业经营状况和生产能力申报、备案资料库、办理担保、手册备案等步骤，如图4-1所示：

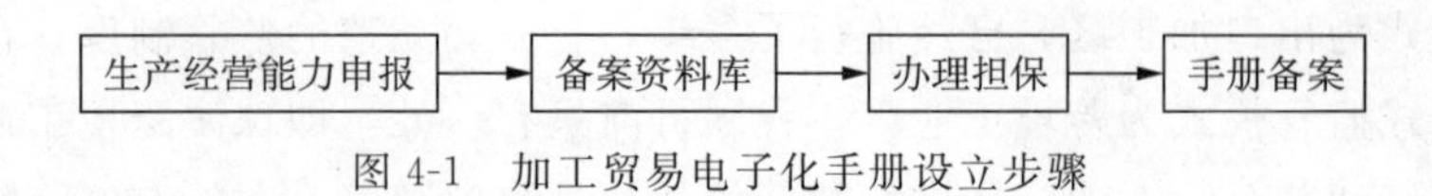

图 4-1　加工贸易电子化手册设立步骤

1. 生产经营能力

企业开展加工贸易业务必须具备相应的生产经营能力。2019 年起，我国商务部门对企业生产经营能力的审批改由加工贸易企业自主承诺具备相应生产经营能力。企业作出不实承诺的，将被记入企业诚信记录，并依法采取降低海关信用等级等措施。

根据国务院促进加工贸易创新发展和简化审批的整体要求，互联网加海关模式不断推进，我国加工贸易监管模式不断优化。根据商务部及海关总署相关文件，2016 年 9 月开始全国范围内实行取消加工贸易业务审批，包含加工贸易合同的审批、保税进口料件及制成品转内销的审批全部取消，各商务部主管部门不再签发《加工贸易业务批准证》《联网监管企业加工贸易业务批准证》和《加工贸易保税进口料件内销批准证》《加工贸易不作价设备批准证》。海关特殊监管区域管委会不再签发《出口加工区加工贸易业务批准证》和《出口加工区深加工结转业务批准证》等。

2019 年 1 月，商务部取消加工贸易企业经营状况和生产能力的审批，商务主管部门不再为加工贸易企业出具《加工贸易企业经营状况及生产能力证明》。

（1）企业开展加工贸易须具备相应生产经营能力。

加工企业应具有与业务范围相适应的工厂、加工设备和工人，经营企业应具有进出口经营权。企业应自觉履行安全生产、节能低碳、环境保护等社会责任。

（2）填报生产经营能力信息表。

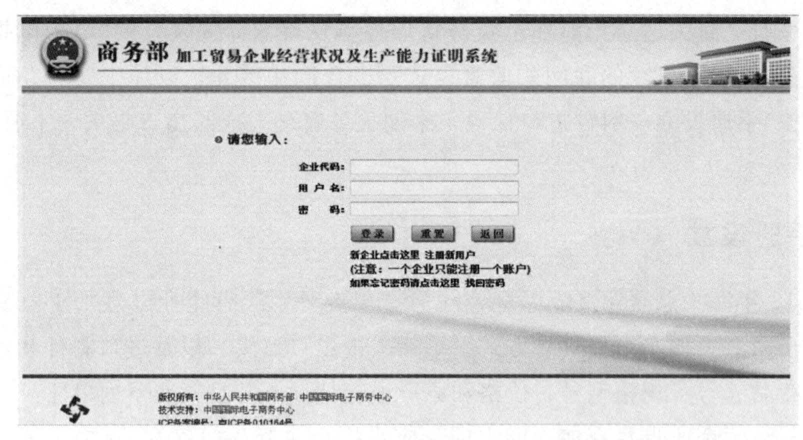

图 4-2　加工贸易企业经营状况及生产能力信息系统

企业开展加工贸易业务，须登录“加工贸易企业经营状况及生产能力信息系统”（https：//ecomp. mofcom. gov. cn/），系统界面如图 4-2 所示，自主填报《加工贸易企业经营状况及生产能力信息表》（以下简称《信息表》如表 4-3 所示），并对信息真实性作出承诺。《信息表》有效期为自填报（更新）之日起 1 年，到期后或相关信息发生变化，企业应及时更新《信息表》。已网上填报《信息表》的企业到主管海关办理加工贸易手（账）册设立（变更）手续，无须提交纸质《信息表》。

若此环节涉及禁止或限制开展加工贸易商品的，企业应在取得商务部批准文件后到海关办理有关业务。其他的货物海关不再验核相关许可证件。

表 4-1　加工贸易企业经营状况及生产能力信息表(样本)

企业类型：○经营企业　○经营加工企业　○加工企业

<table>
<tr><td colspan="6">企业基本信息</td></tr>
<tr><td colspan="6">企业名称：</td></tr>
<tr><td colspan="2">统一社会信用代码：</td><td colspan="2">进出口企业代码：</td><td colspan="2">组织机构代码：</td></tr>
<tr><td colspan="2">海关注册编码：</td><td colspan="2">税务登记号：</td><td colspan="2">外汇登记号：</td></tr>
<tr><td colspan="4">开户银行及账号：</td><td colspan="2">工商注册日期：　年　月　日</td></tr>
<tr><td colspan="2">法人代表：</td><td colspan="2">联系电话：</td><td colspan="2">传真：</td></tr>
<tr><td colspan="2">业务负责人：</td><td colspan="2">职务：</td><td colspan="2">手机：</td></tr>
<tr><td colspan="2">业务联系人：</td><td colspan="2">职务：</td><td colspan="2">手机：</td></tr>
<tr><td colspan="2">企业地址：</td><td colspan="2">邮政编码：</td><td colspan="2"></td></tr>
<tr><td colspan="6">企业性质(选中划“√”)：□1. 国有企业　□2. 外商投资企业　□3. 其他企业</td></tr>
<tr><td colspan="6">海关认定信用状况：□高级认证企业 □一般认证企业 □一般信用企业 □失信企业　(以填表时为准)</td></tr>
<tr><td colspan="6">行业分类：</td></tr>
<tr><td colspan="6">进口料件：
料件代码：　　料件名称：　　数量：　　金额：</td></tr>
<tr><td colspan="6">出口成品：
成品代码：　　成品名称：　　数量：　　金额：</td></tr>
<tr><td colspan="6">人员信息</td></tr>
<tr><td colspan="3">企业就业人数：</td><td colspan="3">其中从事加工贸易业务的人数：</td></tr>
<tr><td colspan="6">资产情况</td></tr>
<tr><td rowspan="2">外商投资企业填写(万美元)</td><td rowspan="2">注册资本：</td><td>累计实际投资总额/资产总额：</td><td></td><td rowspan="2" colspan="2">外商下年度拟投资额：
外商本年度拟投资额：

直接投资主体是否世界500强企业：□是
□否</td></tr>
<tr><td>实际投资来源地：(按投资额度或控股顺序填写前五位国别/地区及累计金额)
1.
2.
3.
4.
5.</td><td>累计实际投资额(截至填表时)：
1.
2.
3.
4.
5.</td></tr>
<tr><td>内资企业填写(万元人民币)</td><td>注册资本：</td><td>资产总额(截至填表时)：</td><td>净资产额(截至填表时)：</td><td colspan="2">本年度拟投资额：

下年度拟投资额：</td></tr>
<tr><td colspan="6">企业上年度经营情况：</td></tr>
<tr><td colspan="3">总产值(万元人民币)：</td><td colspan="3">利润总额(万元人民币)：</td></tr>
<tr><td colspan="3">纳税总额(万元人民币)：</td><td colspan="3">工资总额(万元人民币)：</td></tr>
<tr><td colspan="6">本企业采购国产料件额(万元人民币)：(不含深加工结转料件和出口后复进口的国产料件，单位万元)</td></tr>
</table>

续表

<table>
<tr><td colspan="6">企业基本信息</td></tr>
<tr><td colspan="2">加工贸易出口额占企业销售收入总额比例(%)：</td><td colspan="2">加工贸易转内销额(万美元)：</td><td colspan="2">内销征税额(万元人民币含利息)：</td></tr>
<tr><td colspan="2">深加工结转总额(万美元)：</td><td colspan="2">转出额(万美元)：</td><td colspan="2">转进额(万美元)：</td></tr>
<tr><td colspan="3">国内上游配套企业家数：</td><td colspan="3">国内下游用户企业家数：</td></tr>
<tr><td colspan="6">通过有关部门管理认证情况</td></tr>
<tr><td colspan="3">通过环保验收文件号：</td><td colspan="3">通过消防验收文件号：</td></tr>
<tr><td colspan="3">通过安全生产验收文件号：</td><td colspan="3">缴纳社保回执号：</td></tr>
<tr><td colspan="3">外汇管理部门分类管理评级：□A □B □C □无</td><td colspan="3">检验检疫部门分类管理评级：□AA 类 □A 类 □B 类 □C 类 □D 类 □无</td></tr>
<tr><td colspan="6">企业生产能力</td></tr>
<tr><td colspan="2">厂房面积：(平方米)
□自有 □租用</td><td colspan="4">年生产能力：
产品名称： 产品代码： 单位： 数量：</td></tr>
<tr><td colspan="6">累计生产设备投资额(万美元)(截至填表时)：</td></tr>
<tr><td colspan="6">累计加工贸易进口不作价设备额(万美元)(截至填表时)：</td></tr>
<tr><td colspan="6">主要生产设备名称及数量(最多 5 个)：</td></tr>
</table>

序号	设备名称	单位	数量	是否租赁

备注：

录入人员：	录入日期：	审核部门：
企业承诺： 以上情况真实无讹并承担法律责任。	法人代表签字：	企业盖章： 年 月 日
商务主管部门意见：	审核人：	商务主管部门签章： 年 月 日

说明：1. 开展加工贸易业务的企业需登录 http：//jmsa. ec. com. cn/jmdc 填报；

2. 有关数据如无特殊说明均填写上年度数据；

3. 如无特别说明，金额最小单位为“万美元”和“万元人民币”；

4. 涉及数值、年月均填写阿拉伯数字；

5. 进口料件和出口商品指企业从事加工贸易业务所涉及的全部进口料件和出口商品；数量和金额指企业当年加工能力最大值；

6. 进出口额、深加工结转额以海关统计或实际发生额为准；

7. 此证明有效期至次年 1 月 31 日。

2. 备案资料库

备案资料库是加工贸易企业通过对加工贸易料件及成品进行预归类，录入加工贸易企业的所有料件、成品的预归类信息，包含货号、商品编码、商品名称、计量单位，是否主料等数据进而建立的，即备案底账。企业在开展加工贸易备案前，应先备案企业《备案资料库》，即企业首先将需要备案的料件、成品在备案资料库中备案，并经主管海关备案科审核通过，成功在备案资料库备案后再进行通关手册备案。

需要注意的是备案资料库备案是通关手册备案的基础，手册新增料件、成品或 HS 编码变更都涉及资料库备案。在企业第一本电子化手册备案前应先申请备案资料库的备案，当企业新备案下一本通关手册时，若所备案的料件、成品不在备案资料库范围内，则应增加原备案资料库内容，再进行通关手册备案。企业在进行通关手册备案时可直接调用备案资料库数据。

(1) 备案资料库录入。

备案资料库的录入包含企业基本信息、料件表、成品表三方面的信息。基本信息表是关于企业和合同的基本信息，包含企业内部编号、生产能力、加工企业，经营企业、主管海关等信息。料件表是加工贸易合同下的料件进口信息数据，主要包含料件序号、货号、附加编号、商品名称、计量单位、法定计量单位、申报单价、币制规格型号、是否主料等信息。成品表是利用加工贸易合同项下的保税料件加工后的成品信息，包括成品序号、货号、商品编码、附加编号、商品名称、计量单位、法定计量单位、申报单价、币制规格型号、备注料等信息。

所有备案信息填写清楚完整后提交海关审核。

(2) 建立商品归并关系。

商品归并关系，是指海关与联网企业根据监管的需要按照中文品名、HS 编码、价格、贸易管制等条件，将联网企业内部管理的"料号级"商品与电子化手册备案的"项号级"商品归并或拆分，建立"一对多"或"多对一"的对应关系。建立电子化手册商品归并关系是企业申请加工保税业务审核的基础性预备工作，一旦海关予以审核通过，则有关商品的 HS 编码级的相关基础数据不需要每本电子化手册都进行重复申报审核。

商品归并需要满足四个条件，分别是：HS 编码相同、商品名称相同、申报计量单位相同，规格型号虽不同但单价相差不大。符合全部条件才能归入同一个联网监管商品项号。

(3) 备案资料库备案流程。

资料库备案需要经过以下流程：

首先，向主管海关加工贸易科提出申请，提交营业执照、代理加工贸易委托协议书、备案资料库备案申请表(如表 4-2 所示)，主管海关自资料齐全后 3～5 日内予以处理。

其次，预归并审核，加工贸易企业提交预归类和预归并关系交由海关并审核通过。

再次，备案资料库录入。企业录入数据库备案所需要的企业基本信息和料件表、成品表及物料清单(BOM)表的相关数据并提交到电子口岸数据中心，海关审核通过后会自动发送回执。

最后，归并关系备案。预归类、预归并关系经海关审核后，企业需要将料件归并关系如归并关系列表、归并后物料信息、归并前物料信息列表等数据信息和成品归并关系提交至海关电子口岸，最终建立备案数据库，即电子底账。

(4) 电子化手册海关不予备案的情况。

第一，进口料件或者出口成品属于国家禁止进出口的一律不予备案；

第二，加工产品属于国家禁止在我国境内加工生产的一律不予备案；

知识链接 4-2
贸易便利化与金关二期加贸管理系统

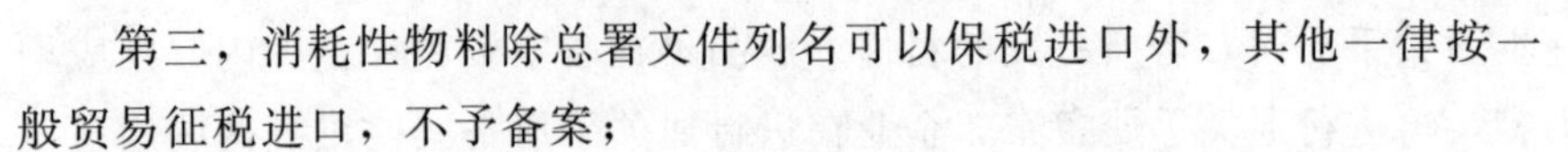

第三，消耗性物料除总署文件列名可以保税进口外，其他一律按一般贸易征税进口，不予备案；

第四，进口料件不属直接用于加工成品的商品，如防护用品，办公用品等不予备案；

第五，企业为调试设备、培训员工等进口的试机材料，不予备案。

表 4-2　备案资料库备案申请表

电子化手册备案资料库料件(成品)备案申请表

企业名称：　海关注册编码：　备案资料库编号：　时间：　年　月　日

备案资料库备案料件(成品)情况					进出口商品的简单描述包括规格、型号、成分、用途等
序号	商品编码	商品名称	计量单位	主料标志(料件必填)	

企业名称：＿＿＿＿＿＿＿＿　企业编码：＿＿＿＿＿＿　预录入号：＿＿＿＿＿＿
企业管理类别：＿＿＿＿＿＿＿＿　联系人：＿＿＿＿＿＿　联系电话：＿＿＿＿＿＿

料件/成品	序号	商品编码	商品名称	规格型号	计量单位	主料/非主料	是否限制类

续表

海关审核：

注：1. 此表在办理备案资料库备案，以及涉及备案资料库商品的编码、名称、计量单位的变更时须填写。

2. 同名称、同编码、同计量单位的商品可以在备案资料库中归并成一项，如企业不能确定能否归并时，可以如实填写先交海关审核，再录入数据。

3. 左栏填写的是“备案资料库”料件(成品)的情况，序号为备案资料库料件(成品)序号，料件要注明是“主料”还是“非主料”，成品即不需注明。右栏对进出口商品的简单描述，包括规格、型号、成分、用途等，如企业确定可归为一项的，填写其中一项即可。

▶ 3. 办理担保

海关按照国家规定对加工贸易货物实行担保制度。在《加工贸易货物监管办法》中，海关接受的担保包括“保证金或者银行、非银行金融机构保函”2 种形式，简称“保证金”和“保函”。即经营企业可提供保证金或银行、非银行金融机构保函这两种进行担保，同一笔合同业务应采用同一种担保形式。需要办理担保手续的，经营企业按照规定提供担保后，海关办理手册设立手续。

企业向海关交纳手册设立担保的情形分 3 种。

(1) 必须交纳

按照《加工贸易货物监管办法》第十三条的规定，有下列情形之一的，海关应当在经营企业提供相当于应缴税款金额的保证金或者银行、非银行金融机构保函后办理手册设立手续：

第一，涉嫌走私，已经被海关立案侦查，案件尚未审结的；

第二，由于管理混乱被海关要求整改，在整改期内的。

即当企业存在这些情形时，海关必须收取保证金方可办理手册设立手续，没有自由裁量权可言。

(2) 可以交纳

按照《加工贸易货物监管办法》第十四条的规定，有下列情形之一的，海关可以要求经营企业在办理手册设立手续时提供相当于应缴税款金额的保证金或者银行、非银行金融机构保函：

第一，租赁厂房或者设备的；

第二，首次开展加工贸易业务的；

第三，加工贸易手册延期两次(含两次)以上的；

第四，办理异地加工贸易手续的；

第五，涉嫌违规，已经被海关立案调查，案件尚未审结的。

即当企业存在这些情形之一时，海关可以视情况决定是否收取手册设立保证金，即在这些情况下，海关对是否收取保证金拥有自由裁量权。

(3) 选择交纳

按照《加工贸易货物监管办法》第十六条的规定，经营企业办理加工贸易货物的手册设立，申报内容、提交单证与事实不符的，海关应当按照下列规定处理：

第一，货物尚未进口的，海关注销其手册；

第二，货物已进口的，责令企业将货物退运出境。

本条第二种规定情形下，经营企业可以向海关申请提供相当于应缴税款金额的保证金或者银行、非银行金融机构保函，并且继续履行合同。即当企业出现设立手册的申报内容、提交单证与事实不符时，且货物已经进口的，原则上海关应责令企业将货物退运出境，但企业可以选择提供保证金以替代退运，并继续履行合同。

知识链接 4-3

加工贸易银行保证金台账制度的认识

▶ 4. 电子化通关手册备案

通关手册的备案是在备案资料库备案的基础上，录入通关手册的表头、表体的信息并申报，从而获取通关手册编号的行为。通关手册备案的信息录入需要调用备案资料库的料件、成品信息。

通关手册备案的录入包含：基本信息、料件表、成品表、单损耗表四方面的信息。具体如下：

(1) 基本信息

除了企业基本信息外，企业需要根据贸易合同的具体内容完整填写各项基本信息，如贸易合同的金额、合同号、币制、许可证号、成交方式、监管方式等具体信息。

(2) 料件表

料件表的信息填写与备案资料库一致，在电子口岸的手册备案页面可以直接读取企业贸易合同下的备案资料库信息，选择对应的料件表信息即可。

(3) 成品表

成品表的信息填写与备案资料库一致，在电子口岸的手册备案页面可以直接读取企业贸易合同下的备案资料库信息，选择对应的成品表信息即可。

(4) 单损耗表

加工贸易方式下，企业进行加工或生产过程会因为机器设备，工人或自然环境等主观或客观原因产生损耗。因此企业在进行手册备案时需要将损耗关系进行说明并申报，即录入并申报“单损耗表”。单损耗表包含的信息有成品和料件的序号、货号、名称、规格、计量单位，损耗率等。

录入通关手册备案信息后进行申报提交电子口岸系统交海关审核，审核无误后海关予以反馈通关手册编号，手册设立手续完成，保税货物备案成功。

已经办理加工贸易货物的手册设立手续的经营企业可以向海关领取加工贸易手册分册、续册。若加工贸易货物手册设立内容发生变更的，经营企业应当在加工贸易手册有效期内办理变更手续。

▶ 5. 不予办理手册设立的情形

根据《中华人民共和国海关加工贸易货物监管办法》，加工贸易企业有下列情形之一的，不得办理手册设立手续：

（1）进口料件或者出口成品属于国家禁止进出口的；

（2）加工产品属于国家禁止在我国境内加工生产的；

（3）进口料件不宜实行保税监管的；

（4）经营企业或者加工企业属于国家规定不允许开展加工贸易的；

（5）经营企业未在规定期限内向海关报核已到期的加工贸易手册，又重新申报设立手册的。

二、料件进口报关

经营企业进口加工贸易货物，可以从境外或者海关特殊监管区域、保税监管场所进口，也可以通过深加工结转方式转入。

根据料件进境方式不同，其报关方式也存在一定区别。从流程上看，保税货物的进境阶段与一般进口货物的进境阶段监管流程类似，也包含以下四个步骤：

（1）申报

保税货物的报关以电子底账为基础，保税货物报关单数据应与备案数据完全一致。除了易制毒化学品、监控化学品、消耗臭氧层物质、原油、成品油外的一般进口料件，均可免验许可证件。

（2）配合检验

海关在接受报关单后根据需要下达海关查验通知书，企业在收到查验通知后需做好接受查验准备，安排货物或办理移箱手续等。货物查验必须在海关监管查验场地进行，查验关员实施、查验时进出口货物收发货人或其代理人必须在场，在查验关员查验后填制查验记录单，并由货主或代理签名确认。

（3）暂缓纳税

经过海关批准，保税货物在进境时暂缓纳税，按照实际复出口成品折算耗用的料件数量后再确定征免税的范围，出口成品部分所耗用的料件不予征税，转内销或者实际留在国内的料件在出口核销时予以征税。

那么，对于转内销或对因加工贸易政策调整导致到期合同不予延期、按内销处理的料件，其实际纳税日期要晚于应该纳税的日期，对于这段时间差海关予以征收关税及海关代征税的缓税利息。

计算公式：应征缓税利息＝应征税额×计息期限×缓税利息率/360

缓税利息率根据填发海关税款缴款书的上一年度中国人民银行公布的活期存款利率确定；对逾期未核销手册项下的加工贸易保税货物内销征税，缓税利息的征收仍按前款规定办理。

电子手册管理的缓税利息起始日期为内销料件或者制成品所对应的加工贸易合同项下

首批料件进口之日，缴纳缓税利息的终止日期为海关签发税款缴款书之日。

根据海关总署公告2020年第78号文，加工贸易内销申报纳税办理时限进一步放宽。对符合条件按月办理内销申报纳税手续的海关特殊监管区域外加工贸易企业，在不超过手册有效期或账册核销截止日期的前提下，最迟可在季度结束后15天内完成申报纳税手续；海关特殊监管区域内加工贸易企业，采用"分送集报"方式办理出区进入中华人民共和国关境内(海关特殊监管区域外)手续的，在不超过账册核销截止日期的前提下，最迟可在季度结束后15天内完成申报纳税手续。按季度申报纳税不得跨年操作，企业需在每年4月15日、7月15日、10月15日、12月31日前进行申报。

(4) 货物放行

保税货物放行不等于结关。进口保税料件在查验无误提供担保后海关予以放行，但之后仍需要接受进一步监管。保税货物入境后运输至工厂或其他流转环节需要海关监管车辆予以运输，保税加工货物在境内的加工装配直到复运出境的全部环节都是海关监管的内容。保税料件在货物进境后在海关的监管下按照特定的用途加工，并且需要在规定的时间内复运出境。

三、加工贸易货物的关务管理

加工贸易企业应当将加工贸易货物与非加工贸易货物分开管理。加工贸易货物应当存放在经海关备案的场所，实行专料专放。企业变更加工贸易货物存放场所的，应当事先通知海关，并办理备案变更手续。

加工贸易企业应当根据《中华人民共和国会计法》以及海关有关规定，设置符合海关监管要求的账簿、报表以及其他有关单证，记录与本企业加工贸易货物有关的进口、存储、转让、转移、销售、加工、使用、损耗和出口等情况，凭合法、有效凭证记账并且进行核算。

未经海关批准，加工贸易货物不得抵押。

▶ 1. 跨关区加工贸易管理

(1) 外发加工

外发加工，是指经营企业委托承揽者对加工贸易货物进行加工，在规定期限内将加工后的产品最终复出口的行为。承揽者是指与经营企业签订加工合同，承接经营企业委托的外发加工业务的企业或者个人。

经营企业开展外发加工业务，应当按照外发加工的相关管理规定自外发之日起3个工作日内向海关办理备案手续。经营企业将全部工序外发加工的，应在办理备案手续的同时向海关提供相当于外发加工货物应缴税款金额的保证金或者银行、非银行金融机构保函。

经营企业开展外发加工业务，不得将加工贸易货物转卖给承揽者；承揽者不得将加工贸易货物再次外发。海关对加工贸易货物实施监管的，经营企业和承揽者应当予以配合。

(2) 深加工结转

深加工结转，是指加工贸易企业将保税进口料件加工的产品转至另一加工贸易企业进一步加工后复出口的经营活动。

加工贸易企业开展深加工结转的，转入企业、转出企业应当向各自的主管海关申报，办理实际收发货以及报关手续。加工贸易企业未按照海关规定进行收发货的，不得再次办理深加工结转手续。具体管理规定由海关总署另行制定并公布。

根据《中华人民共和国海关加工贸易货物监管办法》，有下列情形之一的，加工贸易企业不得办理深加工结转手续：

第一，不符合海关监管要求，被海关责令限期整改，在整改期内的；

第二，有逾期未报核手册的；

第三，由于涉嫌走私已经被海关立案调查，尚未结案的。

▶ 2. 单耗管理

加工贸易企业应当在加工贸易手册设立环节向海关进行单耗备案，在成品出口、深加工结转或者内销前如实向海关申报单耗。

（1）单耗、损耗的概念

单耗是指加工贸易企业在正常加工条件下加工单位成品所耗用的料件量，单耗包括净耗和工艺损耗。海关予以保税核销的只有单耗。

净耗，是指在加工后料件通过物理变化或化学反应存在或者转化到单位成品中的量。

工艺损耗，是指因加工工艺原因，料件在正常加工过程中除净耗外所必需耗用、但不能存在或者转化到成品中的量，包括有形损耗和无形损耗。工艺损耗率，是指工艺损耗占所耗用料件的百分比。

单耗公式：单耗＝净耗＋工艺损耗＝净耗＋单耗×工艺损耗率＝净耗/(1－工艺损耗率)

举例：生产一批成品200kg共耗用A料件100kg，经测算实际物化在成品中的A占70kg，那个A的单耗率为0.5，生产这批成品的工艺损耗为：100－70＝30kg(可能挥发可能缩水或因员工操作不当损毁等)，工艺损耗率为：30/100＝0.3。

（2）单耗在加工贸易中的管理原则

“如实申报、据实核销”是单耗管理的总原则，即加工贸易企业必须如实申报本企业生产成品的实际单耗，海关根据企业申报或海关核定的单耗进行核销。加工贸易企业向海关报告的单耗，是加工企业根据加工生产实际向海关申报的单耗，这一单耗数据应该真实、准确，这是海关对企业单耗申报进行审核、处理的重要数据。

一般情况下加工贸易企业应当在成品出口、深加工结转或者内销前如实向海关申报单耗。加工贸易企业申报单耗应当包括以下内容：

① 加工贸易项下料件和成品的商品名称、商品编号、商品编码计量单位、规格型号和品质；

② 加工贸易项下成品的单耗；

③ 加工贸易同一料件有保税和非保税料件的，应当申报非保税料件的比例、商品名称、计量单位、规格型号和品质。

特殊情况下加工贸易企业确有正当理由无法按期申报单耗的，应当留存成品样品以及相关单证，并在成品出口、深加工结转或者内销前提出书面申请，经主管海关批准的，加工贸易企业可以在报核前申报单耗。

(3) 单耗申请变更或撤销

加工贸易企业可以向海关申请办理单耗变更或者撤销，但下列情形除外：

① 保税成品已经申报出口的；

② 保税成品已经办理深加工结转的；

③ 保税成品已经申请内销的；

④ 海关已经对单耗进行核定的；

⑤ 海关已经对加工贸易企业立案调查的。

(4) 单耗审核

海关对加工贸易企业申报单耗的真实性、准确性有疑问的，应当制发《中华人民共和国海关加工贸易单耗质疑通知书》，将质疑理由书面告知加工贸易企业的法定代表人或者其代理人。加工贸易企业的法定代表人或者其代理人应当自收到《单耗质疑通知书》之日起10个工作日内，以书面形式向海关提供有关资料。加工贸易企业未能在海关规定期限内提供有关资料、提供的资料不充分或者提供的资料无法确定单耗的，海关应当对单耗进行核定。

单耗核定前，加工贸易企业缴纳保证金或者提供银行担保，并经海关同意的，可以先行办理加工贸易料件和成品的进出口、深加工结转或者内销等海关手续。加工贸易企业对单耗核定结果有异议的，可以向作出单耗核定海关的上一级海关提出书面复核申请，上一级海关应当自收到复核申请后45日内作出复核决定。

▶ 3. 料件串换及周转控制

加工贸易货物应当专料专用。

(1) 料件的串换

来料加工保税进口料件不得串换，已经加工的保税进口料件不得进行退换。

经海关核准，经营企业可以在保税料件之间、保税料件与非保税料件之间进行串换，但是被串换的料件应当属于同一企业，并且应当遵循三同原则(同品种、同规格、同数量)和不牟利原则。

经海关核准，经营企业可以在保税料件与非深加工结转的国产料件之间串换，但串换的料件必须符合三同(同品种、同规格、同数量)原则，同时商品不涉及进出口许可证的管制。

由于加工工艺需要使用非保税料件的，经营企业应当事先向海关如实申报使用非保税料件的比例、品种、规格、型号、数量。海关核销时应在出口成品总耗用量中予以核扣。

经营企业进口料件由于质量存在瑕疵、规格型号与合同不符等原因，需要返还原供货商进行退换，以及由于加工贸易出口产品售后服务需要而出口未加工保税料件的，可以直接向口岸海关办理报关手续。

(2) 料件的周转

电子化手册管理模式下，海关以企业加工贸易合同为单位进行监管，进口料件和出口成品的数量受合同备案金额的限制，剩余进口料件量由合同备案总量核扣已进口料件量确定，剩余可进口量逐渐随着已进口料件的增加而减少。

电子账册管理模式下，海关以企业为单位进行监管，企业进口料件在企业的生产能力范围内即可，即：剩余进口料件金额不超过海关设定的加工贸易料件最大周转金额的剩余额，进口料件数量不超过海关设定的加工贸易料件最大周转数量剩余量。如表 4-3 所示。

表 4-3　电子化手册和电子账册管理的料件控制

<table>
<tr><td colspan="12">电子化手册管理模式料件数量控制(假定手册数量 1000，成品单耗 1)</td></tr>
<tr><td rowspan="3">料件</td><td>已进口量</td><td>0</td><td>200</td><td>300</td><td>500</td><td rowspan="2">成品</td><td>已出口成品量</td><td>0</td><td>100</td><td>300</td><td>600</td></tr>
<tr><td>剩余可进口量</td><td>1000</td><td>800</td><td>500</td><td>0</td><td>剩余可出口量</td><td>1000</td><td>900</td><td>600</td><td>0</td></tr>
<tr><td colspan="5">料件进口总量不得超过手册数量</td><td colspan="6">成品出口后核减，料件进出保持平衡</td></tr>
<tr><td colspan="12">电子账册管理模式下料件周转控制(假定最大周转量 1000)</td></tr>
<tr><td rowspan="3">料件</td><td>已进口量</td><td>0</td><td>200</td><td>400</td><td colspan="2">500</td><td>600</td><td>500</td><td>400</td><td>300</td><td>600</td></tr>
<tr><td>库存量</td><td>700</td><td>100</td><td>300</td><td colspan="2">400</td><td>400</td><td>500</td><td>400</td><td>300</td><td>400</td></tr>
<tr><td>剩余可进口量</td><td>300</td><td>700</td><td>300</td><td colspan="2">100</td><td>0</td><td>0</td><td>200</td><td>400</td><td>0</td></tr>
<tr><td></td><td colspan="11">料件周转控制，剩余可进口量随成品的出口而恢复额度</td></tr>
</table>

▶ 4. 其他保税加工货物的管理

(1) 其他保税加工货物的种类

加工贸易货物在境内履行加工贸易合同的加工环节会产生其他保税加工货物，如剩余料件、边角料、残次品、副产品和受灾保护货物。

边角料，是指加工贸易企业从事加工复出口业务，在海关核定的单耗、加工过程中产生的、无法再用于加工该合同项下出口制成品的数量合理的废、碎料及下脚料。

剩余料件，是指加工贸易企业在从事加工复出口业务过程中剩余的、可以继续用于加工制成品的加工贸易进口料件。

残次品，是指加工贸易企业从事加工复出口业务，在生产过程中产生的有严重缺陷或者达不到出口合同标准，无法复出口的制品(包括完成品和未完成品)。

副产品，是指加工贸易企业从事加工复出口业务，在加工生产出口合同规定的制成品(即主产品)过程中同时产生的，并且出口合同未规定应当复出口的一个或者一个以上的其他产品。

受灾保税货物，是指加工贸易企业从事加工出口业务中，由于不可抗力原因或者其他经海关审核认可的正当理由造成灭失、短少、损毁等导致无法复出口的保税进口料件和制品。

(2) 其他保税加工货物的管理

中华人民共和国海关关于加工贸易边角料、剩余料件、残次品、副产品和受灾保税货物的管理办法规定如下：

① 加工贸易保税进口料件加工后产生的边角料、剩余料件、残次品、副产品及受灾

保税货物属海关监管货物，未经海关许可，任何企业、单位、个人不得擅自销售或者移作他用。

② 加工贸易企业申请将剩余料件结转到另一个加工贸易合同使用，限同一经营单位、同一加工厂、同样进口料件和同一加工贸易方式。凡具备条件的，海关按规定核定单耗后，准予企业办理该合同核销及其剩余料件结转手续。剩余料件转入合同已经商务主管部门审批的，由原审批部门按变更方式办理相关手续，如剩余料件的转入量不增加已批合同的进口总量，则免于办理变更手续；转入合同为新建合同的，由商务主管部门按现行加工贸易审批管理规定办理。

③ 同一经营单位申请将剩余料件结转到另一加工厂的，应当经主管海关同意并缴纳相当于结转保税料件应缴税款金额的风险担保。

④ 外发加工的成品、剩余料件以及生产过程中产生的边角料、残次品、副产品等加工贸易货物，经营企业向所在地主管海关办理相关手续后，可以不运回本企业。

(3) 其他保税加工货物的处理

1) 转内销。

加工贸易转内销货物是指加工贸易进口的料件或已加工的成品、半成品、边角、余料经批准转为国内使用，不再加工复出口的货物。根据加工贸易方式可以分为来料加工转内销和进料加工转内销。海关事后发现企业未经审批擅自转内销后经海关批准允许补办进口手续的货物也属于加工贸易转内销货物。2016 年商务部取消了加工贸易保税进口料件或制成品转内销审批手续。对于开展加工贸易业务的企业，自 2016 年加工贸易企业不需提交加工贸易料件内销批准证，只需要凭商务主管部门或海关特殊监管区域管委会出具的有效期内的《加工贸易企业生产能力证明》到海关办理加工贸易手(账)册设立(变更)手续，海关不再验核相关许可证件。涉及禁止或限制开展加工贸易商品的，企业需先取得商务部批准文件后到海关办理有关业务。

海关特殊监管区域外加工贸易保税进口料件或者制成品如需转内销的，海关依法征收税款和缓税利息(边角料除外)。进口料件涉及许可证件管理的，企业还应当向海关提交相关许可证件。具体为：

① 若剩余料件金额占该加工贸易合同项下实际进口料件总额 3%以内(含 3%)，并且总值在人民币 1 万元以下(含 1 万元)的，由主管海关对剩余料件按照规定计征税款和税款缓税利息后予以核销。剩余料件属于发展改革委、商务部、生态环境部及其授权部门进口许可证件管理范围的，免于提交许可证件；若剩余料件金额占该加工贸易合同项下实际进口料件总额 3%以上或者总值在人民币 1 万元以上的，海关对合同内销的全部剩余料件按照规定计征税款和缓税利息。剩余料件属于进口许可证件管理的，企业还应当按照规定取得有关进口许可证件。海关对有关进口许可证件电子数据进行系统自动比对验核。

② 若使用剩余料件生产的制成品或残次品需要内销的，海关根据其对应的进口料件价值，按照本条以上剩余料件转内销规定办理。

③ 加工贸易企业在加工生产过程中产生或者经回收能够提取的副产品，未复出口的，

加工贸易企业在向海关办理手册设立或者核销手续时应当如实申报。对于需要内销的副产品，海关按照加工贸易企业向海关申请内销副产品的报验状态归类后的适用税率和审定的价格，计征税款和缓税利息。属于进口许可证件管理的，企业还应当按照规定取得有关进口许可证件。海关对有关进口许可证件电子数据进行系统自动比对验核。

值得注意的是加工贸易货物转内销必须经海关批准，擅自转内销后若事后不能取得海关准允则按走私处理。

2）余料结转。

加工贸易余料结转包括进料加工余料结转和来料加工余料结转。在企业实际加工中余料结转一般在以下情形中出现：第一，进口料件出现数量倒挂，进口的料件总数多出出口总数的总耗，多余的部分需要结转到其他手册；第二，手册执行完毕后存在剩余料件，为了正常核销手册，需要将剩余的料件进行结转到其他手册(出现剩余的料件也可以进行内销缴税或其他处理)；第三，合同终止，料件结转。

余料结转应满足以下申请条件：第一，加工贸易企业登记手册合同履行完毕后尚有剩余的、可以继续用于加工制成品的加工贸易进口料件；第二，加工贸易企业已在海关办理申请转入的登记手册，且转入手册料件备案数量或剩余的备案数量大于申请转入的剩余料件数量；第三，同样进口料件和同一加工贸易方式的登记手册；第四，剩余料件如需结转至同一经营单位项下另一加工厂的，需向海关缴纳相当于结转保税料件应缴税款金额的担保。

3）退运。

加工贸易企业因故申请将边角料、结余料件、残次品、副产品或受灾保税货物退运出境的，海关按退运的有关规定办理，凭有关退运证明材料办理核销手续。

4）放弃。

加工贸易企业因故无法内销或退运而申请放弃边角料、节余料件、残次品、副产品或受灾保税货物的，若经海关核定有使用价值的，由主管海关依照《中华人民共和国海关法》规定变卖处理，凭企业放弃该批货物的申请和海关提取变卖处理的有关单证办理核销手续。若经主管海关核定无使用价值的，由企业自行处理，海关可直接办理核销手续。

5）销毁。

加工贸易企业因故无法内销或者退运经海关批准作销毁处置的料件、边角料、副产品、残次品或受灾货物等由加工贸易企业委托具有法定资质的单位进行销毁处置，海关凭相关单证、处置单位出具的接收单据和处置证明等资料办理核销手续。

海关可以派员监督处置，加工贸易企业及有关处置单位应当给予配合。加工贸易企业因处置获得的收入应当向海关如实申报，海关比照边角料内销征税的管理规定办理征税手续。

6）受灾保税货物。

对于受灾保税货物，加工贸易企业应在灾后 7 日内向主管海关书面报告，海关可视情形派员核查取证。

① 经核实，因不可抗力因素造成的加工贸易受灾保税货物，经海关核实，对受灾保税货物灭失或者虽未灭失，但是完全失去使用价值且无法再利用的，海关予以免税核销；对受灾保税货物虽失去原使用价值，但是可以再利用的，海关按照审定的受灾保税货物价格、其对应进口料件适用的税率计征税款和税款缓税利息后核销。受灾保税货物对应的原进口料件，属于发展改革委、商务部、生态环境部及其授权部门进口许可证件管理范围的，免于提交许可证件。企业在规定的核销期内报核时，应当提供保险公司出具的保险赔款通知书和海关认可的其他有效证明文件。

② 除不可抗力因素外，加工贸易企业因其他经海关审核认可的正当理由导致加工贸易保税货物在运输、仓储、加工期间发生灭失、短少、损毁等情事的，海关凭有关主管部门出具的证明文件和保险公司出具的保险赔款通知书，按照规定予以计征税款和缓税利息后办理核销手续。本款所规定的受灾保税货物对应的原进口料件，属于进口许可证件管理范围的，企业应当按照规定取得有关进口许可证件。海关对有关进口许可证件电子数据进行系统自动比对验核。

加工贸易企业办理边角料、节余料件、残次品、副产品和受灾保税货物进出口通关手续时，应按其加工贸易的原进口料件品名进行申报并在报关单“备注”栏加注“边角料”“节余料件”“残次品”“副产品”“受灾保税货物”。

四、成品出口报关

加工贸易成品出口是海关批准予以保税的前提，其基本流程与料件进口大致一致，包含申报、查验、放行等阶段。此处不再重复阐述。

经营企业出口加工贸易货物，可以向境外或者海关特殊监管区域、保税监管场所出口，也可以通过深加工结转方式转出。

出口成品时属于国家规定应交验许可证的在出口报关时必须交验许可证件。

保税料件在货物进境后在海关的监管下按照特定的用途加工，并且需要在规定的时间内复运出境。成品出口报关的货物放行同样不意味着结关，企业需在手册到期或成品出运后的30日内予以核销。

电子化手册的保税加工期限为1年，经批准可以延期1年，即自料件进境之日起1年内需复运出境方能免税，若超出报税期限，海关按内销处理。

五、手册核销

根据《海关法》，核销是指加工贸易经营企业加工复出口或者办理内销等海关手续后，凭规定单证向海关报核，海关按照规定进行核查以后办理解除监管手续的行为。

经营企业应当在规定的期限内将进口料件加工复出口，并且自加工贸易手册项下最后一批成品出口或者加工贸易手册到期之日起30日内向海关报核。经营企业对外签订的合同提前终止的，应当自合同终止之日起30日内向海关报核。

经营企业报核时应当向海关如实申报进口料件、出口成品、边角料、剩余料件、残次品、副产品以及单耗等情况，并且按照规定提交相关单证，单证齐全、有效的，海关应当受理报核。

海关应当自受理报核之日起 30 日内予以核销。特殊情况需要延长的，经直属海关关长或者其授权的隶属海关关长批准可以延长 30 日。海关核销可以采取纸质单证核销、电子数据核销的方式，必要时可以下厂核查，企业应当予以配合。

第三节 保税加工货物电子账册的监管

电子账册以企业为监管对象。海关首先接受加工贸易企业申请建立企业电子底账，并根据联网企业的生产情况和监管需要确定核销周期并对企业进行核销管理。电子账册的适用对象以加工贸易规模较大、频率较高、管理信息较完善、成品和料件较复杂的大型企业为主，适用于物理围网监管模式企业和部分非物理围网监管模式下以企业为监管对象的企业。企业只需要设立一个电子账户开展加工贸易业务，海关不需要对企业的加工贸易合同逐票审批。整体来说，电子账册与电子化手册的监管在账册设立、进出口料件的数量控制、核销周期、余料结转存在较大差异，其他方面的海关监管制度相似。

一、电子账册管理

电子账册的监管流程包括：电子账册的设立、料件进口报关、中期关务管理、成品出口报关、滚动核销。

（一）电子账册设立

电子账册包括加工贸易“经营范围电子账册”和“便捷通关电子账册”。“经营范围电子账册”也叫“IT 账册”，该账册反应加工贸易企业的经营范围，用于检查和控制进出口料件和货物的范围，不能用于报关；“便捷通关电子账册”也叫“E 账册”，用于加工贸易货物的如备案、核销、监管等通关事宜。企业先设立“IT 账册”然后设立“E 账册”。

设立与电子化手册的设立程序类似，不同的是电子账册的设立需要加工贸易企业向海关提出联网申请并接受海关的账册设立审查。

▶ 1. 联网监管资格申报

加工贸易企业在商务部门获取《加工贸易企业经营状况和生产能力证明》向所在地主管海关提出联网监管账册的设立申请，并提交主管海关要求提供的《加工贸易企业联网监管申请表》(样表)及其他材料接受海关审查如表 4-4 所示。

接收企业申请后，海关主要针对以下内容进行审查评估：是否对采购、生产、仓库、财务、销售等经营业务实施全程计算机管理；内部管理是否规范，能否按照海关要求提供真实、准确、可靠和具备海关核查功能的数据；是否有走私、违规、欠税或其他瞒骗等信誉不良记录；年生产加工能力、加工生产周期、最大周转金额；是否具备必要的计算机联网监管程序开发和维护能力；保税料件与非保税料件账、货是否分开管理。

海关审核通过后，制发《海关实施加工贸易联网监管通知书》。

表 4-4 沈阳海关加工贸易企业联网监管申请表(样表)

企业名称					
企业代码		联系人		电话	
企业性质		企业地址			
开户银行		账号			
企业上年度加工贸易出口额			企业类别		
经营范围					
生产产品			生产能力		
主要进口料件					

本企业申请适用加工贸易联网监管。郑重承诺：保证上述各项内容(附：企业的《资产负债表》《损益表》和《现金流量表》)真实无讹，如有变更，将立即通知海关和外经贸主管机关。公司愿遵守《中华人民共和国海关法》和海关对加工贸易联网监管企业的各项管理规定，承担联网监管企业应履行的义务，请予审查。

法人代表签字：	年 月 日(公章)
外经贸主管部门意见： 年 月 日(公章)	海关意见： 年 月 日(公章)

▶ 2. 电子账户的设立及变更

与电子化手册一样，电子账册的设立需要以备案资料库(即备案底账)和商品归并关系的确立为基础。在企业开设账册展开加工贸易业务前应提交备案资料库对料件和成品进行预归类，建立商品归并关系。备案资料库和商品归并关系的相关内容参考上文电子化手册商品归并关系的说明，此处不再阐述。

海关对于加工贸易电子账册的货物同样实行担保制度。

完成以上流程后便可以提交电子账册的设立申请。

(1) IT 账册的设立和变更

根据商务部门批准的生产经营范围，申报联网监管经营范围账册(IT 账册)；

如果涉及经营范围变更的，需要提前申报联网监管经营范围账册(IT 账册)变更。

对联网监管经营范围账册(IT 账册)设立，海关重点审核企业是否具备联网监管资格即申报的经营范围账册(IT 账册)备案数据与《加工贸易企业经营状况和生产能力证明》、工商营业执照相关内容是否一致。若申请联网监管经营范围账册(IT 账册)变更，海关重点审核申报的经营范围账册(IT 账册)备案数据与《加工贸易企业经营状况和生产能力证明》是否一致。

“IT 账册”备案包含经营单位名称和代码、加工单位名称和代码、批准证件编号、加工生产能力、加工贸易进口料件和成品范围等主要内容。

(2) E 账册的设立和变更

根据生产经营实际情况，申报联网监管账册(E 账册)；如果生产经营过程中发生变化的，如最大周转金额、核销期限等需要变更时根据实际情况申报联网监管账册(E 账册)变更。

对于 E 账册的设立和变更，海关重点审核是否存在以下情况：进口料件或者出口成品是否属于国家禁止进出口的；涉及许可证件管理的，是否已经取得对应的许可证件；加工产品是否属于国家禁止在我国境内加工生产的；进口料件是否存在不宜实行保税监管的；经营企业或者加工企业是否属于国家规定不允许开展加工贸易的；经营企业是否在规定期限内向海关报核已到期的加工贸易电子账册，又重新申报设立电子账册的；最大周转金额是否超出加工生产能力。

“E 账册”备案的内容有企业基本情况表和料件、成品的相关内容。

(二) 电子账册的联网监管管理

电子账册联网监管管理体现在：“一次审批、分段备案、滚动核销、控制周转、联网核查”几大方面。

(1) 对经营资格、经营范围、加工生产能力一次性审批。不同于电子化手册对加工贸易合同进行逐票审批。

(2) 采取分段备案，先备案进口料件，在生产成品出口前再备案成品以及申报实际的单耗情况，不同于电子化手册设立时料件、成品、单耗关系同时备案。

(3) 实行滚动核销制度。每六个月滚动核销一次，企业须在核销期到后的 30 天内向海关预报核，在口岸电子执法系统或终端上完成电子账册报核数据的录入、核销工作。

(4) 对进出口保税货物的总价值(或数量)按照企业生产能力进行周转量控制，取消对进出口保税货物备案数量控制。

(5) 企业实行联网监管，通过计算机网络向商务部门和海关申请办理审批、备案及变更等手续。

(三) 联网监管账册(E 账册)核销

账册执行周期完成后，向海关申请联网监管账册(E 账册)核销手续。核销手续包括预报核和正式报核两个环节。

▶ 1. 预报核

企业在向海关正式申请核销前，在电子账册本次核销周期到期之日起 30 天内，将本核销期限内所有的电子账册进出口报关数据按海关要求的内容以电子报文形式向海关申请报核。

预报核环节主要审查企业报核数据与海关底账是否一致，主要内容有：报核次数、核销开始日和核销截止日、进口报关单和出口报关单总数等是否申报正确；企业申报的周期内报关单号、进出口标志、贸易方式(核扣方式)等内容是否与海关底账一致。

▶ 2. 正式报核

正式报核指企业预报通过海关审核后，以预报核海关核准的报关数据为基础，填报本期保税进口料件应当留存数量、实际留存数量等内容，以电子报文形式向海关正式申请报核。

正式报核环节主要审查企业申报数据与海关底账是否一致，相关边角废料是否按照要求作对应的处置，具体内容包括：报核次数、核销开始日和核销截止日、进口报关单和出口报关单总数等是否申报正确；企业申报的料件的应剩余数量、消耗数量、实际剩余数量与海关底账是否相符；审核内销料件、成品和边角废料是否已按照规定处置或者进行征税处理；审核是否有应税消耗性物料，该消耗性料件是否已征税处理。

▶ 3. 海关核销

海关对书面数据进行核算，确定是否平衡。另外还会根据实际情况盘库。

对电子账册实行滚动核销的方式，180 天为一个报核周期，180 天后的 30 天内报核，特殊情况可以延期，但延长期限不得超过 60 天。

可看出电子账册和电子化手册的保税期限和核销期限存在较大区别，现总结保税货物纸质手册、电子化手册、电子账册及保税区监管模式下在保税期限和核销期限两方面存在的区别，如表 4-5 所示。

表 4-5　核销结关期限总结

类　　型	保 税 期 限	经批准延期	核 销 期 限
纸质手册	1 年	1 年	到期日或最后一批成品出运后 30 日内
电子化手册	1 年	1 年	
电子账册	第一批至撤销	—	满 180 日后的 30 日内
保税区	进区至办结核销	—	每年报核一次

二、物理围网监管的加工贸易

随着国家贸易的便利化，园区的功能日益复合化，部分原本设立时功能较单一的园区被允许开展加工业务，具有保税加工的功能，本书仅对出口加工区和保税区进行阐述。

(一) 出口加工区

出口加工区是由国务院批准在境内设立的封闭式海关监管的特定区域。海关在加工区内设立机构，并依照本办法，对进、出加工区的货物及区内相关场所实行 24 小时监管。出口加工区与区外设置有符合海关监管要求的隔离设施及闭路电视监控系统。

区内设置加工区管理委员会和出口加工企业、专为出口加工企业生产提供服务的仓储企业以及经海关核准专门从事加工区内货物进、出的运输企业。

区内不得经营商业零售、一般贸易、转口贸易及其他与加工区无关的业务，不得建立营业性的生活消费设施。

出口加工区实行计算机联网管理和海关稽查制度。

▶ 1. 出口加工区进出境的监管

出口加工区货物进出境指的是加工区货物运往境外或自境外入区。

出口加工区内货物进出境需要填写备案清单，向主管海关备案。加工区与境外之间进、出的货物，除实行出口被动配额管理的外，不实行进出口配额、许可证件管理。

境外进入加工区的货物，其进口关税和进口环节税，除法律、法规另有规定外，按照下列规定办理：

（1）区内生产性的基础设施建设项目所需的机器、设备和建设生产厂房、仓储设施所需的基建物资，予以免税；

（2）区内企业生产所需的机器、设备、模具及其维修用零配件，予以免税；

（3）区内企业为加工出口产品所需的原材料、零部件、元器件、包装物料及消耗性材料，予以保税；

（4）区内企业和行政管理机构自用合理数量的办公用品，予以免税；

（5）区内企业和行政管理机构自用的交通运输工具、生活消费用品，按进口货物的有关规定办理报关手续，海关予以照章征税。

（6）除法律、法规另有规定外，区内企业加工的制成品及其在加工生产过程中产生的边角料、余料、残次品、废品等销往境外的，免征出口关税。

2. 出口加工区货物进出区的监管

出口加工区货物进出区指的是出口加工区的货物运往境内区外或从境内区外运入区内。从区外进入加工区的货物，须经区内企业进行实质性加工后，方可运出境外。

对加工区运往区外的货物，海关按照对进口货物的有关规定办理报关手续，并按照制成品征税。如属许可证件管理商品，还应向海关出具有效的进口许可证件。区内企业的加工产品和在加工生产过程中产生的边角料、残次品、废品等应复运出境。因特殊情况需要运往区外时，由企业申请，经主管海关核准后，按内销时的状态确定归类并征税。如属进口许可证件管理商品，免领进口许可证件。

区内企业在确有需要时，可将有关模具、半成品等运往区外进行加工。经加工区主管海关关长批准，由接受委托的区外企业向加工区主管海关缴纳货物应征关税和进口环节增值税等值保证金或保函后办理出区手续。货物加工完毕后应按期运回区内。

区内企业经主管海关批准，可在区外进行产品的测试、检验和展示活动。测试、检验和展示的产品，应比照海关对暂时进口货物的管理规定办理出区手续。区内使用的机器、设备、模具和办公用品等，须运往区外进行维修、测试或检验时，区内企业或管理机构应经主管海关核准、登记、查验后方可出区，并留存模具所生产的样品，以备海关核查。运往区外维修、测试或检验的机器、设备、模具和办公用品等，不得用于区外加工生产和使用。

从区外进入加工区的货物视同出口，办理出口报关手续。其出口退税，除法律、法规另有规定外，按照以下规定办理：

第一，从区外进入加工区供区内企业使用的国产机器、设备、原材料、零部件、元器件、包装物料以及建造基础设施、加工企业和行政管理部门生产、办公用房所需合理数量的基建物资等，海关按照对出口货物的有关规定办理报关手续，并签发出口退税报关单。区外企业凭报关单出口退税联向税务部门申请办理出口退(免)税手续，具体退(免)税管理办法由国家税务总局另行下达。

第二，从区外进入加工区供区内企业和行政管理机构使用的生活消费用品、交通运输工具等，海关不予签发出口退税报关单。

第三，从区外进入加工区的进口机器、设备、原材料、零部件、元器件、包装物料、基建物资等，区外企业应当向海关提供上述货物或物品的清单，并办理出口报关手续，经海关查验后放行。上述货物或物品，已经缴纳的进口环节税，不予退还。

▶ 3. 加工区货物出区深加工结转

出口加工区货物出区深加工结转是指区内加工企业(以下简称转出企业)按照《中华人民共和国海关对出口加工区监管的暂行办法》的有关规定办理报关手续，将本企业加工生产的产品直接或者通过保税仓储企业转入其他出口加工区、保税区等海关特殊监管区域内及区外加工贸易企业(以下简称转入企业)进一步加工后复出口的经营活动。

转出企业未经实质性加工的保税料件不得进行出区深加工结转。

(1) 报关流程

出口加工区出去深加工结转的报关流程分为三个环节：计划备案、实际收发货登记和结转报关。

1)计划备案。

出口加工区企业开展深加工结转时，转出和转入企业分别向转出及转入企业所在地的出口加工区海关办理海关备案手续后，方可开展货物的实际结转。

转入企业填写本企业的转入计划，凭《申请表》向转入地海关备案；转出企业自转入地海关备案之日起三十日内，持《申请表》向转出地海关办理备案手续；转出地海关审核后，转出企业、转入企业凭以《申请表》办理结转收发货登记及报关手续。

2)实际收发货。

转出企业、转入企业办理结转备案手续后，应当按照经双方海关核准后的《申请表》进行实际收发货。转出企业的每批次发货记录应当在《出口加工区货物实际结转情况登记表》上进行如实登记。由海关在转出地卡口签注《登记表》后货物出区。

3)结转报关。

对转入其他出口加工区、保税区等海关特殊监管区域的，转出企业、转入企业分别在主管海关办理结转手续；对转至其他出口加工区、保税区等海关特殊监管区域外加工贸易企业的，转出企业、转入企业在转出地主管海关办理结转手续。加工贸易保税货物深加工结转报关应当先由转入单位报进口，然后由转出单位再报出口。

转出企业、转入企业每批实际发货、收货后，转出企业、转入企业可以凭《申请表》和转出地卡口签注的《登记表》分批或者集中办理报关手续。转出、转入企业每批实际发货、收货后，应当在实际发货、收货之日起三十日内办结该批货物的报关手续。

(2) 不得开展出口加工区出区深加工结转的情形

转入企业、转出企业有下列情形之一的，不得开展出口加工区货物出区深加工结转：

不符合海关监管要求，被海关责令限期整改，在整改期内的；涉嫌走私已被海关立案调查、侦查，尚未结案的；有逾期未报核《加工贸易手册》的；专营维修、设计开发的；其他不符合深加工结转监管条件的。

(二) 保税区

保税区是经国务院批准设立的、海关实施特殊监管的经济区域。海关依法对进出保税区的货物、运输工具、个人携带物品实施监管。海关对区内加工企业进料加工、来料加工业务，不实行加工贸易担保制度。

保税区功能定位为“保税仓储、出口加工、转口贸易”三大功能，是中国对外开放程度最高、运作机制最便捷、政策最优惠的经济区域之一，享有“免证、免税、保税”政策，实行“境内关外”运作方式，“境内关外”的运作模式意味着货物进出区(境内区外货物运输至区内或区内货物运输至境内区外)视同货物进出口到关外，按照货物进出口办理进出口手续，货物进出境(境外货物运输至区内或区内货物运输至境外)保税。

▶ 1. 保税区货物进出境的监管

境外货物进入保税区，实行保税管理。

经从境外进入保税区的货物，其进口关税和进口环节税收，除法律、行政法规另有规定外，按照下列规定办理：

(1) 区内生产性的基础设施建设项目所需的机器、设备和其他基建物资，予以免税；

(2) 区内企业自用的生产、管理设备和自用合理数量的办公用品及其所需的维修零配件，生产用燃料，建设生产厂房、仓储设施所需的物资、设备，予以免税；

(3) 保税区行政管理机构自用合理数据的管理设备和办公用品及其所需的维修零配件，予以免税；

(4) 区内企业为加工出口产品所需的原材料、零部件、元器件、包装物件，予以保税。

区内加工企业加工的制成品及其在加工过程中产生的边角余料运往境外时，应当按照国家有关规定向海关办理手续；除法律、行政法规另有规定外，免征出口关税。

转口货物和在保税区内储存的货物按照保税货物管理。

▶ 2. 保税区货物进出区的监管

境内其他地区货物进入保税区视同出境，办理出口手续和退税，填写电子化手册或电子账册，录入报关单并提供相关证件，保税区内货物出区到境内其他地区视同入境，办理相关进口手续。

从非保税区进入保税区供区内使用的机器、设备、基建物资和物品，使用单位应当向海关提供上述货物或者物品的清单，经海关查验后放行。

区内加工企业将区内加工的制成品、副次品或者在加工过程中产生的边角余料运往非保税区时，应当按照国家有关规定向海关办理进口报关手续，并依法纳税；区内加工企业全部用境外运入料、件加工的制成品销往非保税区时，海关按照进口制成品征税；用含有境外运入料、件加工的制成品销往非保税区时，海关对其制成品按照所含境外运入料、件征税；对所含境外运入料、件的品名、数量、价值申报不实的，海关按照进口制成品征税。

▶ 3. 对于保税区货物的监管

保税区的货物可以在区内企业之间转让、转移；双方当事人应当就转让、转移事项向海关备案。

保税区内的转口货物可以在区内仓库或者区内其他场所进行分级、挑选、刷贴标志、改换包装形式等简单加工。区内企业在保税区内举办境外商品和非保税区商品的展示活动，展示的商品应当接受海关监管。

知识链接 4-4 保税区的发展

区内加工企业委托非保税区企业或者接受非保税区企业委托进行加工业务，应当事先经海关批准。委托非保税区企业进行加工业务的，由非保税区企业向当地海关办理合同登记备案手续，并实行加工贸易担保制度。

第四节　保税核注清单核注账册的监管

2018 年 7 月起，海关总署发布 2018 年第 23 号公告，全面启用保税核注清单，实现与加工贸易及保税监管企业料号级数据管理有机衔接。

一、保税核注清单的意义

保税核注清单是金关二期保税底账核注的专用单证，属于办理加工贸易及保税监管业务的相关单证。

为简化保税货物报关手续，在金关二期保税核注清单系统启用后，企业办理加工贸易货物余料结转、加工贸易货物销毁(处置后未获得收入)、加工贸易不作价设备结转手续的，可不再办理报关单申报手续；海关特殊监管区域、保税监管场所间或与区(场所)外企业间进出货物的，区(场所)内企业可不再办理备案清单申报手续。

二、保税核注清单的管理

加工贸易及保税监管企业已设立金关二期保税底账的，在办理货物进出境、进出海关特殊监管区域、保税监管场所，以及开展海关特殊监管区域、保税监管场所、加工贸易企业间保税货物流(结)转业务的，相关企业应按照金关二期保税核注清单系统设定的格式和填制要求向海关报送保税核注清单数据信息，再根据实际业务需要办理报关手续。

海关特殊监管区域、保税监管场所、加工贸易企业间加工贸易及保税货物流转，应先由转入企业报送进口保税核注清单，再由转出企业报送出口保税核注清单。

▶ 1. 保税核注清单的归并

符合下列条件的保税核注清单商品项可归并为报关单(备案清单)同一商品项：

(1) 料号级料件同时满足：10 位商品编码相同；申报计量单位相同；中文商品名称相同；币制相同；原产国相同的可予以归并。其中，根据相关规定可予以保税的消耗性物料与其他保税料件不得归并；因管理需要，海关或企业认为需要单列的商品不得归并。

(2) 出口成品同时满足：10 位商品编码相同；申报计量单位相同；中文商品名称相同；币制相同；最终目的国相同的可予以归并。其中，出口应税商品不得归并；涉及单耗标准与不涉及单耗标准的料号级成品不得归并；因管理需要，海关或企业认为需要单列的商品不得归并。

企业报送保税核注清单后需要办理报关单（备案清单）申报手续的，报关单（备案清单）申报数据由保税核注清单数据归并生成。

▶ 2. 保税核注清单的修改或撤销

海关接受企业报送保税核注清单后，保税核注清单需要修改或者撤销的，按以下方式处理。

（1）货物进出口报关单（备案清单）需撤销的，其对应的保税核注清单应一并撤销。

（2）保税核注清单无须办理报关单（备案清单）申报或对应报关单（备案清单）尚未申报的，只能申请撤销。

（3）货物进出口报关单（备案清单）修改项目涉及保税核注清单修改的，应先修改清单，确保清单与报关单（备案清单）的一致性。

（4）报关单、保税核注清单修改项目涉及保税底账已备案数据的，应先变更保税底账数据。

（5）保税底账已核销的，保税核注清单不得修改、撤销。

海关对保税核注清单数据有布控复核要求的，在办结相关手续前不得修改或者撤销保税核注清单。

三、保税核注清单填制规范

▶ 1. 预录入编号

本栏目填报核注清单预录入编号，预录入编号由系统根据接受申报的海关确定的规则自动生成。

▶ 2. 清单编号

本栏目填报海关接受保税核注清单报送时给予保税核注清单的编号，一份保税核注清单对应一个清单编号。

保税核注清单海关编号为18位，其中第1～2位为QD，表示核注清单；第3～6位为接受申报海关的编号（海关规定的《关区代码表》中相应海关代码）；第7～8位为海关接受申报的公历年份；第9位为进出口标志（“I”为进口，“E”为出口）；后9位为顺序编号。

▶ 3. 清单类型

本栏目按照相关保税监管业务类型填报，包括普通清单、分送集报清单、先入区后报关清单、简单加工清单、保税展示交易清单、区内流转清单、异常补录清单等。

▶ 4. 手（账）册编号

本栏目填报经海关核发的金关工程二期加工贸易及保税监管各类手（账）册的编号。

▶ 5. 经营企业

本栏目填报手（账）册中经营企业海关编码、经营企业的社会信用代码、经营企业名称。

▶ 6. 加工企业

本栏目填报手（账）册中加工企业海关编码、加工企业的社会信用代码、加工企业名称，保税监管场所名称[保税物流中心(B型)填报中心内企业名称]。

▶ 7. 申报单位编码

本栏目填报保税核注清单申报单位海关编码、申报单位社会信用代码、申报单位名称。

▶ 8. 企业内部编号

本栏目填写保税核注清单的企业内部编号或由系统生成流水号。

▶ 9. 录入日期

本栏目填写保税核注清单的录入日期，由系统自动生成。

▶ 10. 清单申报日期

申报日期指海关接受保税核注清单申报数据的日期。

▶ 11. 料件、成品标志

本栏目根据保税核注清单中的进出口商品手(账)册中的料件或成品填写。料件、边角料、物流商品、设备商品填写“I”，成品填写“E”。

▶ 12. 监管方式

本栏目按照报关单填制规范要求填写。

特殊情形下填制要求如下：调整库存核注清单，填写 AAAA；设备解除监管核注清单，填写 BBBB。

▶ 13. 运输方式

本栏目按照报关单填制规范要求填写。

▶ 14. 进(出)口口岸

本栏目按照报关单填制规范要求填写。

▶ 15. 主管海关

主管海关指手(账)册主管海关。

▶ 16. 起运运抵国别

本栏目按照报关单填制规范要求填写。

▶ 17. 核扣标志

本栏目填写清单核扣状态。海关接受清单报送后，由系统填写。

▶ 18. 清单进出卡口状态

清单进出卡口状态是指特殊监管区域、保税物流中心等货物进出卡口的状态。海关接受清单报送后，系统根据关联的核放单过卡情况填写本栏目。

▶ 19. 申报表编号

本栏目填写经海关备案的深加工结转、不作价设备结转、余料结转、区间流转、分送集报、保税展示交易、简单加工申报表编号。

▶ 20. 流转类型

本栏目填写保税货物流(结)转的实际类型，包括：加工贸易深加工结转、加工贸易余料结转、不作价设备结转、区间深加工结转、区间料件结转。

▶ 21. 录入单位

本栏目填写保税核注清单录入单位海关编码、录入单位社会信用代码、录入单位名称。

▶ 22. 报关标志

本栏目由企业根据加工贸易及保税货物是否需要办理报关单(进出境备案清单)申报手续填写。需要报关的填写“报关”，不需要报关的填写“非报关”。

(1) 以下货物可填写“非报关”或“报关”。

① 金关二期手(账)册间余料结转、加工贸易不作价设备结转。

② 加工贸易销毁货物(销毁后无收入)。

③ 特殊监管区域、保税监管场所间或与区(场所)外企业间流(结)转货物(减免税设备结转除外)。

(2) 设备解除监管、库存调整类核注清单必须填写“非报关”。

(3) 其余货物必须填写“报关”。

▶ 23. 报关类型

加工贸易及保税货物需要办理报关单(备案清单)申报手续时填写，包括关联报关、对应报关。

(1) “关联报关”适用于特殊监管区域、保税监管场所申报与区(场所)外进出货物，区(场所)外企业使用 H2010 手(账)册或无手(账)册。

(2) 特殊区域内企业申报的进出区货物需要由本企业办理报关手续的，填写“对应报关”。

(3) “报关标志”栏可填写“非报关”的货物，如填写“报关”时，本栏目必须填写“对应报关”。

(4) 其余货物填写“对应报关”。

▶ 24. 报关单类型

本栏目按照报关单的实际类型填写。

▶ 25. 对应报关单(备案清单)编号

本栏目填写保税核注清单(报关类型为对应报关)对应报关单(备案清单)的海关编号。海关接受报关单申报后，由系统填写。

▶ 26. 对应报关单(备案清单)申报单位

本栏目填写保税核注清单对应的报关单(备案清单)申报单位海关编码、单位名称、社会信用代码。

▶ 27. 关联报关单编号

本栏目填写保税核注清单(报关类型为关联报关)关联报关单的海关编号。海关接受报关单申报后，由系统填写。

▶ 28. 关联清单编号

本栏目填写要求如下：

(1) 加工贸易及保税货物流(结)转、不作价设备结转进口保税核注清单编号。

(2) 设备解除监管时填写原进口保税核注清单编号。

(3) 进口保税核注清单无需填写。

▶ 29. 关联备案编号

加工贸易及保税货物流(结)转保税核注清单本栏目填写对方手(账)册备案号。

▶ 30. 关联报关单收发货人

本栏目填写关联报关单收发货人名称、海关编码、社会信用代码。按报关单填制规范要求填写。

▶ 31. 关联报关单消费使用单位/生产销售单位

本栏目填写关联报关单消费使用单位/生产销售单位名称、海关编码、社会信用代码。按报关单填制规范要求填写。

▶ 32. 关联报关单申报单位

本栏目填写关联报关单申报单位名称、海关编码、社会信用代码。

▶ 33. 报关单申报日期

本栏目填写与保税核注清单一一对应的报关单的申报日期。海关接受报关单申报后由系统填写。

▶ 34. 备注(非必填项)

本栏目填报要求如下:

(1) 涉及加工贸易货物销毁处置的,填写海关加工贸易货物销毁处置申报表编号。

(2) 加工贸易副产品内销,在本栏内填报"加工贸易副产品内销"。

(3) 申报时其他必须说明的事项填报在本栏目。

▶ 35. 序号

本栏目填写保税核注清单中商品顺序编号。系统自动生成。

▶ 36. 备案序号

本栏目填写进出口商品在保税底账中的顺序编号。

▶ 37. 商品料号

本栏目填写进出口商品在保税底账中的商品料号级编号。由系统根据保税底账自动填写。

▶ 38. 报关单商品序号

本栏目填写保税核注清单商品项在报关单中的商品顺序编号。

▶ 39. 申报表序号

本栏目填写进出口商品在保税业务申报表商品中的顺序编号。设备解除监管核注清单,填写原进口核注清单对应的商品序号。

▶ 40. 商品编码

本栏目填报的商品编号由10位数字组成。前8位为《中华人民共和国进出口税则》确定的进出口货物的税则号列,同时也是《中华人民共和国海关统计商品目录》确定的商品编码，后2位为符合海关监管要求的附加编号。

加工贸易等已备案的货物，填报的内容必须与备案登记中同项号下货物的商品编码一致，由系统根据备案序号自动填写。

▶ 41. 商品名称、规格型号

按企业管理实际如实填写。

▶ 42. 币制

按报关单填制规范要求填写。

▶ 43. 数量及单位

按照报关单填制规范要求填写。其中第一比例因子、第二比例因子、重量比例因子分别填写申报单位与法定计量单位、第二法定计量单位、重量(千克)的换算关系。非必填项。

▶ 44. 单价、总价

按照报关单填制规范要求填写。

▶ 45. 产销国(地区)

按照报关单填制规范中有关原产国(地区)、最终目的国(地区)要求填写。

▶ 46. 毛重(千克)

本栏目填报进出口货物及其包装材料的重量之和，计量单位为千克，不足一千克的填报为“1”。非必填项。

▶ 47. 净重(千克)

本栏目填报进出口货物的毛重减去外包装材料后的重量，即货物本身的实际重量，计量单位为千克，不足一千克的填报为“1”。非必填项。

▶ 48. 征免规定

本栏目应按照手(账)册中备案的征免规定填报；手(账)册中的征免规定为“保金”或“保函”的，应填报“全免”。

▶ 49. 单耗版本号

本栏目适用加工贸易货物出口保税核注清单。本栏目应与手(账)册中备案的成品单耗版本一致。非必填项。

▶ 50. 简单加工保税核注清单成品

该项由简单加工申报表调取，具体字段含义与填制要求与上述字段一致。

五、金关二期和贸易便利化

2018年全国所有的海关特殊监管区域、保税监管场所已经全面推广应用金关二期的海关特殊监管区域监管系统、保税物流管理系统。金关二期海关特殊监管区域系统是金关二期保税管理系统的组成部分，从功能上看涵盖现有H2010系统中的所有特殊区域相关功能，并增加了分送集报、保税货物流转等功能。保税核注清单是金关二期保税底账核注的专用单证，属于办理加工贸易及保税监管业务的相关单证。

2019年随着加工贸易逐步便利化，作业手续逐步精简和规范，金关二期在加工贸易业务的便利性有以下表现：

▶ 1. 手册设立(变更)一次申报，取消备案资料库申报

企业通过金关二期加贸管理系统办理加工贸易手册设立(变更)时，不再向海关申报设立备案资料库，直接发送手册设立(变更)数据，海关按规定对企业申报的手册设立(变更)数据进行审核并反馈。

▶ 2. 账册设立(变更)一次申报，取消商品归并关系申报

办理加工贸易账册设立(变更)时，不再向海关申报归并关系，由企业根据自身管理实际，在满足海关规范申报和有关监管要求的前提下，自主向海关申报有关商品信息。企业内部管理商品与电子底账之间不是一一对应的，归并关系由企业自行留存备查。

▶ 3. 外发加工一次申报，取消外发加工收发货记录

简化外发加工业务申报手续，企业通过金关二期加贸管理系统办理加工贸易外发加工业务时，应在规定的时间内向海关申报《外发加工申报表》，不再向海关申报外发加工收发货登记，实现企业外发加工一次申报、收发货记录自行留存备查。

▶ 4. 深加工结转一次申报，取消事前申请和收发货记录

简化深加工结转业务申报手续，海关对加工贸易深加工结转业务不再进行事前审核。企业通过金关二期加贸管理系统办理加工贸易深加工结转业务时，不再向海关申报《深加工结转申报表》和收发货记录，应在规定的时间内直接向海关申报保税核注清单及报关单办理结转手续，实现企业深加工结转一次申报、收发货记录自行留存备查。

企业应于每月15日前对上月深加工结转情况进行保税核注清单及报关单的集中申报，但集中申报不得超过手(账)册有效期或核销截止日期，且不得跨年申报。

▶ 5. 余料结转一次申报，不再征收风险担保金

简化余料结转业务申报手续，海关对加工贸易余料结转业务不再进行事前审核。企业通过金关二期加贸管理系统办理加工贸易余料结转业务时，不再向海关申报《余料结转申报表》，企业应在规定的时间内向海关申报保税核注清单办理余料结转手续，实现企业余料结转一次申报。

取消企业办理余料结转手续需征收担保的相关规定，对同一经营企业申报将剩余料件结转到另一加工企业的、剩余料件转出金额达到该加工贸易合同项下实际进口料件总额50%及以上的、剩余料件所属加工贸易合同办理两次及两次以上延期手续的等情形，企业不再提供担保。

▶ 6. 内销征税一次申报，统一内销征税申报时限

优化加工贸易货物内销征税手续，企业通过金关二期加贸管理系统办理加工贸易货物内销业务时，直接通过保税核注清单生成内销征税报关单，并办理内销征税手续，不再向海关申报《内销征税联系单》。

统一区外加工贸易企业集中办理内销征税手续申报时限，符合条件集中办理内销征税手续的加工贸易企业，应于每月15日前对上月内销情况进行保税核注清单及报关单的集

中申报，但集中申报不得超过手(账)册有效期或核销截止日期，且不得跨年申报。

▶ 7. 优化不作价设备监管，简化解除监管流程

企业通过金关二期加贸管理系统办理不作价设备手册设立等各项手续，根据规范申报要求上传随附单证进行在线申报。

简化不作价设备解除监管流程，对于监管期限已满的不作价设备，企业不再向海关提交书面申请等纸质单证，通过申报监管方式为“BBBB”的设备解除监管专用保税核注清单，向主管海关办理设备解除监管手续。

▶ 8. 创新低值辅料监管，纳入保税料件统一管理

将低值辅料纳入加工贸易手(账)册统一管理。企业使用金关二期加贸管理系统，将低值辅料纳入进口保税料件申报和使用，适用加工贸易禁止类、限制类商品目录等相关管理政策，实现低值辅料无纸化、规范化管理。

技能演练

保税货物报关

业务背景、料件及成品信息及相关单证

任务 1　手册备案

任务 2　进口料件报关

任务 3　成品出口申报

任务 4　配合查验

任务 5　手册核销

技能演练-4
保税货物报关

线上课堂——练习与测试

扫描封底二维码刮刮卡
获取答题权限

在线题库-4

案例分析-4

第五章　跨境电商货物的报关规范

学习目标

1. 跨境电子商务货物概念、分类及内容。
2. 熟悉跨境电子商务B2C的通关模式及规范。
3. 熟悉跨境电子商务B2B的通关模式及规范。

案例导入

2020年7月跨境电商企业对企业(B2B)出口试点新政顺利落地

作为新型贸易业态，跨境电商凭借其线上交易、非接触式交货和交易链条短等优势逆势上扬，为外贸企业应对疫情冲击发挥了积极作用。据海关统计，2020年上半年，在疫情的影响下，海关跨境电商监管平台进出口仍增长26.2%，其中出口增长28.7%，进口增长24.4%。

2020年6月12日，海关总署发布《关于开展跨境电子商务企业对企业出口监管试点的公告》，明确自2020年7月1日起在北京、天津、南京、杭州、宁波、厦门、郑州、广州、深圳和黄埔海关10个直属海关进行试点。跨境电商B2B出口下列“跨境电商B2B直接出口”(9710)和“跨境电商出口海外仓”(9810)两种模式。这标志着我国跨境电商新业态发展在经历了个人海淘(C2C)、商业零售(B2C)之后，正式迈入企业对企业(B2B)阶段，开启了规模化“卖全球”的跨境电商新征程。各试点海关在政策支持下迅速实现验放通关。

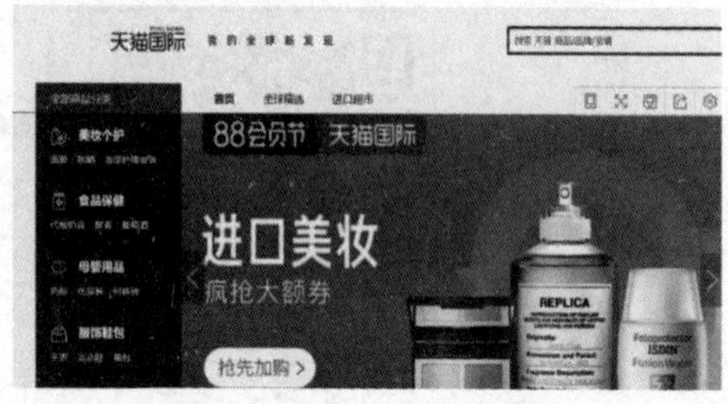

对企业来讲，2020年受境外疫情和全球经济形势影响，出口企业普遍面临订单减少、交货延迟等问题。在B2B出口新政出台以前没有单列的海关监管代码，境内企业与境外企业即使在跨境电商平台实现交易只能以一般贸易形式出口，现在明确可以通过跨境电商方式出口，出口企业可享受跨境电商相关税收、结汇等便利政策。

对海关监管来讲，单列跨境电商B2B出口监管方式，有助于海关精准识别、准确统计跨境电商出口数据，更加系统、准确地反映跨境电商进出口情况，为国家支持跨境电商发展提供更科学的决策支持。为推动新模式顺利实施，海关配套推出企业一次登记、一点对接、优先查验、简化申报、适用全国通关一体化和转关监管等通关便利化措施，大大提升通关效率。

截至2020年7月7日试点第一周，10个试点海关共验放跨境电商B2B出口报关单和申报清单26.6万票，货值2.5亿元人民币，出口货物主要有服装鞋帽、小家电、智能办公家具、手机配件、户外用品等，出口目的地主要有欧洲、美国和东南亚等国家与地区。

资料来源：海关总署及各分署网站

案例思考　跨境电子商务发展迅猛，消费者在通过跨境平台下单时要接受海关哪些方面的监管呢？跨境电子商务货物又是如何进行报关的呢？

第一节　跨境电商概述

一、跨境电商的含义

跨境电子商务是指分属不同关境的交易主体，通过电子商务平台达成交易、进行支付结算，并通过跨境物流送达商品、完成交易的一种国际商业活动。跨境电子商务相比于传统国际贸易，其特征在于“电商”，即通过电子商务平台达成交易、进行支付结算，并通过跨境物流送达商品、完成交易；相比于一般电子商务，其特征在于“跨境”，即交易主体分属不同关境。

跨境电子商务的特征主要体现在以下方面。

(一) 全球性

跨境电子商务以网络为基础，呈现出全球性和非中心化的特性。与传统的交易方式相比，跨境电子商务是一种无边界交易，互联网用户不需要考虑跨越国界就可以把产品尤其是高附加值产品和服务提交到市场。网络的全球性特征带来的积极影响是信息的最大程度的共享，任何消费者或企业在网络技术支持的情况下可随时进入网络进行交易磋商。

(二) 无形性

电子商务是数字化传输活动的一种特殊形式，跨境电商企业间的交易通过网络媒介以计算机数据代码的形式表达，使得跨境电子商务监管存在一定难度。同时数字化的发展也催生出数字化产品和服务，传统交易以实物交易为主，而在电子商务中，无形产品却可以替代实物成为交易的对象。比如书籍，相比传统纸质书籍，电子书籍通过数码方式记录在以光、电、磁为介质的设备上，使得商品呈现典型的无形性。

(三) 匿名性

由于跨境电子商务的非中心化和全球性的特性，因此很难识别电子商务用户的身份和其所处的地理位置。消费者往往匿名参与跨境在线交易，不显示自己的真实身份和自己的地理位置，网络交易的匿名状态不影响交易的进行。

(四) 即时性

对于网络而言，传输的速度和地理距离无关。传统交易模式，信息交流方式如信函、电报、传真等，在信息的发送与接收间，存在着长短不同的时间差。而电子商务中的信息交流，无论实际时空距离远近，一方发送信息与另一方接收信息几乎是同时的，就如同生活中面对面交谈。甚至某些数字化产品可以虚拟发货、瞬间完成整个交易流程，节约了大量交易成本。

(五) 无纸化

在电子商务中，交易实行无纸化模式，以电子计算机的操作记录取代了一系列的纸面交易文件。用户发送或接收电子信息，使信息传递摆脱了纸张的限制。

(六) 快速演进

基于国家以跨境电商稳国贸促就业的战略，电子交易短短十年经历了从 EDI 到电子商务零售业的兴起的过程，数字化产品和服务日益多样化，跨境电子商务发展迅速。但时间相对传统贸易，发展时间较短暂，现阶段跨境电子商务尚处于初步阶段，国家及海关部门的相关管理制度也在不断完善。

二、跨境电子商务的分类

(一) 按进出口方向

按进出口方向分为出口跨境电子商务和进口跨境电子商务。

与传统线下贸易相同，跨境电商也分为出口跨境电商和进口跨境电商。出口跨境电商即境内电子商务企业通过跨境电商平台向境外的消费者或企业出售商品或服务的贸易方式，反之，境外电子商务企业通过跨境平台向境内的消费者或企业出售商品或服务的贸易方式即为进口跨境电商。

(二) 按交易模式分

按交易模式分为 B2B 跨境电子商务、B2C 跨境电子商务、C2C 跨境电子商务、O2O 跨境电子商务等，本章介绍跨境电商贸易中贸易规模较大的 B2B 和 B2C 两种方式。

B2B 跨境电商指基于电子商务平台的企业对企业的跨境贸易活动；B2C 跨境电商则是基于电子商务信息平台或交易平台的企业对消费者的跨境零售贸易。

B2B 模式下，货物供应商和境外需求方(订购方)通过跨境电商平台实现产品、服务及信息的交换。B2B 模式是电子商务中历史最长、发展最完善的商业模式。为优化通关效率和鼓励电商发展，国家增列监管方式实现跨境电商货物的一体化通关，通关实施一系列便利措施促进通关时效，其报关主体一般是跨境电子商务企业及其代理人。B2C 模式下，企业直接面对境外消费者，通过跨境电子商务平台，以销售个人消费品为主，物流方面主要采用航空小包、邮寄、快递等方式，其报关主体是邮政或快递公司。

根据《海关法》规定，跨境电商平台是指为交易双方提供网页空间、虚拟经营场所、交易规则、信息发布等服务，设立供交易双方独立开展交易活动的信息网络系统。包括自营平台和第三方平台，第三方平台类如亚马逊、Ebey、Wish、速卖通等；自营平台如shopify、shopyy、ueeshop、magento等。

三、跨境电子商务货物的通关方式

在跨境电子商务不断发展过程中，出现了三种形式的通关形式，可以概括为：一般贸易式通关、个人物品和快件式通关、跨境电商式通关。

▶ 1. 一般贸易式通关

一般贸易式通关是跨境电商发展早期常用的方式，与传统货物的通关模式基本类似，清关后可在关内较为灵活地处置。消费者在线下渠道购买并提货的进口商品、网购的中文包装的进口商品和带中文白标的外文包装进口商品、用普通运输车辆异地运输的批发货物等通常即是以一般贸易形式进口的。一般贸易式通关方式通常需要繁复的许可、备案、注册等前置手续，进口税费等成本也较高。

▶ 2. 个人物品和快件式通关

即C2C模式，通过邮寄包裹或快件方式进行清关，国外供应商根据订单在国外打好包裹，经由国内口岸清关和缴税，然后寄送到收件人手中，这类通关方式因为自用的用途以及少量低频的特征一般不需要繁复的前置手续，但容易低报逃税，海关监管存在一定困难，且清关和物流时间长。

▶ 3. 跨境电商式通关

鉴于一般贸易式通关与个人物品和快件式通关的弊端，同时为平衡国内巨大的海淘、海外购、代购需求与监管，国家开通了跨境电商式通关模式。该模式针对电商平台交易业务，省却大部分一般贸易所需的前置手续，在清关时向海关提交订单、支付单、物流单等消费者的购买数据，清关放行后将商品寄送到收件人手中。为避免内容重复，本章重点阐述第三种通关模式。

第二节　跨境电商B2C进出口监管规范

为做好跨境电子商务零售进出口商品监管工作，促进跨境电子商务健康有序发展，根据《中华人民共和国海关法》《中华人民共和国电子商务法》等法律法规，海关总署发布2018年第194号公告，就有关跨境电子商务零售进出口的事务进行规范。

一、适用范围

跨境电子商务企业、消费者(订购人)通过跨境电子商务交易平台实现零售进出口商品交易，并根据海关要求传输相关交易电子数据的，均应依照跨境电商B2C监管规范办理进出口事务并接受海关监管。这里的跨境电子商务企业是指自境外向境内消费者销售跨境电子商务零售进口商品的境外注册企业(不包括在海关特殊监管区域或保税物流中心内注册的企业)，或者境内向境外消费者销售跨境电子商务零售出口商品的企业，为商品的货权所有人，消费者(订购人)是指跨境电子商务零售进口商品的境内购买人。

二、企业管理

(一) 跨境电商相关企业类型

参与跨境电子商务零售业务的企业主要包含跨境电子商务平台企业、物流企业、支付企业三大类。跨境电商相关企业在接收到平台订单后通过跨境电子商务通关服务平台上传输数据进行报关操作。

跨境电子商务平台企业是指在境内办理工商登记，为交易双方(消费者和跨境电子商务企业)提供网页空间、虚拟经营场所、交易规则、信息发布等服务，设立供交易双方独立开展交易活动的信息网络系统的经营者。

支付企业是指在境内办理工商登记，接受跨境电子商务平台企业或跨境电子商务企业境内代理人委托为其提供跨境电子商务零售进口支付服务的银行、非银行支付机构以及银联等。支付企业为银行机构的，应具备银保监会或者原银监会颁发的《金融许可证》；支付企业为非银行支付机构的，应具备中国人民银行颁发的《支付业务许可证》，支付业务范围应当包括“互联网支付”。

物流企业是指在境内办理工商登记，接受跨境电子商务平台企业、跨境电子商务企业或其代理人委托为其提供跨境电子商务零售进出口物流服务的企业。物流企业应获得国家邮政管理部门颁发的《快递业务经营许可证》。直购进口模式下，物流企业应为邮政企业或者已向海关办理代理报关登记手续的进出境快件运营人。

跨境电子商务通关服务平台是指由电子口岸搭建，实现企业、海关以及相关管理部门之间数据交换与信息共享的平台。

(二) 跨境电商相关企业的注册登记管理

参与跨境电子商务零售进出口业务并在海关注册登记的企业，纳入海关信用管理，海关根据信用等级实施差异化的通关管理措施。

参与跨境电子商务零售进口业务的企业，应当依据海关报关单位注册登记管理相关规定，向所在地海关办理注册登记；境外跨境电子商务企业应委托境内代理人(以下称跨境电子商务企业境内代理人)向该代理人所在地海关办理注册登记，跨境电子商务企业境内代理人接受境外电商企业委托代理注册登记时应如实申报，依法接受相关部门监管，并承担民事责任。

跨境电子商务企业、物流企业等参与跨境电子商务零售出口业务的企业，应当向所在地海关办理信息登记；如需办理报关业务，向所在地海关办理注册登记。

三、通关管理

（一）跨境电商B2C货物的通关方式

跨境电商B2C货物的进出口通过模式主要由一般出口模式（监管方式代码9610）、特殊区域出口模式（监管方式代码1210）、直购进口模式（监管方式代码9610）、网购保税进口（监管方式代码1210和监管方式代码1239）等，其区别主要体现在跨境货物的流转环节。

▶ 1. 一般出口模式

一般出口模式（监管方式代码9610）是指跨境电商或代理人按照监管代码为9610政策办理通关手续的方式，企业在接到境外订购人订单后，通过快递邮件方式运送，通关方式为“清单核放，汇总申报”，即跨境电商相关企业在接收到平台订单后通过跨境电子商务通关服务平台上传订单、支付单、运单（三单）等电子信息，通关服务平台据此生成《中华人民共和国海关跨境电子商务零售进出口商品申报清单》（以下简称为《申报清单》），海关审核清单信息无误后放行出境，企业或平台定期汇总核放清单数据汇总形成报关单，跨境电商相关企业凭此办理相关结汇及退税手续。

▶ 2. 特殊区域出口模式

特殊区域出口模式（监管方式代码1210）是指电商企业首先将货物按照一般贸易方式运输进入海关特殊监管区域实现入区退税，在接收到境外订单后海关凭清单核放货物，并出区离境通过快递邮件方式发往境外消费者，海关定期汇总已放行清单形成报关单的模式。特殊区域指的是国家批准的出口加工区、保税物流园区、保税港区、综合保税区、珠海园区、保税物流园区（B）型等区域。

与一般出口模式（监管方式代码9610）相比，特殊区域出口通关模式是在消费者（订购者）下单前，企业提前将跨境商品运入国内的特殊监管区内，后视消费者订单情况在特殊监管区域内打包运输出口，相当于将海外仓转移到了境内的特殊区域。

▶ 3. 直购进口模式

直购进口模式（监管方式代码9610）也称保税集货模式，是指跨境电商企业首先在电商平台销售形成个人物品订单，根据订单统一打包，采用集货方式将货物由电商企业的海外分拨中心以国际邮报或快件的方式从国外集中发往跨境电商园区，再从园区以快递邮件方式发往境内消费者。

▶ 4. 网购保税进口模式

网购保税进口模式又称为保税备货模式，分为网购保税进口（监管方式代码1210）和网购保税进口A（监管方式代码1239）两种方式，是目前跨境电商进口业务采用的主要模式，该模式下，电商平台可根据市场预测和消费者需求，先从国外集中采购大量商品，进境并存储在国内海关特殊监管区域，再进行网上零售，根据订单出区配送到消费者（订购人）上。与直购进口模式相比，保税备货模式操作手续简化，可将货物预先存入海关监管区域，因此发货效率高，但资金成本和销售风险较高。

网购保税进口模式和直购保税进口模式的区别如表 5-1 所示。

表 5-1 网购保税进口模式和直购保税进口模式的区别

	网购保税进口模式	直购保税进口模式
备货地	国内保税仓	海外仓等
物流时效	较快	较慢
优势	物流时效快，集中采购，运输风险低	品类全，环节少，运营成本低
劣势	品类有限，占压资金，有库存风险	物流时效慢，费用高，海外仓运营成本大

对跨境电子商务直购进口商品及适用“网购保税进口”(监管方式代码 1210)进口政策的商品，按照个人自用进境物品监管，不执行有关商品首次进口许可批件、注册或备案要求。但对相关部门明令暂停进口的疫区商品和对出现重大质量安全风险的商品启动风险应急处置时除外。为方便海关监管，国内已经行政批复的 37 个试点城市适用于“1210”监管方式，包含 15 个获批跨境进口试点的城市分别是：上海、杭州、宁波、郑州、重庆、广州、深圳、福州、平潭、天津、合肥、成都、苏州、大连、青岛，以及 2019 年新设的 22 个跨境电商综合试验区的城市分别是：北京、呼和浩特、沈阳、长春、哈尔滨、南京、南昌、武汉、长沙、南宁、海口、贵阳、昆明、西安、兰州、厦门、唐山、无锡、威海、珠海、东莞、义乌。

“网购保税进口 A”(监管方式代码 1239)进口模式适用于境内电子商务企业通过海关特殊监管区域或保税物流中心(B 型)一线进境的跨境电子商务零售进口商品，按《跨境电子商务零售进口商品清单(2018 版)》尾注中的一线准入许可监管要求执行。除已经行政批复的 37 个试点城市以外的其他非试点城市的跨境电商零售进口业务适用“1239”监管方式。

根据相关主管部门的意见，列入零售进口商品清单内的商品将免于向海关提交许可证件，检验检疫监督管理按照国家相关法律法规的规定执行；直购商品免于验核通关单，网购保税商品“一线”进区时需按货物验核通关单、“二线”出区时免于验核通关单。

(二) 跨境电商货物的申报信息

(1) 跨境电子商务零售进口商品申报前，跨境电子商务平台企业或跨境电子商务企业境内代理人、支付企业、物流企业应当分别通过国际贸易“单一窗口”或跨境电子商务通关服务平台向海关传输交易、支付、物流等电子信息，并对数据真实性承担相应责任。

直购进口模式下，邮政企业、进出境快件运营人可以接受跨境电子商务平台企业或跨境电子商务企业境内代理人、支付企业的委托，在承诺承担相应法律责任的前提下，向海关传输交易、支付等电子信息。

跨境电子商务零售商品进口时，跨境电子商务企业境内代理人或其委托的报关企业应提交《申报清单》，采取“清单核放”方式办理报关手续。

知识链接 5-1

国内消费者参与 B2C 的主要途径

(2) 跨境电子商务零售出口商品申报前，跨境电子商务企业或其代理人、物流企业应当分别通过国际贸易“单一窗口”或跨境电子商务通关服务平台向海关传输交易、收款、物流等电子信息，并对数据真实性承担相应法律责任。

跨境电子商务零售商品出口时，跨境电子商务企业或其代理人应提交《申报清单》，采取“清单核放、汇总申报”方式办理报关手续；跨境电子商务综合试验区内符合条件的跨境电子商务零售商品出口，可采取“清单核放、汇总统计”方式办理报关手续。

《申报清单》与《中华人民共和国海关进(出)口货物报关单》具有同等法律效力。

跨境电商企业传输、提交的电子信息应施加电子签名。

(3) 从事跨境电子商务零售进出口业务的企业应向海关实时传输真实的业务相关电子数据和电子信息，并开放物流实时跟踪等信息共享接口，加强对海关风险防控方面的信息和数据支持，配合海关进行有效管理。

(4) 开展跨境电子商务零售进口业务的跨境电子商务平台企业、跨境电子商务企业境内代理人应对交易真实性和消费者(订购人)身份信息真实性进行审核，并承担相应责任；身份信息未经国家主管部门或其授权的机构认证的，订购人与支付人应当为同一人。

(三) 跨境电商货物申报清单的管理

1. 汇总申报管理

跨境电子商务零售商品出口后，跨境电子商务企业或其代理人应当于每月 15 日前(当月 15 日是法定节假日或者法定休息日的，顺延至其后的第一个工作日)，将上月结关的《申报清单》依据清单表头同一收发货人、同一运输方式、同一生产销售单位、同一运抵国、同一出境关别，以及清单表体同一最终目的国、同一 10 位海关商品编码、同一币制的规则进行归并，汇总形成《中华人民共和国海关出口货物报关单》向海关申报。

知识链接 5-2

通关模式“清单核放、汇总申报”和“清单核放、汇总统计”

允许以“清单核放、汇总统计”方式办理报关手续的，不再汇总形成《中华人民共和国海关出口货物报关单》。

2. 申报清单的撤销及修改

《申报清单》的修改或者撤销，参照海关《中华人民共和国海关进(出)口货物报关单》修改或者撤销有关规定办理。

除特殊情况外，《申报清单》《中华人民共和国海关进(出)口货物报关单》应当采取通关无纸化作业方式进行申报。

四、税收征管

对跨境电子商务零售进口商品，海关按照国家关于跨境电子商务零售进口税收政策征收关税和进口环节增值税、消费税，完税价格为实际交易价格，包括商品零售价格、运费和保险费。跨境电子商务零售进口商品的申报币制为人民币。

根据跨境电商零售进口税收政策规定，2019 年 1 月 1 日起跨境电子商务零售进口商品的单次交易限值为人民币 5 000 元，个人年度交易额度限值为人民币为 26000 元，超出年度交易限值的部分需按照一般贸易进口缴税。对跨境电商销售进口商品不执行首次进口许可批件注册或备案要求，而按个人自用进境物品监管。同时对跨境电商零售进口清单内商品实行限额内零关税、进口环节增值税和消费税按法定应纳税额70%征收基础上，进一步扩大享受优惠政策商品范围，新增63个税目商品。

跨境电子商务零售进口商品消费者(订购人)为纳税义务人，在海关注册登记的跨境电子商务平台企业、物流企业或申报企业作为税款的代收代缴义务人，代为履行纳税义务，并承担相应的补税义务及相关法律责任。代收代缴义务人应当如实、准确向海关申报跨境电子商务零售进口商品的商品名称、规格型号、税则号列、实际交易价格及相关费用等税收征管要素。审核确定跨境电子商务零售进口商品的归类、完税价格等，海关可以要求代收代缴义务人按照有关规定进行补充申报。海关对符合监管规定的跨境电子商务零售进口商品按时段汇总计征税款，代收代缴义务人应当依法向海关提交足额有效的税款担保。

知识链接 5-3

跨境电商前景可期，个人额度提升至 2.6 万元

海关放行后30日内未发生退货或修撤单的，代收代缴义务人在放行后第31日至第45日内向海关办理纳税手续。

五、场所管理

跨境电子商务零售进出口商品监管作业场所必须符合海关相关规定。跨境电子商务监管作业场所经营人、仓储企业应当建立符合海关监管要求的计算机管理系统，并按照海关要求交换电子数据。其中开展跨境电子商务直购进口或一般出口业务的监管作业场所应按照快递类或者邮递类海关监管作业场所规范设置。

跨境电子商务网购保税进口业务应当在海关特殊监管区域或保税物流中心(B型)内开展，另有规定的除外。

六、检疫、查验和物流管理

海关对跨境电子商务零售进出口商品及其装载容器、包装物按照相关法律法规实施检疫，并根据相关规定实施必要的监管措施。对需在进境口岸实施的检疫及检疫处理工作，应在完成后方可运至跨境电子商务监管作业场所。

海关实施查验时，跨境电子商务企业或其代理人、跨境电子商务监管作业场所经营人、仓储企业应当按照有关规定提供便利，配合海关查验。

跨境电子商务零售进出口商品可采用“跨境电商”模式进行转关。其中，跨境电子商务综合试验区所在地海关可将转关商品品名以总运单形式录入“跨境电子商务商品一批”，并需随附转关商品详细电子清单。

网购保税进口业务在一线入区时以报关单方式进行申报，海关可以采取视频监控、联网核查、实地巡查、库存核对等方式加强对网购保税进口商品的实货监管。网购保税进口商品可在海关特殊监管区域或保税物流中心(B型)间流转，按有关规定办理流转手续。以“网购保税进口”(监管方式代码1210)海关监管方式进境的商品，不得转入适用“网购保税进口A”(监管方式代码1239)的城市继续开展跨境电子商务零售进口业务。网购保税进口商品可在同一区域(中心)内的企业间进行流转。网购保税模式进口的跨境电商货物，在保税存储阶段，其监管要求要符合普通保税物流货物的一般规定，保税商品进入保税区域的数量应与运离保税区域的数量要一致，即有进有出，进出相等，同时商品存储的保税区域需要事先向海关备案。

七、退货管理

为进一步优化营商环境、促进贸易便利化，海关总署结合2018年194号公告补充调整发布2020年第45号公告，进一步完善优化跨境电子商务零售进口商品退货监管。

在跨境电子商务零售进口模式下，跨境电子商务企业境内代理人或其委托的报关企业可向海关申请开展退货业务。跨境电子商务企业及其境内代理人应保证退货商品为原跨境电商零售进口商品，并承担相关法律责任。退货企业可以对原《申报清单》内全部或部分商品申请退货。

退货企业在《申报清单》放行之日起30日内申请退货，并且在《申报清单》放行之日起45日内将退货商品运抵原海关监管作业场所、原海关特殊监管区域或保税物流中心(B型)的，相应税款不予征收，并调整消费者个人年度交易累计金额。

退货企业应当向海关如实申报，接受海关监管，并承担相应的法律责任。

对超过保质期或有效期、商品或包装损毁、不符合我国有关监管政策等不适合境内销售的跨境电子商务零售进口商品，以及海关责令退运的跨境电子商务零售进口商品，按照有关规定退运出境或销毁。

八、海关稽查及风险防控

在海关注册登记的跨境电子商务企业及其境内代理人、跨境电子商务平台企业、支付企业、物流企业等应当接受海关稽核查。

跨境电子商务企业及其代理人、跨境电子商务平台企业应建立商品质量安全等风险防控机制，加强对商品质量安全以及虚假交易、二次销售等非正常交易行为的监控，并采取相应处置措施。消费者(订购人)对于已购买的跨境电子商务零售进口商品不得再次销售。

跨境电子商务企业不得进出口涉及危害口岸公共卫生安全、生物安全、进出口食品和商品安全、侵犯知识产权的商品以及其他禁限商品，同时应当建立健全商品溯源机制并承担质量安全主体责任。鼓励跨境电子商务平台企业建立并完善进出口商品安全自律监管体系。海关对跨境电子商务零售进口商品实施质量安全风险监测，责令相关企业对不合格或存在质量安全问题的商品采取风险消减措施，对尚未销售的按货物实施监管，并依法追究相关经营主体责任；对监测发现的质量安全高风险商品发布风险警示并采取相应管控措施。海关对跨境电子商务零售进口商品在商品销售前按照法律法规实施必要的检疫，并视情形发布风险警示。

跨境电子商务平台企业、跨境电子商务企业或其代理人、物流企业、跨境电子商务监管作业场所经营人、仓储企业发现涉嫌违规或走私行为的，应当及时主动告知海关。涉嫌走私或违反海关监管规定的参与跨境电子商务业务的企业，应配合海关调查，开放交易生产数据或原始记录数据。

海关对参与制造或传输虚假交易、支付、物流“三单”信息、为二次销售提供便利、未尽责审核消费者(订购人)身份信息真实性等，导致出现个人身份信息或年度购买额度被盗用、进行二次销售及其他违反海关监管规定情况的企业依法进行处罚。对涉嫌走私或违规的，由海关依法处理；构成犯罪的，依法追究刑事责任。对利用其他公民身份信息非法从事跨境电子商务零售进口业务的，海关按走私违规处理，并按违法利用公民信息的有关法律规定移交相关部门处理。对不涉嫌走私违规、首次发现的，进行约谈或暂停业务责令整改；再次发现的，一定时期内不允许其从事跨境电子商务零售进口业务，并交由其他行业主管部门按规定实施查处。

知识链接 5-4

如何查询跨境电商年度个人剩余额度？

第三节　跨境电商 B2B 进出口监管规范

一、跨境电商 B2B 出口

以往跨境电商企业对企业(B2B)出口沿用一般货物的监管方式通关，为进一步促进跨境电商健康快速发展，充分发挥跨境电商稳外贸保就业等积极作用，海关总署 2020 年第 75 号公告就跨境电商企业对企业出口(以下简称“跨境电商 B2B 出口”)的有关监管事宜做了规定，并以部分直属海关为试点，根据试点情况及时在全国海关复制推广。

目前开展跨境电商 B2B 出口监试点的有北京海关、天津海关、南京海关、杭州海关、宁波海关、厦门海关、郑州海关、广州海关、深圳海关、黄埔海关，2020 年 9 月 1 日起在现有试点海关基础上新增上海、福州、青岛、济南、武汉、长沙、拱北、湛江、南宁、重庆、成都、西安等 12 个直属海关开展跨境电商 B2B 出口监管试点。非试点海关采用一般货物(监管代码 0110)的传统通关方式。本章不再赘述传统通关模式。

海关总署 2020 年第 75 号跨境电商 B2B 出口监管事宜的有关规定如下：

(一) 适用范围

跨境电商 B2B 出口是指境内企业通过跨境物流将货物运送至境外企业或海外仓，并通过跨境电商平台完成交易的贸易形式。

跨境电商 B2B 出口方式有两类：一是境内企业通过跨境电商平台与境外企业达成交易后，通过跨境物流将货物直接出口送达境外企业(以下简称“跨境电商 B2B 直接出口”)；二是境内企业将出口货物通过跨境物流送达海外仓，通过跨境电商平台实现交易后从海外仓送达购买者(以下简称“跨境电商出口海外仓”)；两类企业根据海关要求传输相关电子数据接受海关监管。

(二) 增列海关监管方式代码

增列海关监管方式代码“9710”，全称“跨境电子商务企业对企业直接出口”，简称“跨境电商 B2B 直接出口”，适用于跨境电商 B2B 直接出口的货物。

增列海关监管方式代码“9810”，全称“跨境电子商务出口海外仓”，简称“跨境电商出口海外仓”，适用于跨境电商出口海外仓的货物。

(三) 企业管理

跨境电商企业、跨境电商平台企业、物流企业等参与跨境电商 B2B 出口业务的境内企业，应当依据海关报关单位注册登记管理有关规定，向所在地海关办理注册登记。

开展出口海外仓业务的跨境电商企业，还应当在海关开展出口海外仓业务模式备案。

(四) 通关管理

跨境电商企业或其委托的代理报关企业、境内跨境电商平台企业、物流企业应当通过国际贸易“单一窗口”或“互联网＋海关”向海关提交申报数据、传输电子信息，并对数据真实性承担相应法律责任。

跨境电商 B2B 出口货物应当符合检验检疫相关规定。

海关实施查验时，跨境电商企业或其代理人、监管作业场所经营人应当按照有关规定配合海关查验。海关按规定实施查验，对跨境电商 B2B 出口货物可优先安排查验。

跨境电商 B2B 出口货物适用全国通关一体化，也可采用“跨境电商”模式进行转关。

二、跨境电商 B2B 进口

跨境电商企业对企业(B2B)进口业务的通关沿用一般进出口货物的传统通关模式，按照一般贸易方式进行报关及征税。不同的是跨境电商 B2B 需要在进出境申报阶段进行企业备案和商品备案，同时在货物进出境阶段需要按照海关规定方式和渠道传输相关的订单、运输单和支付单数据到跨境电商通关平台上以备海关审核。

对于通过跨境电商入境的商品过往海关时需要三单合一，即支付单、订单、物流单三单要一致匹配。支付单由有支付资质的企业推送给海关，订单和物流单由跨境电商平台或提供保税仓仓储物流服务的第三方公司推送给海关，海关核对三单信息，核验放行后才可进行境内段配送。

三单合一的监管要求在国家层面有效提升跨境电商监管力度、在征缴海关税费方面提供了强有力的工具保障，同时也提高了跨境电商行业的进入门槛。在实际政策落地过程中，三单合一也存在着很多变通方式，如部分关区仅要求三单(订单、支付单、运单)，而有些关区则要求“四单”，除了订单、支付单、运单外，还需要由代理清关公司报送清单，同时订单、运单、支付单等均可由代理清关公司代为报送，但需要先向海关部门进行申请审核。

知识链接 5-5
跨境电商 B2B 新模式通关便利

第四节　跨境电商进出境货物的通关

国家在跨境电商货物通关便利化处于持续改革优化过程中，不同类型的跨境电商货物在部分流程上有一定的区别。整体来看跨境电商货物的进出境一般需要经历以下流程：即跨境电商企业在进行跨境业务时须先进行企业和商品的备案，完成后消费者(订购人)在跨境电商下单并支付后形成电子订单和支付单，物流企业运输货物形成物流单，跨境电商相关企业或代理人将三单信息分别传输至电子商务通关服务平台，服务平台集齐三单信息后，自动生成清单供有报关报检资质的企业进行申报。清单经海关、检验检疫审核后，若无异常，则放行进入终端配送环节。概括起来为：备案—三单申报—货物查验及放行—通关申报。

跨境货物的报关无论是按照一般贸易监管方式还是电子商务出入境货物方式，都需要备案，备案流程基本一致，在出入境报关单的申报及管理规范有所区别，按照一般贸易监管方式报关的跨境货物请参考本教材对应章节，此处主要阐述以电子商务出入境货物进行监管的货物的通关流程。

一、备案

▶ 1. 备案要求

跨境电商企业在进行跨境业务的进出口时需要经海关批准进行备案，取得进出口经营权并在海关予以登记注册。跨境电商企业的备案包括企业备案和商品备案。

按照海关监管要求，企业在备案后才可以按照跨境电商的专有监管方式通关，享受优先查验及出口退税等优惠政策。除跨境电商企业外，跨境电商相关企业也需要按照海关要求进行备案；所有销售商品都需要在海关先备案，确保进口交易有数据跟踪，不备案商品不利于海关进行信息统计和征税监管，无法在境内合规合法销售。

▶ 2. 备案流程

首先跨境电商企业登录当地电子口岸网站，注册企业用户，接受海关审核。在完成电子口岸登记手续后，企业登录跨境电商商务通关平台，分别进行跨境业务的企业备案和商品备案，待海关审核通过后，备案完成。向海关备案需提供的资料有：工商营业执照；组织机构代码；税务登记；银行开户；海关登记证；ICP截图；法人代表身份证复印件；海关备案申请表/国检备案申请表；国检质量声明承诺书。

(1) 以深圳市跨境贸易电子商务通关服务平台为例，开户类型有：跨境商家、电商平台、电商境内代理企业、生产销售企业、物流企业、支付企业、仓储经营企业、监管场所经营人等。

(2) 企业平台备案。

第一步：企业进入深圳市跨境贸易电子商务通关服务平台主页（http://www.szceb.cn），进行企业平台开户。在“企业登记”填写资料。若企业资料需要变更，企业需联系平台验证变更。“企业登记”如图5-1所示：

第二步，企业联系平台在线验证并办理开户；

第三步，资料验证通过即开户成功，平台给企业分配操作员账号和密码。

(3) 海关及检验检疫备案。

企业在平台开户成功，使用账号密码登录平台，向海关及检验检疫申报备案。海关审核后产生十位海关注册登记编码。此工作企业可以并行操作。检验检疫人工审核后，反馈企业备案号至平台。无报关资质企业可通过电子口岸预录入系统（即QP系统）和关企合作

企业登记

查看登记资料

* 统一社会信用代码：　* 企业中文名称：　* 企业简称：

* 企业法人：　* 法人代表身份证：　营业执照注册号：

* 工商注册地址：　区域：请选择

* 企业经营类别：电商商户　电商平台　电商代理企业　生产销售企业　物流企业　支付企业　仓储经营企业　监管场所经营人

* 经营范围：（要求与工商登记填写一致。）

* 办理业务类型：电商进口　电商出口

*备案状态：海关已备案　*海关注册登记号：　* 是否一般纳税人：否　是

* 业务联系人：　* 联系人手机：　* 业务联系人邮箱：

* 邮政编码：　企业网址：　报检单位代码：

* 操作账号：　* 账号名称：

网址	网站名称	经营商品	操作

代理企业代码	代理企业中文名称	操作

*附件单个不超过500K（支持附件格式：pdf、jpg、jpeg、gif、png、bmp）：请选择附件　浏览

注：1、填写的统一社会信用代码要与企业证件原件内容保持一致；
2、电商商户、电商平台 需填写网址、网站名称、经营商品；
3、有代理关系的企业可填写代理企业信息；
4、企业营业执照上传复印件加盖贵公司公章；
5、经办人身份证上传正反面复印件，本人签名并加盖企业公章；
6、企业资料登记和修改需要通过联系人手机进行验证，请正确填写联系人手机。

* 验证码：　手机获取验证码

保存并打印

图 5-1　跨境电子商务通关平台 B2B 企业平台开户图

平台向海关申报备案，具体流程如图 5-2 所示。

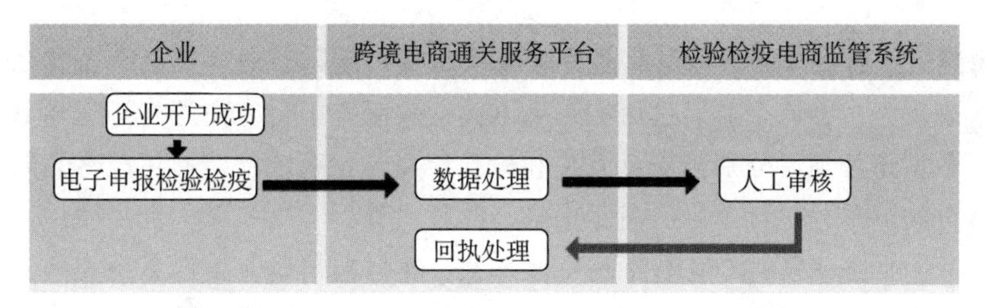

图 5-2　B2B 跨境电商检验检疫企业备案申报流程

（4）商品备案。

电商企业要开展跨境电商业务时需要在各监管部门进行商品备案。检验检疫需要了解商品的主要成分、规格型号、认证情况等信息。企业通过跨境电商通关服务平台录入相关信息提交给检验检疫进行审核。

商品备案流程为：第一步，电商企业插卡登录跨境电商通关服务平台，录入商品信息。第二步，商品信息提交给电商企业合作的仓储企业进行确认，数据发送检验检疫。第三步，检验检疫接收信息后反馈入库回执，电商企业可在查询栏目查看信息，状态为接收入库。第四步，审核商品信息后反馈审核回执，企业可在查询栏目查看，具体流程如图 5-3所示。

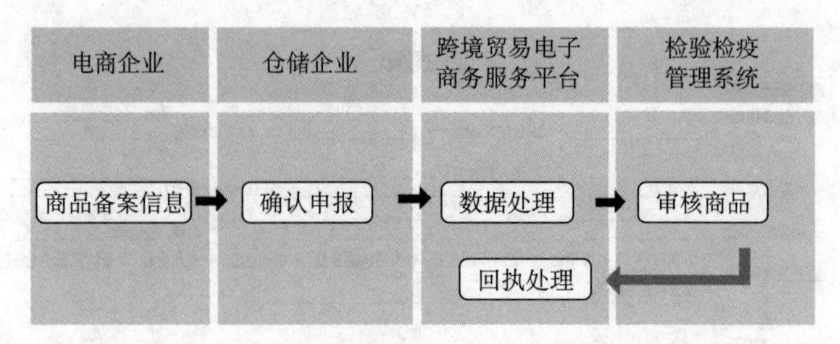

图 5-3　B2B 跨境电商检验检疫商品备案申报流程

二、三单申报

(一) 信息报送

跨境电商对应的订单、支付单、物流单、清单报送海关系统后，根据相应的业务规则校验对应订单是否放行，只有查验放行的订单才可进行后续分拣、配送阶段。

三单合一监管规则下电子清关需要分别报送电子订单、物流单和支付单的数据。

(1) 电子订单首先通过深圳跨境电商通关服务平台客户端与企业生产系统直接对接，实时进行传输。表现为：电商企业通过深圳跨境电商通关服务平台客户端发送订单数据，平台客户端进行数据预处理后分别传输至海关、检验检疫、市场监管，各系统反馈回执至客户端。

订单核心报送信息有订单编号、电商平台代码、电商平台名称、电商企业代码、电商企业名称、商品价格、运杂费、非现金抵扣金额、代扣税款、实际支付金额、订购人姓名、订购人证件类型、订购人证件号码、支付企业代码、支付企业名称、支付交易编号。

(2) 物流运单通过深圳跨境电商通关服务平台客户端与企业生产系统直接对接，实时进行传输。表现为：物流企业通过深圳跨境电商通关服务平台客户端发送运单数据，平台客户端进行数据预处理后分别传输至海关和检验检疫，各系统反馈回执至客户端。运单核心信息包括分物流单号、订单号、商品信息、收货人等。

(3) 支付企业通过深圳跨境电商通关服务平台客户端与企业生产系统直接对接，实时进行传输，表现为：支付企业通过深圳跨境电商通关服务平台客户端发送支付凭证，平台客户端进行数据预处理后分别传输至海关和检验检疫，各系统反馈回执至客户端。

支付单核心信息有支付企业代码、支付企业名称、支付交易编号、订单编号、电商平台代码、电商平台名称、支付人证件类型、支付人证件号码、支付人姓名、支付人电话、支付金额。

(二) 平台审单

▶ 1. 形成“申报清单”

跨境电商相关企业在跨境电子商务通关平台传输三单信息后，通关服务平台根据订单信息形成“申报清单”，由报关企业根据“申报清单”内容分别逐项或批量申报至海关管理平台和检验检疫管理平台。“申报清单”如图 5-4 所示：

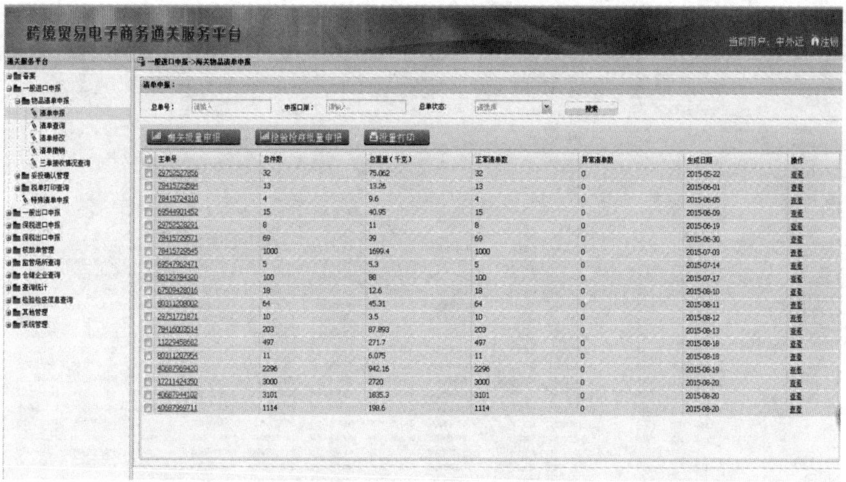

图 5-4 跨境贸易电子商务通关服务平台“申报清单”

2. 平台审单

平台审单方式有两种，电子审单和人工审单。

清单申报后，系统自动进入电子审单环节，若存在潜在风险则会判交人工审单。海关清单核放系统会对申报数据进行校验，三单对碰，将订单、支付单、运单中的订购人信息、收件人信息，商品及价格信息和清单中的订购人信息、收件人信息，商品及价格信息进行数据校验比对。

海关校验放行的规则主要是：订单、支付单、物流单匹配一致；电商平台、电商企业备案信息真实有效；订购人姓名、身份证号匹配查验一致；订购人年度购买额度；单笔订单实际支付金额≤￥2000；单笔订单单个商品数量小于 8 个，商品总数量小于 25 个；订单商品价格、代扣税金、实际支付金额等计算正确(允许 5%误差)；订单实际支付金额与支付单支付金额、支付人信息等一致。

对于税费，代理清关公司在海关设置有保证金账户，订单放行同时会对保证金进行扣减。

审单结果包括：暂存(退单)、审单通过、检验查验、检验放行等。如图 5-5 所示：

如果比对结果没有问题，那就会收到申报成功回执。如果有问题，就会收到申报失败回执，海关会反馈相应的错误代码信息，按照海关回执，如果能通过申报信息修改的方式，可通过重新申报的方式处理，否则需要做退单处理。

对于退单的清单，点击详情、操作日志、查找退单原因，通常退单原因有以下几点：① 收货人信息备案异常；② “三单”比对不成功订单不存在；③个人信息验核不通过，系统自动退单；④订单中的收货人国别与清单中不一致；⑤担保金预扣失败，余额不足等。

三、跨境电商货物的出入境查验及放行

(一) 查验

经清单申报海关审单无误后，通知海关、商检人员对货品进行现场过 X 光机。相比一

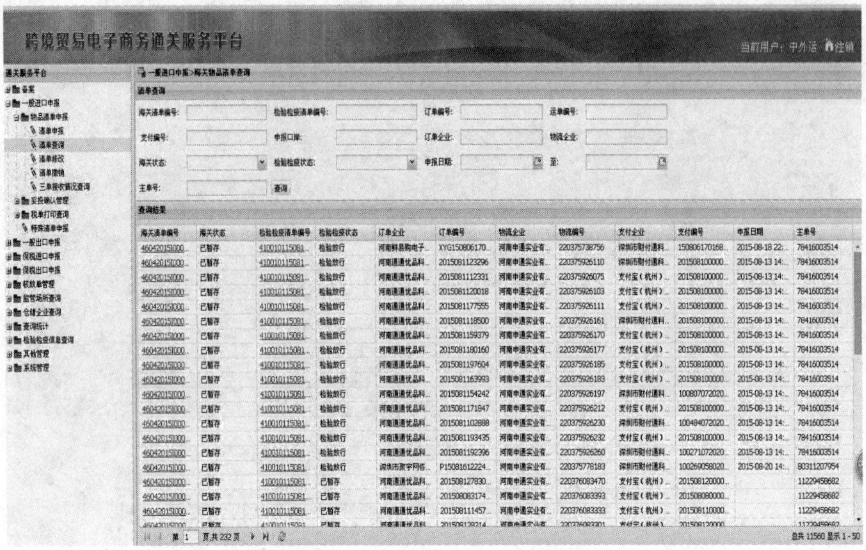

跨境贸易电子商务通关服务平台

当前用户：中外运　注销

通关服务平台

备案
一般进口申报
物品清单申报
清单申报
清单查询
清单修改
清单撤销
三单接收情况查询
妥投确认管理
税单打印查询
特殊清单申报
一般出口申报
保税进口申报
保税出口申报
核放单管理
监管场所查询
仓储企业查询
查询统计
检验检疫信息查询
其他管理
系统管理

一般进口申报>海关物品清单查询

清单查询

海关清单编号：　检验检疫清单编号：　订单编号：　运单编号：

支付编号：　申报口岸：　订单企业：　物流企业：

海关状态：　检验检疫状态：　申报日期：　至：

主单号：　查询

查询结果

海关清单编号	海关状态	检验检疫清单编号	检验检疫状态	订单企业	订单编号	物流企业	物流编号	支付企业	支付编号	申报日期	主单号
460420151000...	已暂存	410010115081...	检验放行	河南鲜易购电子...	XYG150806170...	河南申通实业有...	220375738756	深圳市财付通科...	150806170168...	2015-08-18 22:...	78416003514
460420151000...	已暂存	410010115081...	检验放行	河南通通优品科...	2015081123296	河南申通实业有...	220375926110	深圳市财付通科...	201508100000...	2015-08-13 14:...	78416003514
460420151000...	已暂存	410010115081...	检验放行	河南通通优品科...	2015081112331	河南申通实业有...	220375926075	支付宝（杭州）...	201508100000...	2015-08-13 14:...	78416003514
460420151000...	已暂存	410010115081...	检验放行	河南通通优品科...	2015081120018	河南申通实业有...	220375926103	支付宝（杭州）...	201508100000...	2015-08-13 14:...	78416003514
460420151000...	已暂存	410010115081...	检验放行	河南通通优品科...	2015081177555	河南申通实业有...	220375926111	支付宝（杭州）...	201508100000...	2015-08-13 14:...	78416003514
460420151000...	已暂存	410010115081...	检验放行	河南通通优品科...	2015081118500	河南申通实业有...	220375926161	深圳市财付通科...	201508100000...	2015-08-13 14:...	78416003514
460420151000...	已暂存	410010115081...	检验放行	河南通通优品科...	2015081159379	河南申通实业有...	220375926170	支付宝（杭州）...	201508100000...	2015-08-13 14:...	78416003514
460420151000...	已暂存	410010115081...	检验放行	河南通通优品科...	2015081180160	河南申通实业有...	220375926177	支付宝（杭州）...	201508100000...	2015-08-13 14:...	78416003514
460420151000...	已暂存	410010115081...	检验放行	河南通通优品科...	2015081197604	河南申通实业有...	220375926185	支付宝（杭州）...	201508100000...	2015-08-13 14:...	78416003514
460420151000...	已暂存	410010115081...	检验放行	河南通通优品科...	2015081163993	河南申通实业有...	220375926183	支付宝（杭州）...	201508100000...	2015-08-13 14:...	78416003514
460420151000...	已暂存	410010115081...	检验放行	河南通通优品科...	2015081154242	河南申通实业有...	220375926197	深圳市财付通科...	100807072020...	2015-08-13 14:...	78416003514
460420151000...	已暂存	410010115081...	检验放行	河南通通优品科...	2015081171847	河南申通实业有...	220375926212	支付宝（杭州）...	201508100000...	2015-08-13 14:...	78416003514
460420151000...	已暂存	410010115081...	检验放行	河南通通优品科...	2015081102888	河南申通实业有...	220375926230	深圳市财付通科...	100484072020...	2015-08-13 14:...	78416003514
460420151000...	已暂存	410010115081...	检验放行	河南通通优品科...	2015081193435	河南申通实业有...	220375926232	支付宝（杭州）...	201508100000...	2015-08-13 14:...	78416003514
460420151000...	已暂存	410010115081...	检验放行	河南通通优品科...	2015081192396	河南申通实业有...	220375926260	深圳市财付通科...	100271072020...	2015-08-13 14:...	78416003514
460420151000...	已暂存	410010115081...	检验放行	深圳市聚宇网络...	P15081612224...	河南申通实业有...	220375778183	深圳市财付通科...	100269058020...	2015-08-20 14:...	80311207954
460420151000...	已暂存	410010115081...	已暂存	河南通通优品科...	201508127830...	河南申通实业有...	220376083470	支付宝（杭州）...	201508120000...		11229458682
460420151000...	已暂存	410010115081...	已暂存	河南通通优品科...	201508083174...	河南申通实业有...	220376083393	支付宝（杭州）...	201508080000...		11229458682
460420151000...	已暂存	410010115081...	已暂存	河南通通优品科...	201508111457...	河南申通实业有...	220376083333	支付宝（杭州）...	201508110000...		11229458682

第 1 页,共 232 页　总共 11560 显示 1 - 50

图 5-5　跨境贸易电子商务通关服务平台审单结果处理

般贸易货物，以电子商务进出境货物报关手续报关的货物可优先查验。监管场所运营人对包裹物流单进行逐一扫描，上 X 光机对申报货物进行同屏对比，机检正常做自动放行，机检异常的对相应的包裹进行下线查验处理。监管科查验关员和商检科查验人员分别对下线包裹实施拆包查验，查验完毕后记录查验结果。查验结果包括：查验放行、改单、删单、移交缉私处理等。

机检完毕后，在通关服务平台清单查询里，查询每一单的海关、商检指令状态、确保每一单指令均为放行(如为查验请海关、商检录查验结果)。如图 5-6 所示。

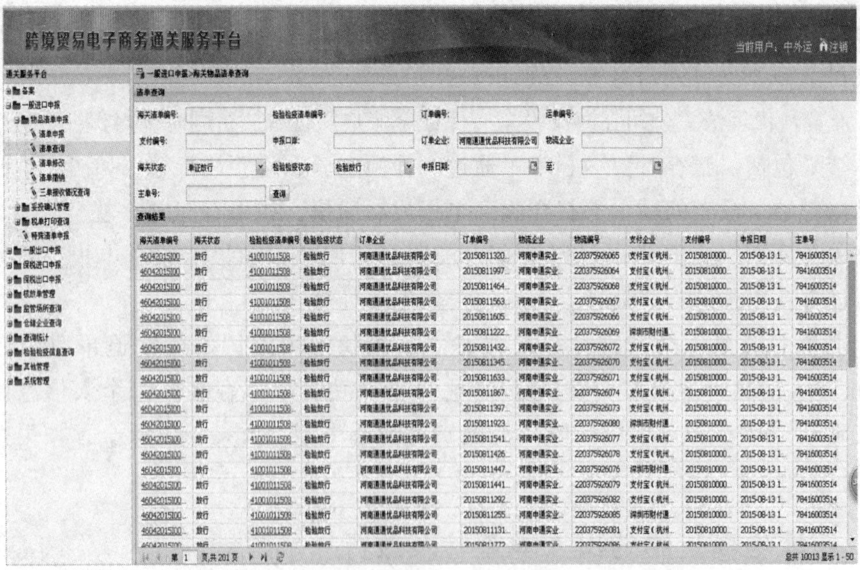

跨境贸易电子商务通关服务平台

当前用户：中外运　注销

通关服务平台

一般进口申报>海关物品清单查询

清单查询

海关清单编号：　检验检疫清单编号：　订单编号：　运单编号：

支付编号：　申报口岸：　订单企业：河南通通优品科技有限公司　物流企业：

海关状态：单证放行　检验检疫状态：检验放行　申报日期：　至：

主单号：　查询

查询结果

海关清单编号	海关状态	检验检疫清单编号	检验检疫状态	订单企业	订单编号	物流企业	物流编号	支付企业	支付编号	申报日期	主单号
46042015100...	放行	41001011508...	检验放行	河南通通优品科技有限公司	20150811320...	河南申通实业...	220375926065	支付宝（杭州...	20150810000...	2015-08-13 1...	78416003514
46042015100...	放行	41001011508...	检验放行	河南通通优品科技有限公司	20150811997...	河南申通实业...	220375926064	支付宝（杭州...	20150810000...	2015-08-13 1...	78416003514
46042015100...	放行	41001011508...	检验放行	河南通通优品科技有限公司	20150811464...	河南申通实业...	220375926068	支付宝（杭州...	20150810000...	2015-08-13 1...	78416003514
46042015100...	放行	41001011508...	检验放行	河南通通优品科技有限公司	20150811563...	河南申通实业...	220375926067	支付宝（杭州...	20150810000...	2015-08-13 1...	78416003514
46042015100...	放行	41001011508...	检验放行	河南通通优品科技有限公司	20150811605...	河南申通实业...	220375926066	支付宝（杭州...	20150810000...	2015-08-13 1...	78416003514
46042015100...	放行	41001011508...	检验放行	河南通通优品科技有限公司	20150811222...	河南申通实业...	220375926069	深圳市财付通...	20150810000...	2015-08-13 1...	78416003514
46042015100...	放行	41001011508...	检验放行	河南通通优品科技有限公司	20150811432...	河南申通实业...	220375926072	支付宝（杭州...	20150810000...	2015-08-13 1...	78416003514
46042015100...	放行	41001011508...	检验放行	河南通通优品科技有限公司	20150811345...	河南申通实业...	220375926070	支付宝（杭州...	20150810000...	2015-08-13 1...	78416003514
46042015100...	放行	41001011508...	检验放行	河南通通优品科技有限公司	20150811633...	河南申通实业...	220375926071	支付宝（杭州...	20150810000...	2015-08-13 1...	78416003514
46042015100...	放行	41001011508...	检验放行	河南通通优品科技有限公司	20150811867...	河南申通实业...	220375926074	支付宝（杭州...	20150810000...	2015-08-13 1...	78416003514
46042015100...	放行	41001011508...	检验放行	河南通通优品科技有限公司	20150811397...	河南申通实业...	220375926073	支付宝（杭州...	20150810000...	2015-08-13 1...	78416003514
46042015100...	放行	41001011508...	检验放行	河南通通优品科技有限公司	20150811923...	河南申通实业...	220375926080	深圳市财付通...	20150810000...	2015-08-13 1...	78416003514
46042015100...	放行	41001011508...	检验放行	河南通通优品科技有限公司	20150811541...	河南申通实业...	220375926077	支付宝（杭州...	20150810000...	2015-08-13 1...	78416003514
46042015100...	放行	41001011508...	检验放行	河南通通优品科技有限公司	20150811426...	河南申通实业...	220375926078	支付宝（杭州...	20150810000...	2015-08-13 1...	78416003514
46042015100...	放行	41001011508...	检验放行	河南通通优品科技有限公司	20150811447...	河南申通实业...	220375926076	深圳市财付通...	20150810000...	2015-08-13 1...	78416003514
46042015100...	放行	41001011508...	检验放行	河南通通优品科技有限公司	20150811441...	河南申通实业...	220375926079	支付宝（杭州...	20150810000...	2015-08-13 1...	78416003514
46042015100...	放行	41001011508...	检验放行	河南通通优品科技有限公司	20150811292...	河南申通实业...	220375926082	支付宝（杭州...	20150810000...	2015-08-13 1...	78416003514
46042015100...	放行	41001011508...	检验放行	河南通通优品科技有限公司	20150811255...	河南申通实业...	220375926085	深圳市财付通...	20150810000...	2015-08-13 1...	78416003514
46042015100...	放行	41001011508...	检验放行	河南通通优品科技有限公司	20150811131...	河南申通实业...	220375926081	支付宝（杭州...	20150810000...	2015-08-13 1...	78416003514

第 1 页,共 201 页　总共 10013 显示 1 - 50

图 5-6　跨境贸易电子商务通关服务平台清单查询及结果

根据规定，海关查验货物后，要填写一份验货记录，记录一般包括查验时间、地点、进出口货物的收发货人及代理人名称、申报的货物情况、查验货物的运输包装情况(如运输工具名称、集装箱号、尺码和封号)和货物的名称、规格型号等。需要查验的货物，海关在接受申报之日起1日内开出查验通知单，自具备海关查验条件起1日内完成查验，除缴税外，自查验完毕4小时内办结通关手续。

(二)征税

跨境电商进出口的货物除国家另有规定外，均应征收关税，关税由海关依照海关进出口税则征收，需要征费的货物，自接受申报1日内开出税单，并于缴核税单2小时内办结通关手续。

(三)放行

跨境电商仓库场站人员对过机放行的包裹进行逐单扫描，扫描无误后放行入库或出库。放行的进口货物由国内的物流企业进行配送、运送至消费者手中，出口货物则由国际物流装运出境。

四、办理通关手续

根据货物通关模式的不同，通关手续不甚相同。

跨境电商货物按照电子商务进出境货物报关手续报关，采用“清单核放，汇总申报”形式。电子商务企业或其代理人应将上月结关的《货物清单》依照清单表头同一经营单位，同一运输方式，同一启运国/运抵国，同一进出境口岸，同一法定计量单位，同一币制规则进行归并，按照进出境分别汇总形成《进出口货物报关单》向海关申报，汇总形成《进出口货物报关单》向海关申报时，无须再次办理相关征免税手续及提交许可证件。

知识链接5-6
特殊区域的货物通关

若跨境电商货物不按照跨境电商货物的监管方式来报关，则按照一般进出口货物来报关，参考一般进出口货物的有关规定办理征免税手续及办理相关许可证，进口货物申报时间为运输工具申报进境之日起14日内，出口货物申报时间为出境货物运抵海关监管场所后装货24小时前。

线上课堂——练习与测试

扫描封底二维码刮刮卡
获取答题权限

在线题库-5

案例分析-5

第六章　其他进出口货物的报关

学习目标

1. 掌握特定减免税货物的基本特征及海关监管要求。
2. 掌握暂准进出境货物的范围、基本特征及海关监管要求。
3. 掌握无代价抵偿的特征及报关程序。
4. 掌握退运货物的报关程序。
5. 了解租赁货物、进出境快件等的海关管理。

案例导入

特定减免税货物的处置

A公司向海关申请免税进口一套生产设备，该设备属于《产业结构调整指导目录》鼓励类范围且属于自用设备，海关凭项目的备案证明、核准批复文件等材料以及其他申请材料，对照《产业目录》进行审核，对符合产业政策的项目办理了鼓励类项目进口设备减免税手续。

该套设备进口以后，由于A公司生产产品的市场发生变化，需求出现大量的萎缩，于是该公司将其进口的减免税设备使用于确认书列明项目之外的生产用途，也就是未经有关部门批准就擅自改变了主管部门审批的特定用途。此生产用途不属于国家鼓励类项目，因此不能享受同等减免税优惠政策。经海关审核，该公司擅自移作他用货物价值人民币约3200万元，涉及移作他用期间税款人民币280万元。

该公司违反《海关法》第五十七条的规定，构成将海关监管设备擅自移作他用的违规行为。根据《海关处罚条例》第十八条规定，对A公司处以罚款人民币160万元(涉案货物价值的5%)。同时根据《海关处罚条例》第五条规定，责令该公司办理补缴税款280万元，并办理相关海关手续。

案例思考

1. A公司进口的生产设备，与一般进出口货物相比，报关程序及海关监管方式上有什么不同?

2. 按进出境目的的不同，除了一般进出口货物，海关监管货物还有哪些类别?

第一节　特定减免税货物的报关流程

减免税制度是根据法律、法规和国家进出口税收优惠政策的规定，针对规定范围内的进出口货物予以减征或者免征关税、进口环节税的税收制度。全部免除纳税义务称为免税，部分免除纳税义务称为减征关税(包含进口环节增值税和消费税)。减免税是关税制度中的一项重要制度。国家通过对某些进出口货物给予减免关税的优惠，灵活处理一些特殊问题，体现国家的政策取向。同时，对某些进出口货物、进出境物品予以减免税待遇也是海关管理的国际惯例。

一、特定减免税货物概述

(一) 减免税货物

减免税货物是指按照《海关法》《进出口关税条例》和其他有关规定，进口时准予减征和免征关税(包含进口环节增值税和消费税)的货物，简称减免税货物。

按照《海关法》《进出口关税条例》的规定，减免税分为三类，即法定减免税、特定减免税和临时减免税。

法定减免税，是指依据《海关法》《关税条例》，以及其他法律、法规所实施的减免税。《海关法》第五十六条规定：下列进出口货物、进出境物品，减征或者免征关税：

(1) 无商业价值的广告品和货样；

(2) 外国政府、国际组织无偿赠送的物资；

(3) 在海关放行前遭受损坏或者损失的货物；

(4) 规定数额以内的物品；

(5) 法律规定减征、免征关税的其他货物、物品；

(6) 中华人民共和国缔结或者参加的国际条约规定减征、免征关税的货物、物品。

除外国政府、国际组织无偿赠送的物资，其他法定减免税货物无须办理减免税审核确认手续，海关征税人员可凭有关证明文件和报关单证按规定直接给予减免税。海关对法定减免税货物一般不进行后续管理，也不作减免税统计。

特定减免税，是指根据国家政治、经济政策的需要，对特定地区、特定企业或者有特定用途的进出口货物，按照国务院制定的减免税规定可以减征或者免征关税。

临时减免税，是指法定减免税和特定减免税以外的其他形式的减免税，是按照国务院的规定，根据某个单位、某类商品、某个时期或某批进出口货物的特殊情况，对其进口应税货物特例予以临时性减免税。临时减免一般是“一案一批”，即必须在货物进出口前，向所在地海关提出书面申请，并随附必要的证明资料，经所在地海关审核后，转报海关总署或海关总署会同国家税务总局、财政部审核批准。

（二）特定减免税货物

▶ 1. 含义

特定减免税货物是指海关根据国家的政策规定准予减免税进境使用于特定地区、特定企业、特定用途的货物。

《海关法》第五十七条规定，特定地区、特定企业或者有特定用途的进出口货物，可以减征或者免征关税。特定减税或者免税的范围和办法由国务院规定。

▶ 2. 对“特定”的理解

（1）特定地区：是指我国关境内由行政法规规定的某一特别限定区域，通常是指海关特殊监管区域，比如出口加工区、保税港区、综合保税区等。享受减免税优惠的进口货物，只能在这一特别限定的区域内使用。

（2）特定企业：是指由国务院制定的行政法规专门规定的企业，主要是指外商投资企业。外商投资企业是指在中国境内依法设立，并有批准证书和营业执照的中外合资经营企业、中外合作经营企业、外商独资企业。享受减免税优惠的进口货物只能由这些专门规定的企业使用。

特定减免税货物中的外商投资项目在投资额度内进口自用设备免征关税，但增值税照章征收。对投资项目的要求包括以下几个方面：属于《外商投资产业指导目录》中鼓励类或《中西部地区外商投资优势产业目录》的产业条目中的项目；在投资额度内进口；自用设备，即除规定不予免税的商品外进口的生产自用设备及随设备进口的配套技术、配件、备件。

（3）特定用途：是指国家规定可以享受减免税优惠的进口货物，只能用于行政法规专门规定的用途，一般包括：科教用品、残疾人用品、集成电路项目、救灾捐赠物资、扶贫慈善捐赠物资等。

▶ 3. 特定减免税货物的特征

（1）在特定条件或规定范围内使用可减免进口关税

《海关法》第五十七条规定，特定减征或者免征关税进口的货物，只能用于特定地区、特定企业或者特定用途，未经海关核准并补缴关税，不得移作他用。特定减免税具有鲜明的特定性，只能在国家行政法规规定的特定条件下使用。特定减免税进口的货物只能以自用为目的，符合享受减免税优惠政策条件的单位不得以自用为名，替他人申请办理进口货物的减免税手续。

（2）属许可证管理的，进口申报应当提交进口许可证件

特定减免税货物是实际进口货物，按照国家有关进出境管理的法律法规，凡属于进口需要交验许可证件的货物，收货人或其代理人应交验进口许可证件。

（3）进口后在特定的海关监管期限内接受海关监管

《中华人民共和国海关进出口货物减免税管理办法》（以下简称《减免税管理办法》）第三十六条规定：除海关总署另有规定外，在海关监管年限内，减免税申请人应当按照海关规定保管、使用进口减免税货物，并依法接受海关监管。进口减免税货物的监管年限为：船

舶、飞机 8 年，机动车辆 6 年，其他货物 3 年。监管年限自货物进口放行之日起计算。减免税货物监管期限到期后，在海关监管期内未发生违反海关监管规定行为的，自动解除海关监管。

(4) 脱离特定范围使用，须补缴税款

《减免税管理办法》第二十六条规定，在进口减免税货物的海关监管年限内，未经海关许可，减免税申请人不得擅自将减免税货物转让、抵押、质押、移作他用或者进行其他处置。

《关税条例》第四十九条规定：需由海关监管使用的减免税进口货物，在监管年限内转让或者移作他用需要补税的，海关应当根据该货物进口时间折旧估价，补征进口关税。

二、特定减免税货物的报关流程

为深入推进全国海关通关一体化改革，进一步提高通关效率，海关总署决定，自 2017 年 12 月 15 日起，在全国海关推广减免税申请无纸化，同时取消减免税备案。

为进一步深化国际贸易“单一窗口”建设，满足企业“一站式”业务办理需求，国际贸易“单一窗口”标准版减免税业务申报功能自 2019 年 6 月 10 日起全国推广应用，企业可通过“单一窗口”直接向海关在线申报减免税审核确认申请及减免税后续管理业务，实时跟踪掌握审核结果，企业申报渠道进一步拓宽，申报便利性进一步提升。

特定减免税货物的报关程序大体有减免税申请与审核确认、进口通关、减免税货物后续管理 3 个阶段。

(一) 减免税申请与审核确认

《关税条例》第四十八条规定：纳税义务人进出口减免税货物的，除另有规定外，应当在进出口该货物之前，按照规定持有关文件向海关办理减免税审批手续。经海关审查符合规定的，予以减征或者免征关税。

▶ 1. 减免税申请

减免税申请人或者其代理人(以下简称“申请人”)可在首次办理进口货物减免税手续时一并向海关提交涉及主体资格、项目资质、免税进口额度(数量)等信息(以下简称“政策项目信息”)相关材料，无须提前单独向海关办理政策项目备案。

(1) 申请人首次填报政策项目信息时，对征免性质为 789 的，应将《国家鼓励发展的内外资项目确认书》(以下简称《项目确认书》)中编号填入申请表；无《项目确认书》的，将海关提供的项目编号填入。

其他征免性质的政策项目编号由系统自动生成。编号规则为 4 位关区代码＋4 位年份＋3 位征免性质代码＋4 位流水号，其中 4 位流水号为全国海关统一的流水号。

(2) 申请人为同一政策或项目进口货物办理减免税手续时，应将该政策项目信息编号填入所有申请表中。

(3) 对于同时提交政策项目信息和进口货物信息的申请表，先将涉及政策项目信息的电子数据发送主管海关审核，审核通过后，再将进口货物信息的电子数据发送主管海关审核。主管海关认为政策项目信息不符合规定的，一并做退单处理。

(4) 需要提交的申请材料：《进出口货物征免税申请表》，如表 6-1 所示；由减免税申请人出具的《减免税手续办理委托书》，如表 6-2 所示；企业营业执照或者事业单位法人证书、国家机关设立文件、社团登记证书、民办非企业单位登记证书、基金会登记证书等证明材料；进出口合同、发票以及相关货物的产品情况资料；相关政策规定的享受进出口税收优惠政策资格的证明材料；按照规定需要提供的其他材料。申请人提交上述证明材料应当交验原件，同时提交加盖减免税申请人有效印章的复印件。

表 6-1　进出口货物征免税申请表

<table>
<tr><td colspan="2">企业代码</td><td colspan="3"></td><td colspan="3">企业名称</td><td colspan="3"></td></tr>
<tr><td colspan="2">审批依据</td><td></td><td colspan="2">进(出)口标志</td><td colspan="3"></td><td colspan="2">征免性质/代码</td><td></td></tr>
<tr><td colspan="2">项目统一编号</td><td></td><td colspan="4">产业政策审批条目/代码</td><td colspan="4"></td></tr>
<tr><td colspan="2">审批部门/代码</td><td></td><td colspan="2">许可证号</td><td colspan="3"></td><td colspan="2">合同号</td><td></td></tr>
<tr><td colspan="2">收发货人/代码</td><td colspan="3"></td><td colspan="3">成交方式</td><td colspan="3"></td></tr>
<tr><td colspan="2">项目性质</td><td colspan="3"></td><td colspan="3">进(出)口岸</td><td colspan="3"></td></tr>
<tr><td colspan="2">货物是否已向
海关申报进口</td><td colspan="3"></td><td colspan="3">有效日期</td><td colspan="3"></td></tr>
<tr><td>序号</td><td>商品编码</td><td>商品
名称</td><td>规格型号</td><td>法定
数量</td><td>法定计
量单位</td><td>申报
数量</td><td>申报计
量单位</td><td>金额</td><td>币制</td><td>原产地</td></tr>
<tr><td>1</td><td></td><td></td><td></td><td></td><td></td><td></td><td></td><td></td><td></td><td></td></tr>
<tr><td>2</td><td></td><td></td><td></td><td></td><td></td><td></td><td></td><td></td><td></td><td></td></tr>
<tr><td>3</td><td></td><td></td><td></td><td></td><td></td><td></td><td></td><td></td><td></td><td></td></tr>
<tr><td>4</td><td></td><td></td><td></td><td></td><td></td><td></td><td></td><td></td><td></td><td></td></tr>
<tr><td>5</td><td></td><td></td><td></td><td></td><td></td><td></td><td></td><td></td><td></td><td></td></tr>
<tr><td colspan="2">备注</td><td colspan="9"></td></tr>
<tr><td colspan="8">减免税申请人签章

年　月　日</td><td colspan="3">联系人：
电话：</td></tr>
</table>

表 6-2 减免税手续办理委托书

年 月 日

<table>
<tr><td>减免税申请人名称</td><td colspan="3"></td></tr>
<tr><td>联系地址</td><td colspan="3"></td></tr>
<tr><td>联系人</td><td></td><td>联系电话</td><td></td></tr>
<tr><td colspan="4">我单位委托________公司(单位)向海关申请办理下列手续，保证提供的申请材料真实、准确、完整、合法，并愿承担由此产生的法律责任。
□ 进出口货物减免税申请　□ 减免税进出口货物担保
□ 减免税货物后续管理手续　□ 其他申请
具体委托事项：</td></tr>
<tr><td>委托书有效期限</td><td colspan="3"></td></tr>
<tr><td>被委托人名称</td><td colspan="3"></td></tr>
<tr><td>联系地址</td><td colspan="3"></td></tr>
<tr><td colspan="2">被委托人海关注册编码</td><td colspan="2"></td></tr>
<tr><td colspan="2">被委托人统一社会信用代码</td><td colspan="2"></td></tr>
<tr><td>经 办 人</td><td></td><td>联系电话</td><td></td></tr>
<tr><td colspan="2">减免税申请人签章：

年 月 日</td><td colspan="2">被委托人(公司签章)：

年 月 日</td></tr>
</table>

2. 减免税审核确认

(1) 海关收到申请后，经审核符合规定的，予以受理；不符合规定的，一次性告知需要补正的材料。

(2) 海关受理申请后，进行审核确认。符合规定的，作出进出口货物征税、减税或者免税的决定。

各直属海关、隶属海关负责减免税审核确认的部门，自受理减免税申请人办理进口货物减免税审核确认申请之日起 10 个工作日内作出是否同意减免税的决定。

有下列情形之一，不能在受理减免税审核确认申请之日起 10 个工作日内作出决定的，海关应当书面向申请人说明理由，自情形消除之日起 15 个工作日内作出是否同意减免税的决定：

① 政策规定不明确或者涉及其他部门管理职责需要与相关部门进一步协商、核实有关情况的；

② 需要对货物进行化验、鉴定以确定是否符合减免税政策规定的；

③ 因其他合理原因不能在规定期限内作出决定的。

（3）对通过中国电子口岸减免税系统申请办理减免税审核确认的，海关一般不再出具纸质《征免税证明》，如果减免税申请人需要留存纸质《征免税证明》的（即申请单位留存的第三联），如表 6-3 所示，可在该《征免税证明》有效期内向主管海关申请领取。

表 6-3　中华人民共和国海关进出口货物征免税证明　　编号：

<table>
<tr><td colspan="3">减免税申请人名称：</td><td colspan="3">征免性质/代码：</td><td colspan="5">政策依据：</td></tr>
<tr><td colspan="3">发证日期：　年　月　日</td><td colspan="8">有效期：　至　年　月　日止</td></tr>
<tr><td colspan="3">进(出)口岸：</td><td colspan="3">合同号：</td><td colspan="5">项目性质/代码：</td></tr>
<tr><td rowspan="2">序号</td><td rowspan="2">商品名称</td><td rowspan="2">规格型号</td><td rowspan="2">商品编码</td><td rowspan="2">申报数量</td><td rowspan="2">申报计量单位</td><td rowspan="2">金额</td><td rowspan="2">币制</td><td colspan="3">征免意见</td></tr>
<tr><td>关税</td><td>增值税</td><td>其他</td></tr>
<tr><td>1</td><td></td><td></td><td></td><td></td><td></td><td></td><td></td><td></td><td></td><td></td></tr>
<tr><td>2</td><td></td><td></td><td></td><td></td><td></td><td></td><td></td><td></td><td></td><td></td></tr>
<tr><td>3</td><td></td><td></td><td></td><td></td><td></td><td></td><td></td><td></td><td></td><td></td></tr>
<tr><td>4</td><td></td><td></td><td></td><td></td><td></td><td></td><td></td><td></td><td></td><td></td></tr>
<tr><td>5</td><td></td><td></td><td></td><td></td><td></td><td></td><td></td><td></td><td></td><td></td></tr>
<tr><td>备注</td><td colspan="10"></td></tr>
<tr><td colspan="3">主管海关签章：

年　月　日</td><td colspan="8">注意事项及权利义务提示：
1. 除海关总署另有规定外，本证明使用一次有效；同一合同项下货物分批到货的，应向主管海关申明，并按到货日期分别申请此证明。
2. 除海关总署另有规定外，货物进口时应向海关交验本证明，复印件无效。
3. 本证明有效期应按照具体政策规定确定，但最长不得超过半年；如需延期，应在有效期内向原主管海关提出延期申请。
4. 规定由海关监管使用的减免税货物，在海关监管年限内，减免税申请人应按照特定用途、特定企业、特定地区使用；未经海关许可，不得擅自转让、抵押、质押、移作他用或者进行其他处置，否则，海关将依法处理。
5. 如不服本证明决定，依照《中华人民共和国行政复议法》第九条、第十二条、第十六条，《中华人民共和国海关法》第六十四条之规定，可以在本证明送达之日起六十日内向上一级海关（海关总署）申请行政复议，对复议决定仍不服的，依照《中华人民共和国行政诉讼法》第四十五条之规定，可以自收到复议决定书之日起六十日内，向人民法院提起诉讼。</td></tr>
</table>

（二）减免税货物进口通关

▶ 1. 凭“征免税证明”通关

收发货人或受委托的报关企业申报进口减免税货物时，应按规定将《征免税证明》编号填写在进口货物报关单“备案号”栏目中。《征免税证明》编号可通过中国电子口岸减免税系统查询。

减免税申请人应当在“征免税证明”有效期内办理有关货物通关手续。不能在有效期内办理，需要延期的，应当在“征免税证明”有效期内向海关提出延期申请。“征免税证明”可以延期一次，延期时间自有效期届满之日起算，延长期限不得超过 6 个月。海关总署批准的特殊情况除外。

《征免税证明》有效期限届满仍未使用的，该《征免税证明》效力终止。减免税申请人需要减免税进出口该《征免税证明》所列货物的，应当重新向海关申请办理，如表 6-4 所示。

表 6-4　减免税货物税款担保申请表

<table>
<tr><td>企业代码</td><td colspan="2"></td><td>企业名称</td><td colspan="4"></td></tr>
<tr><td>主送海关</td><td colspan="2"></td><td>进口口岸</td><td></td><td colspan="2">申请税款担保期限</td><td>自　年 月　日至 年　月　日止</td></tr>
<tr><td colspan="8">申请税款担保货物清单</td></tr>
<tr><td>序号</td><td>货物名称</td><td>规格型号</td><td>数量</td><td>单位</td><td>金额</td><td>币制</td><td>合同号</td></tr>
<tr><td></td><td></td><td></td><td></td><td></td><td></td><td></td><td></td></tr>
<tr><td></td><td></td><td></td><td></td><td></td><td></td><td></td><td></td></tr>
<tr><td></td><td></td><td></td><td></td><td></td><td></td><td></td><td></td></tr>
<tr><td></td><td></td><td></td><td></td><td></td><td></td><td></td><td></td></tr>
<tr><td></td><td></td><td></td><td></td><td></td><td></td><td></td><td></td></tr>
<tr><td>申请税款担保原因</td><td colspan="7"></td></tr>
<tr><td>备注</td><td colspan="7"></td></tr>
<tr><td colspan="8">公司(签章)
年　月　日</td></tr>
</table>

2. 凭税款担保证明通关

(1) 有下列情形之一的，减免税申请人可以向海关申请凭税款担保先予办理货物放行手续：主管海关按照规定已经受理减免税备案或者审批申请，尚未办理完毕的；有关进出口税收优惠政策已经国务院批准，具体实施措施尚未明确，海关总署已确认减免税申请人属于享受该政策范围的；其他经海关总署核准的情况。

(2) 减免税申请人需要办理税款担保手续的，应当在货物申报进出口前向主管海关提出申请，并按照有关进出口税收优惠政策的规定向海关提交相关材料。主管海关应当在受理申请之日起 7 个工作日内，作出是否准予担保的决定。准予担保的，应当出具《中华人民共和国海关准予办理减免税货物税款担保证明》(以下简称《准予担保证明》)，如表 6-5 所示；不准予担保的，应当出具《中华人民共和国海关不准予办理减免税货物税款担保决定》。进出口地海关凭主管海关出具的《准予担保证明》，办理货物的税款担保和验放手续。

国家对进出口货物有限制性规定，应当提供许可证件而不能提供的，以及法律、行政法规规定不得担保的其他情形，进出口地海关不得办理减免税货物凭税款担保放行手续。

表 6-5 中华人民共和国海关准予办理减免税货物税款担保证明 编号:

主送海关		进口口岸	
减免税申请人			
减免税依据			
批准文件			
担保原因			
担保期限	自　年　月　日至　年　月　日止		

税款担保货物清单

序号	货物名称	数量/单位	金额	币制	备注

注：在本证明规定的担保期限届满之日仍未办妥有关减免税手续的，减免税申请人应在担保期限届满 10 个工作日前向主管海关提出延长税款担保期限的申请，逾期，申报地海关对有关货物予以照章征税。

______ 海关(印章)

年　月　日

(3) 减免税货物税款担保期限不超过 6 个月，经主管海关核准可以予以延期，延期时间自税款担保期限届满之日起算，延长期限不超过 6 个月。特殊情况仍需要延期的，应当经直属海关核准。

(4) 减免税申请人在减免税货物税款担保期限届满前取得《征免税证明》的，海关应当解除税款担保，办理征免税进出口手续。担保期限届满，减免税申请人未按照规定申请办理减免税货物税款担保延期手续的，海关应当要求担保人履行相应的担保责任或者将税款保证金转为税款。

知识链接 减免税进口设备报关单部分填报内容存在一定对应关系，如表 6-6 所示。

表 6-6 减免税进口设备报关单部分填报内容及对应关系表

项目/栏目	投资总额内进口			投资总额外进口
	合资合作企业	外商独资企业	国内投资项目	
	进境	进境	进境	进境
监管方式	合资合作设备	外资设备物品	一般贸易	一般贸易
征免性质	鼓励项目等			自有资金
备案号	征免税证明编号(Z 起头)			
征免	特案	特案	特案	特案

(三) 减免税货物后续管理

1. 后续处置

在海关监管年限内，减免税申请人应当自减免税货物进口放行之日起，在每年 1 月 1 日至 6 月 30 日期间向主管海关提交《减免税货物使用状况报告》，报告减免税进口货物使用状况，如表 6-7 所示。

表 6-7 减免税货物使用情况年报表

企业名称： 自查年度：

自 查 内 容	企业自查情况
1. 减免税货物安装地点、使用情况	
2. 减免税进口货物的调换、抵押、质押、留置、转让、出售、移作他用、退运境外或进行其他处置的情事	
3. 减免税进口货物超出立项条目范围或未能完全按立项条目要求使用的情事	
4. 实际进口的减免税货物的规格、型号和技术参数是否与申报时相同	
5. 企业改制、转型、股权转让或合并、分立及其他资产重组情况	
6. 备案项目有关内容变更情况	
7. 减免税设备是否已入本单位固定资产账	
8. 其他需向海关说明的情况	

我单位保证以上情况准确无误，否则，愿接受海关处罚。

项目单位(盖章)

年 月 日

在进口减免税货物的海关监管年限内，减免税申请人如需将减免税货物进行转让、抵押、质押、移作他用或者其他处置，必须经海关许可，并办理相应的手续。

(1) 在海关监管年限内，减免税申请人将进口减免税货物转让给进口同一货物享受同等减免税优惠待遇的其他单位的，应当按照下列规定办理减免税货物结转手续：①减免税货物的转出申请人凭有关单证向转出地主管海关提出申请，转出地主管海关审核同意后，通知转入地主管海关。②减免税货物的转入申请人向转入地主管海关申请办理减免税审批手续。转入地主管海关审核无误后签发《征免税证明》。③转出、转入减免税货物的申请人应当分别向各自的主管海关申请办理减免税货物的出口、进口报关手续。转出地主管海关办理转出减免税货物的解除监管手续。结转减免税货物的监管年限应当连续计算。转入地主管海关在剩余监管年限内对结转减免税货物继续实施后续监管。

减免税货物转让给进口同一货物享受同等减免税优惠待遇的其他单位的，不予恢复减免税货物转出申请人的减免税额度，减免税货物转入申请人的减免税额度按照海关审定的货物结转时的价格、数量或者应缴税款予以扣减。

（2）在海关监管年限内，减免税申请人将进口减免税货物转让给不享受进口税收优惠政策或者进口同一货物不享受同等减免税优惠待遇的其他单位的，应当事先向减免税申请人主管海关申请办理减免税货物补缴税款和解除监管手续。

$$补税的完税价格 = 海关审定的货物原进口时的价格 \times \left(1 - \frac{减免税货物已进口时间}{监管年限 \times 12}\right)$$

减免税货物已进口时间自减免税货物的放行之日起按月计算。不足 1 个月但超过 15 日的按 1 个月计算；不超过 15 日的，不予计算。

（3）在海关监管年限内，减免税申请人需要将减免税货物移作他用的，应当事先向主管海关提出申请。经海关批准后减免税货物方可移作他用（仅限于海关批准的使用地区及用途）。

移作他用包括以下情形：将减免税货物交给减免税申请人以外的其他单位使用；未按照原定用途、地区使用减免税货物；未按照特定地区、特定企业或者特定用途使用减免税货物的其他情形。

将减免税货物移作他用的，减免税申请人还应当按照移作他用的时间补缴相应税款；移作他用时间不能确定的，应当提交相应的税款担保，税款担保不得低于剩余监管年限应补缴税款总额。

$$补缴税款 = 海关审定的货物原进口时的价格 \times 税率 \times \left(\frac{需补缴税款的时间}{监管年限 \times 12 \times 30}\right)$$

上述计算公式中的税率，应当按照《关税条例》的有关规定，采用相应的适用税率；需补缴税款的时间是指减免税货物移作他用的实际时间，按日计算，每日实际生产不满 8 小时或者超过 8 小时的均按 1 日计算。

（4）在海关监管年限内，减免税申请人要求以减免税货物向金融机构办理贷款抵押的，应向主管海关提出书面申请；经审核符合有关规定的，主管海关可以批准其办理贷款抵押手续。减免税申请人不得以减免税货物向金融机构以外的公民、法人或其他组织办理贷款抵押。

（5）在海关监管年限内，减免税货物应在主管海关核准的地点使用。需要变更使用地点的，减免税申请人应向主管海关提出申请，说明理由，经海关批准后方可变更使用地点。

减免税货物需要移出主管海关管辖地使用的，减免税申请人应当事先凭有关单证以及需要异地使用的说明材料向主管海关申请办理异地监管手续，经主管海关审核同意并通知转入地海关后，减免税申请人可以将减免税货物运至转入地海关管辖地，转入地海关确认减免税货物情况后进行异地监管。

减免税货物在异地使用结束后，减免税申请人应当及时向转入地海关申请办结异地监管手续，经转入地海关审核同意并通知主管海关后，减免税申请人应当将减免税货物运回主管海关管辖地。

（6）在海关监管年限内，减免税申请人要求将进口减免税货物退运出境或者出口的，应当报主管海关核准。减免税货物退运出境或者出口后，减免税申请人应当凭出口报关单向主管海关办理原进口减免税货物的解除监管手续。减免税货物退运出境或者出口的，海关不再对退运出境或者出口的减免税货物补征相关税款。

减免税货物因品质或者规格原因原状退运出境，减免税申请人以无代价抵偿方式进口同一类型货物的，不予恢复其减免税额度；未以无代价抵偿方式进口同一类型货物的，减免税申请人在原减免税货物退运出境之日起 3 个月内向海关提出申请，经海关批准，可以恢复其减免税额度。

（7）在海关监管年限内，因不可抗力造成减免税进口货物灭失、损毁的，减免税申请人应当自该货物发生灭失、损毁情形之日起 30 日内书面报告主管海关，如实说明情况，并提供保险、灾害鉴定部门的有关证明。主管海关核实确认后，按以下规定处理：①货物灭失，或者虽未灭失但完全失去使用价值的，主管海关予以办理解除监管手续；②货物虽失去原使用价值但可以再利用的，主管海关予以继续监管。

在海关监管年限内，因非不可抗力因素造成减免税进口货物灭失或者损毁的，减免税申请人应当自该货物发生灭失、损毁情形之日起 30 日内，书面报告主管海关，如实说明情况，并办理补缴相应税款手续和解除监管手续。涉及国家禁止性、限制性管理规定的，按相关规定办理。

▶ 2. 解除监管

（1）自动解除监管。减免税进口货物监管期届满时，减免税申请人不必向海关申请领取“进口减免税货物解除监管证明”，有关减免税货物自动解除监管，可以自行处置。

（2）期内申请解除监管。在海关监管年限内的进口减免税货物，因出售、转让、放弃，或者企业破产清算等原因，减免税申请人书面申请提前解除监管的，如表 6-8 所示，应当向主管海关申请办理补缴税款和解除监管手续。按照国家有关规定在进口时免予提交许可证件的进口减免税货物，减免税申请人还应当补交有关许可证件。

表 6-8　减免税货物解除监管申请表

<table>
<tr><td colspan="2">企业代码</td><td></td><td colspan="2">企业名称</td><td colspan="3"></td><td colspan="2">联系人、联系电话</td><td></td></tr>
<tr><td colspan="2">解除监管类型</td><td colspan="9"></td></tr>
<tr><td colspan="11">申请解除监管货物清单</td></tr>
<tr><td>序号</td><td>项目统一编号</td><td>原征免税证明编号</td><td>原征免税证明项号</td><td>货物名称</td><td>规格型号</td><td>数量</td><td>单位</td><td>原货物总价</td><td>币制</td><td>原进口放行日期</td></tr>
<tr><td></td><td></td><td></td><td></td><td></td><td></td><td></td><td></td><td></td><td></td><td></td></tr>
<tr><td></td><td></td><td></td><td></td><td></td><td></td><td></td><td></td><td></td><td></td><td></td></tr>
<tr><td></td><td></td><td></td><td></td><td></td><td></td><td></td><td></td><td></td><td></td><td></td></tr>
<tr><td></td><td></td><td></td><td></td><td></td><td></td><td></td><td></td><td></td><td></td><td></td></tr>
<tr><td colspan="2">申请解除监管理由</td><td colspan="9"></td></tr>
<tr><td colspan="2">备注</td><td colspan="9"></td></tr>
</table>

公司（签章）
年　月　日

减免税申请人需要海关出具解除监管证明的，可以自办结补缴税款和解除监管等相关手续之日或者自海关监管年限届满之日起 1 年内，向主管海关申请领取解除监管证明。海关审核同意后出具《中华人民共和国海关进口减免税货物解除监管证明》，如表 6-9 所示。

表 6-9 中华人民共和国海关进口减免税货物解除监管证明

编号：

______公司(单位)：

根据海关规定，对你公司(单位)进口的下列减免税货物同意解除海关监管，特此证明。

序号	项目备案编号	原征免税证明编号	原征免税证明项号	货物名称	规格型号	数量	单位	原货物总价	币制	监管年限起始日期

海关(印章)

年 月 日

第二节 暂时进出境货物的报关流程

一、暂时进出境货物概述

(一) 含义

暂时进出境货物是指经海关批准暂时进境、暂时出境并且在规定的期限内复运出境、复运进境的货物。包括暂时进境货物和暂时出境货物。

(二) 范围

《中华人民共和国海关暂时进出境货物管理办法》第三条规定，暂时进出境货物包括：

(1) 在展览会、交易会、会议以及类似活动中展示或者使用的货物；

(2) 文化、体育交流活动中使用的表演、比赛用品；

(3) 进行新闻报道或者摄制电影、电视节目使用的仪器、设备以及用品；

(4) 开展科研、教学、医疗活动使用的仪器、设备和用品；

(5) 在本款第(1)项至第(4)项所列活动中使用的交通工具以及特种车辆；

(6) 货样；

(7) 慈善活动使用的仪器、设备以及用品；

(8) 供安装、调试、检测、修理设备时使用的仪器以及工具；

(9) 盛装货物的包装材料；

(10) 旅游用自驾交通工具及其用品；

(11) 工程施工中使用的设备、仪器以及用品；

(12) 测试用产品、设备、车辆；

(13) 海关总署规定的其他暂时进出境货物。

使用货物暂准进口单证册(以下称“ATA单证册”)暂时进境的货物限于我国加入的有关货物暂准进口的国际公约中规定的货物。

上述展览会、交易会、会议以及类似活动是指：贸易、工业、农业、工艺展览会，以及交易会、博览会；因慈善目的而组织的展览会或者会议；为促进科技、教育、文化、体育交流，开展旅游活动或者民间友谊而组织的展览会或者会议；国际组织或者国际团体组织代表会议；政府举办的纪念性代表大会。在商店或者其他营业场所以销售国外货物为目的而组织的非公共展览会不属于此处所称展览会、交易会、会议以及类似活动。

包装材料，是指按原状用于包装、保护、装填或者分离货物的材料以及用于运输、装卸或者堆放的装置。

(三) 特征

1. 有条件暂时免予缴纳税费

暂时进境或者暂时出境的货物，在进境或者出境时纳税义务人向海关缴纳相当于应纳税款的保证金或者提供其他担保的，可以暂不缴纳关税。

2. 免予提交进出口许可证件

暂时进出境货物不是实际进出口货物。除我国缔结或者参加的国际条约、协定以及国家法律、行政法规和海关总署规章另有规定外，暂时进出境货物免予交验许可证件。

3. 在规定期限内按原状复运进出境

暂时进出境货物除因正常使用而产生的折旧或者损耗外，应当按照原状，自进境或者出境之日起6个月内复运出境或者复运进境；需要延长复运出境或者复运进境期限的，纳税义务人应当根据海关总署的规定向海关办理延期手续。

4. 按货物实际流向办结海关手续

暂时进出境货物都必须在规定期限内，由货物的收发货人根据货物不同的情况向海关办理核销结关手续。

暂时进出境货物在规定期限内复运出境、复运进境的，由暂时进出境货物收发货人向主管地海关办理结案手续；暂时进出境货物在规定期限届满后不再复运出境或者复运进境的，纳税义务人应当在规定期限届满前向海关申报办理进出口及纳税手续，海关按照有关规定征收税款。

二、暂时进出境货物的监管

（一）审核确认

ATA 单证册持证人、非 ATA 单证册项下暂时进出境货物收发货人（以下简称“持证人、收发货人”）可以在申报前向主管地海关提交《暂时进出境货物确认申请书》，申请对有关货物是否属于暂时进出境货物进行审核确认，并且办理相关手续，也可以在申报环节直接向主管地海关办理暂时进出境货物的有关手续。ATA 单证册持证人应当向海关提交有效的 ATA 单证册以及相关商业单据或者证明材料。

知识链接 6-1
暂时进出境货物确认申请书及暂时进出境货物审核确认书样书

（二）担保

ATA 单证册项下暂时出境货物，由中国国际贸易促进委员会（中国国际商会）向海关总署提供总担保。除另有规定外，非 ATA 单证册项下暂时进出境货物收发货人应当按照有关规定向主管地海关提供担保。

（三）复运出境或者复运进境

暂时进出境货物应当在进出境之日起 6 个月内复运出境或者复运进境。

因特殊情况需要延长期限的，持证人、收发货人应当向主管地海关办理延期手续，延期最多不超过 3 次，每次延长期限不超过 6 个月。延长期届满应当复运出境、复运进境或者办理进出口手续。国家重点工程、国家科研项目使用的暂时进出境货物以及参加展期在 24 个月以上展览会的展览品，在前款所规定的延长期届满后仍需要延期的，由主管地直属海关批准。

暂时进出境货物需要延长复运进境、复运出境期限的，持证人、收发货人应在规定期限届满前向主管地海关办理延期手续，并且提交《货物暂时进/出境延期办理单》以及相关材料。

暂时进出境货物可以异地复运出境、复运进境，由复运出境、复运进境地海关调取原暂时进出境货物报关单电子数据办理有关手续。

ATA 单证册持证人应当持 ATA 单证册向复运出境、复运进境地海关办理有关手续。

知识链接 6-2
货物暂时进/出境延期办理单及海关意见样书

暂时进出境货物需要进出口的，暂时进出境货物收发货人应当在货物复运出境、复运进境期限届满前向主管地海关办理进出口手续。

暂时进出境货物收发货人在货物复运出境、复运进境后，应当向主管地海关办理结案手续。

海关通过风险管理、信用管理等方式对暂时进出境业务实施监督管理。

（四）受损、灭失的处置

暂时进出境货物因不可抗力的原因受损，无法原状复运出境、复运进境的，持证人、收发货人应当及时向主管地海关报告，可以凭有关部门出具的证明材料办理复运出境、复运进境手续；因不可抗力的原因灭失的，经主管地海关核实后可以视为该货物已经复运出境、复运进境。

暂时进出境货物因不可抗力以外其他原因受损或者灭失的，持证人、收发货人应当按照货物进出口的有关规定办理海关手续。

三、暂时进出境展览品的监管

（一）展览品范围

展览品是指：展览会展示的货物；为了示范展览会展出机器或者器具所使用的货物；设置临时展台的建筑材料以及装饰材料；宣传展示货物的电影片、幻灯片、录像带、录音带、说明书、广告、光盘、显示器材等；其他用于展览会展示的货物。

（二）备案

境内展览会的办展人以及出境举办或者参加展览会的办展人、参展人（以下简称“办展人、参展人”）可以在展览品进境或者出境前向主管地海关报告，并且提交展览品清单和展览会证明材料，也可以在展览品进境或者出境时，向主管地海关提交上述材料，办理有关手续。

对于申请海关派员监管的境内展览会，办展人、参展人应当在展览品进境前向主管地海关提交有关材料，办理海关手续。

主管地海关，是指暂时进出境货物进出境地海关。境内展览会、交易会、会议以及类似活动的主管地海关为其活动所在地海关。

（三）担保

海关派员进驻展览场所的，经主管地海关同意，展览会办展人可以就参展的展览品免予向海关提交担保。

展览会办展人应当提供必要的办公条件，配合海关工作人员执行公务。

未向海关提供担保的进境展览品在非展出期间应当存放在海关监管作业场所。因特殊原因需要移出的，应当经主管地海关同意，并且提供相应担保。

（四）转关

展览会需要在我国境内两个或者两个以上关区内举办的，对于没有向海关提供全程担保的进境展览品应当按照规定办理转关手续。

（五）展览用品征免税

下列在境内展览会期间供消耗、散发的用品（以下简称“展览用品”），由海关根据展览会的性质、参展商的规模、观众人数等情况，对其数量和总值进行核定，在合理范围内的，按照有关规定免征进口关税和进口环节税：

（1）在展览活动中的小件样品，包括原装进口的或者在展览期间用进口的散装原料制成的食品或者饮料的样品；

（2）为展出的机器或者器件进行操作示范被消耗或者损坏的物料；

（3）布置、装饰临时展台消耗的低值货物；

(4)展览期间免费向观众散发的有关宣传品；

(5)供展览会使用的档案、表格以及其他文件。

其中第(1)项所列货物，应当符合以下条件：由参展人免费提供并且在展览期间专供免费分送给观众使用或者消费的；单价较低，做广告样品用的；不适用于商业用途，并且单位容量明显小于最小零售包装容量的；食品以及饮料的样品虽未按照“不适用于商业用途，并且单位容量明显小于最小零售包装容量的”规定的包装分发，但是确实在活动中消耗掉的。

展览用品中的酒精饮料、烟草制品以及燃料不适用有关免税的规定。

上述第(1)项所列展览用品超出限量进口的，超出部分应当依法征税；第(2)项、第(3)项、第(4)项所列展览用品，未使用或者未被消耗完的，应当复运出境，不复运出境的，应当按照规定办理进口手续。

四、ATA 单证册的管理

使用 ATA 单证册暂时进境的货物限于我国加入的有关货物暂准进口的国际公约中规定的货物。

(一) ATA 单证册概述

“暂准进口单证册”，简称 ATA 单证册(由法语“Admission Temporarire”和英语“Temporary Admission”两种文字的首写字母复合而成，意为“暂时允许进入”)，是指世界海关组织通过的《关于货物暂准进口的 ATA 单证册海关公约》(以下简称《ATA 公约》)和《货物暂准进口公约》(简称《伊斯坦布尔公约》)中规定的，用于替代各缔约方海关暂准进出境货物报关单和税费担保的国际性通关文件，为国际贸易中暂时进出境货物的通关提供便利。

按照《ATA 公约》的规定，ATA 单证册的有效期最长为一年。该期限不能延长，但对于在有效期内不能完成任务的情况，可以办理续签单证册。

(二) ATA 单证册适用范围、出证及管理机构

在我国，ATA 单证册的适用范围仅限于展览会、交易会、会议及类似活动项下的暂时进出境货物，并且只接受用中文或英文填写的 ATA 单证册。

中国国际贸易促进委员会(中国国际商会)是我国 ATA 单证册的出证和担保机构，负责签发出境 ATA 单证册，向海关报送所签发单证册的中文电子文本，协助海关确认 ATA 单证册的真伪，并且向海关承担 ATA 单证册持证人因违反暂时进出境规定而产生的相关税费、罚款。

海关总署在北京海关设立 ATA 核销中心，履行以下职责：对 ATA 单证册进行核销、统计以及追索；应成员国担保人的要求，依据有关原始凭证，提供 ATA 单证册项下暂时进出境货物已经进境或者从我国复运出境的证明；对全国海关 ATA 单证册的有关核销业务进行协调和管理。

(三) ATA 单证册制度的优越性

相对于其他暂准进口货物海关制度，ATA 单证册制度的优越性主要体现在以下几个

方面：

▶ 1. 免除填制报关单手续

ATA 单证册可以替代货物暂时出口、复进口、暂时进口、复出口以及过境时的报关单，而且单证的大部分内容已经在出证时填制完毕。使用 ATA 单证册报关不必再填写各国不同语言和格式的报关单。

▶ 2. 免除办理进口税款担保手续

海关通常对暂时进口货物要求预交税款或者提供担保。而使用 ATA 单证册报关就不必提供进口税款的担保，因为 ATA 单证册不仅是报关单，同时也是一份担保文件，持证人凭 ATA 单证册报关时，商会就成为持证人的担保人。在这种情况下持证人不再需要向各国海关以外币形式交纳押金或申请临时进口担保。由此减少资金的占用量，同时可以避免为了支付费用而在银行产生的手续费、交易费和利息损失，杜绝现金被盗或被侵吞的情况。

▶ 3. 免领进出口许可证，免报关资格

根据中国海关的规定，ATA 单证册项下进出口货物免领进出口许可证；ATA 单证册的持有人不必具有报关资格。对于随身携带进出境的 ATA 单证册，持证人可以直接向海关申报。对于货运渠道进出境的 ATA 单证册，持证人可以自行委托报关行向海关申报。

▶ 4. 出入境地点没有限制

一般来说，除非暂准进口国海关另有规定，ATA 单证册的持证人可以在该国关境内任何一个口岸海关进行报关，不受地点限制。货物的出境地可以与复入境地不一致，货物在复运进口的时候，不需要到原出境地海关办理手续。货物入境后需运至国内其他设关地点进行展览或其他活动的货物，不需要办理转关手续。

▶ 5. 国际通用，通关快捷

ATA 单证册是一份国际通用的海关文件，得到各国海关的普遍认可，通关手续更加快捷方便。它就像暂时进出口货物的护照一样，办理暂时进出口海关手续的当事人只需向各出入境海关出示 ATA 单证册，海关关员就会予以签注。

▶ 6. 适用货物范围和对象广泛

ATA 单证册适用于商业样品、展览会交易会货物、专业设备等各类暂时进出口货物；适用对象包括从事暂时进出口活动的政府机构、企业、社会团体、科研院所等有关机构以及各种商业背景人士和专业工作者。

▶ 7. 简单易懂，便于使用

ATA 单证册使用两种语言印制，其中一种为母语。在实施 ATA 单证册制度的国家或地区，当事人只需向本国的出证机构申请办理 ATA 单证册，就可以事先准备好临时进出口各个环节所需的全部报关文件。

▶ 8. 减少了海关人员的工作量，增加了海关税款征收的安全性

海关人员不必在货物进口时，计算每票货物的税款担保金额，复出口时不必退还押金

或撤销担保函，从而减少了工作量。海关税收由国际商会世界商会联合会创设的 ATA 国际海关担保连环系统保障，进口税由进口国的担保协会担保。这种担保是自动的，如果发生进口税的支付问题，海关将向本国的担保协会追索。

(四) ATA 单证册的使用

ATA 单证册内有黄白蓝三种颜色单据，分为存根和凭证两个部分，供持证人办理报关手续时使用。黄色的凭证和存根是在中国海关办理货物的出口和复进口手续使用，白色的凭证和存根是在目的国办理进口和复出口手续使用，蓝色的凭证和存根是在过境国使用。

货物在中国首次出境时，出境地海关办理货物的查验手续，在绿色封面的“海关验证”栏中签字盖章，这时单证册生效。同时海关在黄色出口凭证和存根上签字盖章，然后将凭证撕下留存，存根保留在单证册内。之后持证人可以办理临时进口手续。进口国海关会在白色凭证和存根上签字盖章，然后将凭证撕下留存，存根保留在单证册内。

在办理货物的复出口时，手续与办理进口是一样的。另外海关会将复出口的凭证寄往办理进口手续的海关，以便海关核查单证册项下的货物是否及时、全部离境。

使用蓝色的过境单据办理手续时，情况同上面提到的基本是一样的。需要注意的是过境单据没有进和出之分。只是在存根联中有特殊的一栏为办理复出口时使用。因此过境单也需要成对地使用。

在持证人的货物返回中国后，中国的入境地海关办理货物的复进口手续。

(五) ATA 单证册续签

ATA 单证册项下暂时进出境货物的进出境期限与单证册有效期一致。在境内外停留期限超过 ATA 单证册有效期的，ATA 单证册持证人应当向原出证机构续签 ATA 单证册。续签的 ATA 单证册经主管地海关确认后可以替代原 ATA 单证册。

续签的 ATA 单证册只能变更单证册有效期限和单证册编号，其他项目应当与原单证册一致。续签的 ATA 单证册启用时，原 ATA 单证册失效。

(六) 追索

ATA 单证册项下暂时进境货物未能按照规定复运出境或者过境的，ATA 核销中心应当向中国国际贸易促进委员会(中国国际商会)提出追索。自提出追索之日起 9 个月内，中国国际贸易促进委员会(中国国际商会)向海关提供货物已经在规定期限内复运出境或者已经办理进口手续证明的，ATA 核销中心可以撤销追索；9 个月期满后未能提供上述证明的，中国国际贸易促进委员会(中国国际商会)应当向海关支付税费和罚款。

ATA 单证册项下暂时进境货物复运出境时，因故未经我国海关核销、签注的，ATA 核销中心凭由另一缔约国海关在 ATA 单证上签注的该批货物从该国进境或者复运进境的证明，或者我国海关认可的能够证明该批货物已经实际离开我国境内的其他文件，作为已经从我国复运出境的证明，对 ATA 单证册予以核销。

(七) ATA 单证册核销

ATA 单证册核销是指对 ATA 单证册内凭证和存根的审核来确认 ATA 单证册项下货

物是否按规定完成了暂准进出口和过境活动的过程。包括海关核销和商会核销两个部分。

海关核销的目的：暂准进口国/地区（或过境国/地区）海关通过核销来确认哪些 ATA 单证册项下货物未按海关规定正常复出口或办理结关手续，进而对持证人提出索赔，追缴相关税费。中国海关通过核销来确认哪些 ATA 单证册项下货物未按海关规定正常复进口或办理结关手续，进而对持证人违规行为进行处罚。

商会核销的目的：商会通过核销及时掌握 ATA 单证册的使用情况，获取有关证据，有效避免海关索赔，保护持证人的利益。同时通过核销对持证人提交的担保进行调整。

ATA 单证册使用完毕后须及时向 ATA 单证册的原签证商会申请核销。核销时需要提交的文件：①ATA 单证册正本。（持证人自己保留一份 ATA 单证册彩色扫描件）；②与担保有关的材料，如：押金收据原件，账户信息等；③如 ATA 单证册项下部分或全部货物的状态发生了留购、赠送、放弃、损毁、丢失、灭失等变化，在提交 ATA 单证册正本的同时，还须另外再提交由相关海关出具的调整货物状态的证明，如：出口报关单、进口报关单、税单、发票或付款凭证等原件；④如申请过续签单证册，须同时提交原 ATA 单证册正本和续签单证册正本。

五、暂时进出境货物的报关单填制

（一）收发货人或其代理人申报货物暂时进出境的报关单填制规范

▶ 1.“监管方式”栏

应当填报“暂时进出货物(2600)”或者“展览品(2700)”；

▶ 2.“标记唛码及备注”栏

(1) 根据《暂时进出境货物管理办法》第三条第一款所列项目，应当填报暂时进出境货物类别，如：暂进六，暂出九；

(2) 根据《暂时进出境货物管理办法》第十条规定，应当填报复运出境或者复运进境日期，期限应当在货物进出境之日起 6 个月内，如：20180815 前复运进境，20181020 前复运出境；

(3) 根据《暂时进出境货物管理办法》第七条，向海关申请对有关货物是否属于暂时进出境货物进行审核确认的，应当填报《中华人民共和国××海关暂时进出境货物审核确认书》编号，如：〈ZS 海关审核确认书编号〉，其中英文为大写字母，〈〉为英文半角；无此项目的，无须填写。

上述内容在“标记唛码及备注”栏内依次填报，项目间用“/”分隔，前后均不加空格。

（二）收发货人或其代理人申报货物复运进境或者复运出境的报关单填制规范

货物办理过延期的，应当在报关单“标记唛码及备注”栏填报《货物暂时进/出境延期办理单》的海关回执编号，如：〈ZS 海关回执编号〉，其中英文为大写字母，〈〉为英文半角；无此项目的，无须填写。

值得注意的是，暂时进出境货物报关单的填制部分栏目也存在对应关系，如监管方式、征免性质及征免等，部分填报内容及对应关系如表 6-10 所示。

表 6-10 暂时进出境货物报关单部分填报内容及对应关系表

栏目＼项目	进境展览品		其他暂准进境货物	
	进境	复出境	进境	复出境
监管方式	展览品		暂时进出货物	
征免性质	其他法定			
征免	保证金/保函	全免	保证金/保函	全免

第三节 其他进出境货物的报关流程

一、无代价抵偿货物的报关流程

(一) 无代价抵偿货物概述

▶ 1. 含义

无代价抵偿货物是指进出口货物在海关放行后，因残损、短少、品质不良或者规格不符原因，由进出口货物的发货人、承运人或者保险公司免费补偿或者更换的与原货物相同或者与合同规定相符的货物。

无代价抵偿货物监管方式代码为“3100”，简称“无代价抵偿”。与无代价抵偿进出口货物相关的原进出口货物退运出/进境，监管方式为“其他”(9900)。

收发货人申报进出口的无代价抵偿货物，与退运出境或者退运进境的原货物不完全相同或者与合同规定不完全相符的，经收发货人说明理由，海关审核认为理由正当且税则号列未发生改变的，仍属于无代价抵偿货物范围。

收发货人申报进出口的免费补偿或者更换的货物，其税则号列与原进出口货物的税则号列不一致的，不属于无代价抵偿货物范围，属于一般进出口货物范围。

▶ 2. 特征

无代价抵偿货物海关监管的基本特征如下。

(1) 进出口无代价抵偿货物免予交验进出口许可证件。

(2) 进口无代价抵偿货物，不征收进口关税和进口环节海关代征税；出口无代价抵偿货物，不征收出口关税。

(3) 现场放行后，海关不再进行监管，即“放行等于结关”。换言之，无代价抵偿货物的原进出口货物均为实际进出口货物，即进口后不再出口或出口后不再进口的货物。

(二) 报关程序

无代价抵偿大体可以分为两种：一种是短少抵偿；另一种是残损、品质不良或规格不符抵偿。短少抵偿，无须将货物退运出境，直接将短少部分货物再运出境或运进境，由于前面都已申报过，故无须征税，也无需交验许可证件。下面重点介绍残损、品质不良或规格不符引起的无代价抵偿货物的报关程序。

▶ 1. 残损、品质不良或规格不符引起的无代价抵偿货物进出口海关手续

残损、品质不良或规格不符引起的无代价抵偿货物，进出口前应当先办理被更换的原进出口货物中残损、品质不良或规格不符货物的有关海关手续。

(1) 退运进出境。原进出口货物的收发货人或其代理人应当办理被更换的原进出口货物中残损、品质不良或规格不符货物的退运出境或退运进境的报关手续。被更换的原进口货物退运出境时不征收出口关税；被更换的原出口货物退运进境时不征收进口关税和进口环节海关代征税。

(2) 放弃交由海关处理。被更换的原进口货物中残损、品质不良或规格不符货物不退运出境，但原进口货物的收货人愿意放弃、交由海关处理的，海关应当依法处理并向收货人提供依据，凭以申报进口无代价抵偿货物。

(3) 原进口货物不退运出境也不放弃或原出口货物不退运进境。纳税义务人申报进出口无代价抵偿货物，被更换的原进口货物不退运出境且不放弃交由海关处理的，或者被更换的原出口货物不退运进境的，海关应当按照接受无代价抵偿货物申报进出口之日适用的税率、计征汇率和有关规定对原进出口货物重新估价征税。

▶ 2. 向海关申报办理无代价抵偿货物进出口手续的期限

进出口货物收发货人应当在原进出口合同规定的索赔期内，且不超过原货物进出口之日起 3 年，向海关申报办理无代价抵偿货物的进出口手续。

▶ 3. 无代价抵偿货物报关应当提供的单证

收发货人向海关申报无代价抵偿货物进出口时除应当填制报关单和提供基本单证外，还应当提供其他特殊单证。

(1) 申报进口无代价抵偿货物应提交的单证：原进口货物报关单；原进口货物退运出境的出口报关单，或者原进口货物交由海关处理的货物放弃处理证明，或者已经办理纳税手续的单证(短少抵偿的除外)；原进口货物税款缴款书或者进出口货物“征免税证明”；买卖双方签订的索赔协议；海关认为需要时，收发货人还应当提交具有资质的商品检验机构出具的原进口货物残损、缺少、品质不良或者规格不符的检验证明书或者其他有关证明文件。

(2) 申报出口无代价抵偿货物应提交的单证：原出口货物报关单；原出口货物退运进境的进口报关单，或者已经办理纳税手续的单证(短少抵偿的除外)；原出口货物税款缴款书或者“征免税证明”；买卖双方签订的索赔协议；海关认为需要时，纳税义务人还应当提交具有资质的商品检验机构出具的原出口货物残损、短少、品质不良或者规格不符的检验证明书或者其他有关证明文件。

(三) 与原货物或合同规定不完全相符的无代价抵偿货物的税款处理

纳税义务人申报进出口的无代价抵偿货物，与退运出境或者退运进境的原货物不完全相同或者与合同规定不完全相符的，应当向海关说明原因。

海关经审核认为理由正当，且其税则号列未发生改变的，应当按照审定进出口货物完税价格的有关规定和原进出口货物适用的计征汇率、税率，审核确定其完税价格、计算应

征税款。应征税款高于原进出口货物已征税款的，应当补征税款的差额部分。应征税款低于原进出口货物已征税款，且原进出口货物的发货人、承运人或者保险公司同时补偿货款的，海关应当退还补偿货款部分的相应税款；未补偿货款的，税款的差额部分不予退还。

纳税义务人申报进出口的免费补偿或者更换的货物，其税则号列与原货物的税则号列不一致的，不适用无代价抵偿货物的有关规定，海关应当按照一般进出口货物的有关规定征收税款。

二、租赁货物的报关流程

(一) 租赁货物概述

▶ 1. 含义

租赁是指所有权和使用权之间的一种借贷关系，即资产所有者(出租人)按契约规定，将物件出租给使用人(承租人)，使用人在规定期限内支付租金并享有物件使用权的一种经济行为。跨越国(地区)境的租赁就是国际租赁，以国际租赁方式进出境的货物，即为租赁进出口货物。

租赁货物的监管方式主要有“1500”(租赁不满一年)、“1523”(租赁贸易)、“9800”(租赁征税)。

▶ 2. 分类

国际租赁大体有两种：一种是金融租赁，带有融资性质；另一种是经营租赁，带有服务性质。因此，租赁进口货物包含融资租赁进口货物和经营租赁进口货物两类。

金融租赁进口货物一般不复运出境，租赁期满，出租人会以较低的名义价格将进口货物转让给承租人，承租人按合同规定分期支付租金，租金的总额一般都大于货价。

经营租赁进口货物一般是暂时性的，按合同规定的期限复运出境，承租人按合同规定支付租金，租金总额一般小于货价。

(二) 租赁货物的报关程序

根据《关税条例》的规定，以租赁方式进口的货物，以海关审查确定的该货物的租金作为完税价格。租金分期支付的可以选择一次性缴纳税款或分期缴纳税款；纳税义务人要求一次性缴纳税款的，纳税义务人可以选择按照《关税条例》第二十一条的规定估定完税价格，或者按照海关审查确定的租金总额作为完税价格。

租赁进口货物的报关程序要根据纳税义务人对缴纳税款的完税价格的选择来决定。

▶ 1. 金融租赁进口货物的报关程序

金融租赁进口货物由于租金大于货价，纳税义务人可以选择一次性按货价缴纳税款，也可以选择按租金分期缴纳税款，不可能选择一次性按租金的总额缴纳税款。因此，金融租赁进口货物的报关可能出现按货物的完税价格缴纳税款和按租金分期缴纳税款两种情况。

(1) 按货物的完税价格缴纳税款

收货人或其代理人在货物进口时向海关提供租赁合同，提供相关的进口许可证件和其他单证，按海关审查确定的货物完税价格计算税款数额，缴纳进口关税和进口环节海关代征税。海关现场放行后，不再对货物进行监管。

(2) 按租金分期缴纳税款

金融租赁进口货物纳税义务人也可申请按租金分期缴纳税款。在租赁货物进口时向海关提供租赁合同，按照第一期应当支付的租金和按照货物的实际价格分别填制报关单向海关申报，提供相关的进口许可证件和其他单证，按海关审查确定的第一期租金的完税价格计算税款数额，缴纳进口关税和进口环节海关代征税，海关按照货物的实际价格统计。海关现场放行后，对货物继续进行监管。纳税义务人在每次支付租金后的 15 日内(含第 15 日)按支付租金额向海关申报，并缴纳相应的进口关税和进口环节海关代征税，直到最后一期租金支付完毕。

需要后续监管的融资租赁进口货物租期届满之日起 30 日内，纳税义务人应当申请办结海关手续，将租赁进口货物退运出境，如不退运出境，以残值转让，则应当按照转让的价格审查确定完税价格计征进口关税和进口环节海关代征税。

▶ 2. 经营租赁

经营租赁进口货物由于租金小于货价，货物在租赁期满应当返还出境，纳税义务人只会选择按租金缴纳税款，不会选择按货物的实际价格缴纳税款。因此，经营租赁进口货物的报关程序只有下面这一种：

收货人或其代理人在租赁货物进口时应当向海关提供租赁合同，按照第一期应当支付的租金或者租金总额和按照货物的实际价格分别填制报关单向海关申报，提供相关的进口许可证件和其他报关单证，按海关审查确定的第一期租金或租金总额的完税价格计算税款数额，缴纳进口关税和进口环节海关代征税，海关按照货物的实际价格统计。

海关现场放行后，对货物继续进行监管。分期缴纳税款的，纳税义务人在每次支付租金后的 15 日内(含第 15 日)按支付租金额向海关申报，提供报关单证，并缴纳相应的进口关税和进口环节海关代征税，直到最后一期租金支付完毕。

三、退运货物的报关流程

退运货物是指原出口货物或进口货物因各种原因造成退运进口或者退运出口的货物。

退运货物包括一般退运货物和直接退运货物。

(一) 一般退运货物

一般退运货物是指已办理申报手续且海关已放行出口或进口，因各种原因造成退运进口或退运出口的货物。

▶ 1. 一般退运进口货物的海关手续

(1) 报关

① 原出口货物已收汇。原出口货物退运进境时，若该批出口货物已收汇，原发货人或其代理人应填写进口货物报关单向进境地海关申报，并提供原货物出口时的出口货物报关单，现场海关应凭税务部门出具的“出口商品退运已补税证明”、保险公司证明或承运人

溢装、漏卸的证明等有关资料办理退运进口手续，同时签发一份进口货物报关单。

② 原出口货物未收汇。原出口货物退运进口时，若出口未收汇，原发货人或其代理人在办理退运手续时，提交原出口货物报关单、报关单退税证明联等证明向进口地海关申报退运进口，同时填制一份进口货物报关单；若出口货物部分退运进口，海关应在原出口货物报关单上批注退运的实际数量、金额后退回企业并留存复印件，海关核实无误后，验放有关货物进境。

（2）税收

因品质或者规格原因，出口货物自出口放行之日起 1 年内原状退货复运进境的，纳税义务人在办理进口申报手续时，应当按照规定提交有关单证和证明文件。经海关确认后，对复运进境的原出口货物不予征收进口关税和进口环节海关代征税；原出口时已经征收出口关税的，只要重新缴纳因出口而退还的国内环节税，自缴纳出口税款之日起 1 年内准予退还。

▶ 2. 一般退运出口货物的海关手续

（1）报关

因故退运出口的进口货物，原收货人或其代理人应填写出口货物报关单申报出境，并提供原货物进口时的进口货物报关单、保险公司证明或承运人溢装、漏卸的证明等有关资料，经海关核实无误后，验放有关货物出境。

（2）税收

因品质或者规格原因，进口货物自进口放行之日起 1 年内原状退货复运出境的，纳税义务人在办理出口申报手续时，应当按照规定提交有关单证和证明文件。经海关确认后，对复运出境的原进口货物不予征收出口关税；已征收的进口关税和进口环节海关代征税，自缴纳进口税款之日起 1 年内准予退还。

（二）直接退运货物

直接退运是指货物进境后、办结海关放行手续前，进口货物收货人、原运输工具负责人或者其代理人（以下统称当事人）将全部或者部分货物直接退运境外，以及海关根据国家有关规定责令直接退运的。

直接退运的货物，海关不验核进出口许可证或者其他监管证件，免予征收进出口环节税费及滞报金，不列入海关统计。

由于承运人的责任造成货物错发、误卸或者溢卸的，当事人办理直接退运手续时可以免予填制报关单；进口转关货物在进境地海关放行后，当事人申请办理退运手续的，不属于直接退运货物，应当按照一般退运货物办理退运手续。

▶ 1. 当事人办理直接退运

有下列情形之一的，当事人可以向海关办理直接退运手续：

（1）因为国家贸易管理政策调整，收货人无法提供相关证件的；

（2）属于错发、误卸或者溢卸货物，能够提供发货人或者承运人书面证明文书的；

（3）收发货人双方协商一致同意退运，能够提供双方同意退运的书面证明文书的；

（4）有关贸易发生纠纷，能够提供已生效的法院判决书、仲裁机构仲裁决定书或者无争议的有效货物所有权凭证的；

（5）货物残损或者国家检验检疫不合格，能够提供相关检验证明文书的。

对在当事人办理直接退运前，海关已经确定查验或者认为有走私违规嫌疑的货物，不予办理直接退运。布控、查验或者案件处理完毕后，按照海关有关规定处理。

▶ 2. 海关责令直接退运

有下列情形之一，由海关责令当事人将进口货物直接退运境外：

（1）货物属于国家禁止进口的货物，已经海关依法处理的；

（2）违反国家检验检疫政策法规，已经海关依法处理的；

（3）未经许可擅自进口属于限制进口的固体废物，已经海关依法处理的；

（4）违反国家有关法律、行政法规，应当责令直接退运的其他情形。

对需要责令进口货物直接退运的，由海关根据相关政府行政主管部门出具的证明文书，向当事人制发“海关责令进口货物直接退运通知书”。

▶ 3. 直接退运的海关通关手续办理

（1）直接退运的申报规定

1）当事人申请直接退运的，由当事人通过互联网向货物所在地海关申报并提交相关材料。海关通过通关作业辅助系统受理，并将核批结果通过系统反馈当事人。当事人在收到系统回执后，应当按照海关要求办理进口货物直接退运的申报手续。

办理直接退运手续的进口货物未向海关申报的，当事人应当向海关提交“进口货物直接退运表”及证明进口实际情况的合同、发票、装箱清单、提运单或者载货清单等相关单证、证明文书办理直接退运的申报手续。

办理直接退运手续的进口货物已向海关申报的，当事人应当向海关提交“进口货物直接退运表”、原报关单或者转关单，以及证明进口实际情况的合同、发票、装箱清单、提运单或者载货清单等相关单证、证明文书，先行办理报关单或者转关单删除手续后，办理直接退运的申报手续。

2）海关责令直接退运的，当事人在收到“海关责令进口货物直接退运通知书”之日起30日内，应当按照海关要求办理进口货物直接退运的申报手续。

知识链接6-3
进口货物直接退运申请书及申请表

因计算机、网络系统等原因无法通过互联网办理进口货物直接退运的，可以纸质方式办理进口货物直接退运业务，待相关问题解决后当事人应通过互联网补录相关事项。

（2）直接退运申报程序

对于已向海关申报的货物，应当在撤销原进口报关单或者转关单后，办理进口货物直接退运出境申报手续。

当事人办理进口货物直接退运申报手续的，除另有规定外，应当先行申报出口报关单，然后填写进口报关单办理直接退运申报手续，监管方式均填报“其他(9900)”，进口报关单应在“关联报关单”栏填报出口报关单号。

(3) 直接退运的报关单填制

进口货物直接退运的，除按照《中华人民共和国海关进出口货物报关单填制规范》填制外，还应当按照以下要求填制进出口货物报关单："监管方式"栏均填写"直接退运"（代码"4500"），"备注"栏填写"进口货物直接退运表"或者"海关责令直接退运通知书"编号。当事人办理直接退运申报手续的，进口报关单应在"关联报关单"栏填报出口报关单号。

知识链接 6-4
责令进口货物直接退运通知书

由于承运人的责任造成货物错发、误卸或者溢卸的，当事人办理直接退运手续时可以免予填制报关单。

(4) 直接退运的材料提交

当事人应向海关提交相关材料的，原则上通过互联网以电子方式上传，文件格式标准参照《通关作业无纸化报关单证电子扫描或转换文件格式标准》。海关需要验核纸质材料的，当事人应当提交相关纸质材料。

(5) 直接退运的口岸

进口货物直接退运应当从原进境地口岸退运出境。由于运输原因需要改变运输方式或者由另一口岸退运出境的，应当经由原进境地海关审核同意后，以转关运输方式监管出境。

四、过境、转运及通运货物的报关流程

过境、转运和通运货物，是指由境外启运、通过中国境内继续运往境外的货物。其中，通过境内陆路运输的，称过境货物；在境内设立海关的地点换装运输工具，而不通过境内陆路运输的，称转运货物；由船舶、航空器载运进境并由原装运输工具载运出境的，称通运货物。

(一) 过境货物

1. 概述

过境货物是指从境外启运，在我国境内不论是否换装运输工具，通过陆路运输，继续运往境外的货物。

与我国签有过境货物协定的国家的过境货物，或同我国签有铁路联运协定的国家收、发货的过境货物，按有关协定准予过境；未与我国签有过境货物协定国家的货物，经国家商务、运输主管部门批准，并向入境地海关备案后准予过境。下列货物禁止过境：

(1) 来自或运往我国停止或禁止贸易的国家和地区的货物；

(2) 各种武器、弹药、爆炸品及军需品(另有规定的除外)；

(3) 各种烈性毒药、麻醉品和鸦片、吗啡、海洛因、可卡因等毒品；

(4) 我国法律、法规禁止过境的其他货物、物品。

2. 过境货物的管理规定

海关对过境货物监管的目的是为了防止过境货物在我国境内运输过程中滞留在国内或将我国货物混入过境货物随运出境；防止禁止过境货物从我国过境。

（1）对过境货物运输工具、经营者、运输部门的规定

装载过境货物的运输工具，应当具有海关认可的加封条件或装置，海关认为必要时，可以对过境货物及其装载装置进行加封；运输部门和过境货物经营人应当负责保护海关封志的完整，任何人不得擅自开启或损毁；运输部门和过境货物经营人应当按海关规定提供担保。

（2）对过境货物管理的其他规定

① 民用爆炸品、医用麻醉品等的过境运输，应经海关总署和有关部门批准后，方可过境；

② 有伪报货名和国别，借以运输我国禁止过境货物的，以及其他违反我国法律、行政法规情事的，海关可依法将货物作扣留处理；

③ 过境货物在境内发生损毁或者灭失的（不可抗力原因除外），经营人应当负责向出境地海关补办进口纳税手续。

▶ 3. 进出境报关

过境货物进境时，当事人应当向海关递交过境货物报关单和运单、转载清单、载货清单，以及发票、装箱清单等，办理过境手续。进境地海关审核无误后在提运单上加盖“海关监管货物”戳记，并制作关封连同提运单交由当事人交出境地海关验核。

过境货物出境时，当事人应当及时向出境地海关申报，出境地海关审核确认后监管货物出境。

▶ 4. 过境期限

过境货物的过境期限为 6 个月，因特殊原因，可以向海关申请延期，经海关同意后，最长可延期 3 个月。过境货物超过规定期限 3 个月仍未过境的，海关按规定依法提取变卖，变卖后的货款按有关规定处理。

▶ 5. 在境内暂存和运输

过境货物进境后因换装运输工具等原因需卸下储存时，应当经海关批准并在海关监管下存入海关指定或同意的仓库或场所；过境货物在进境以后、出境以前，应当按照运输主管部门规定的路线运输，运输部门没有规定的，由海关指定。

海关可以对过境货物实施派员押运、实施查验。

（二）转运货物

▶ 1. 含义

转运货物是指由境外启运，通过我国境内设立海关的地点换装运输工具，不通过境内陆路运输，继续运往境外的货物。

▶ 2. 办理转运货物应具备的条件

进境运输工具载运的货物具备下列条件之一的，可以办理转运手续：

（1）持有转运或联运提货单的；

（2）进口载货清单上注明是转运货物的；

（3）持有普通提货单，但在卸货前向海关声明转运的；

(4) 误卸下的进口货物，经运输工具经营人提供确实证件的；

(5) 因特殊原因申请转运，获海关批准的。

▶ 3. 管理规定

海关对转运货物实施监管的主要目的在于防止货物在口岸换装过程中误进口或混装出口。转运货物承运人应确保其原状、如数运往境外。

(1) 申报进境及存放

载有转运货物的运输工具进境后，承运人应当在进口载货清单上列明转运货物的名称、数量、启运地和到达地，并向主管海关申报进境。申报经海关同意后，在海关指定的地点换装运输工具。

外国转运货物在中国口岸存放期间，不得开拆、改换包装或进行加工；海关对转运的外国货物有权进行查验。

(2) 转运出境

转运货物必须在 3 个月之内办理海关有关手续并转运出境，超出规定期限 3 个月仍未转运出境或办理其他海关手续的，海关将提取依法变卖处理。

(三) 通运货物

通运货物是指从境外启运，不通过我国境内陆路运输，运进境后由原运输工具载运出境的货物。

运输工具进境时，运输工具的负责人应凭注明通运货物名称和数量的船舶进口报告书或国际民航机使用的进口载货舱单向进境地海关申报；进境地海关在接受申报后，在运输工具抵、离境时对申报的货物予以核查，并监管货物实际离境。

运输工具因装卸货物需搬运或倒装货物时，应向海关申请并在海关的监管下进行。

五、进出境快件海关管理

(一) 概述

进出境快件是指进出境快件运营人以向客户承诺的快速商业运作方式承揽、承运的进出境货物、物品。

进出境专差快件是指运营人以专差押运方式承运进出境的空运快件。

进出境快件运营人是指在中华人民共和国境内依法注册，在海关登记备案的从事进出境快件运营业务的国际货物运输代理企业。

运营人申请办理进出境快件代理报关业务的，应当按照海关对国际货物运输代理企业的注册管理规定在所在地海关办理登记手续。

(二) 快件分类

快件分为文件类进出境快件(以下简称 A 类快件)、个人物品类进出境快件(以下简称 B 类快件)和低值货物类进出境快件(以下简称 C 类快件)报关。其中：

A 类快件是指无商业价值的文件、单证、票据和资料(依照法律、行政法规以及国家有关规定应当予以征税的除外)。

B类快件是指境内收寄件人（自然人）收取或者交寄的个人自用物品（旅客分离运输行李物品除外）。

C类快件是指价值在5000元人民币（不包括运、保、杂费等）及以下的货物，但符合以下条件之一的除外：①涉及许可证件管制的；②需要办理出口退税、出口收汇或者进口付汇的；③一般贸易监管方式下依法应当进行检验检疫的；④货样广告品监管方式下依法应当进行口岸检疫的。

（三）申报期限与申报要求

进出境快件通关应当在经海关批准的专门监管场所内进行，如因特殊情况需要在专门监管场所以外进行的，需事先征得所在地海关同意；运营人应当在海关对进出境快件的专门监管场所内设有符合海关监管要求的专用场地、仓库和设备。

进出境快件通关应当在海关正常办公时间内进行，如需在海关正常办公时间以外进行的，需事先征得所在地海关同意。

运营人应当按照海关的要求采用纸质文件方式或电子数据交换方式向海关办理进出境快件的报关手续。

进境快件自运输工具申报进境之日起14日内，出境快件在运输工具离境3小时之前，应当向海关申报。

运营人应向海关传输或递交进出境快件舱单或清单，海关确认无误后接受申报；运营人需提前报关的，应当提前将进出境快件运输和抵达情况书面通知海关，并向海关传输或递交舱单或清单，海关确认无误后接受预申报。

（四）快件报关

进出境物品的所有人应当向海关如实申报，并接受海关查验；进出境物品的完税价格，由海关依法确定；个人邮寄进境物品，海关依法征收进口税，但应征进口税税额在人民币50元（含50元）以下的，海关予以免征；个人邮寄进出境物品超出规定限值的，应办理退运手续或者按照货物规定办理通关手续。但邮包内仅有一件物品且不可分割的，虽超出规定限值，经海关审核确属个人自用的，可以按照个人物品规定办理通关手续。

申报进出境快件的，快件运营人应当分别向海关提交A类快件报关单、B类快件报关单、C类快件报关单等单证。

（1）A类快件报关时，快件运营人应当向海关提交A类快件报关单、总运单（复印件）和海关需要的其他单证。

（2）B类快件报关时，快件运营人应当向海关提交B类快件报关单、每一进出境快件的分运单、进境快件收件人或出境快件发件人身份证影印件和海关需要的其他单证。B类快件的限量、限值、税收征管等事项应当符合海关总署关于邮递进出境个人物品相关规定。

（3）C类快件报关时，快件运营人应当向海关提交C类快件报关单、代理报关委托书或者委托报关协议、每一进出境快件的分运单、发票和海关需要的其他单证，并按照进出境货物规定缴纳税款。进出境C类快件的监管方式为“一般贸易”或者“货样广告品”，征免性质为“一般征税”，征减免税方式为“照章征税”。

快件运营人按照上述规定提交复印件(影印件)的，海关可要求快件运营人提供原件验核。

通过快件渠道进出境的其他货物、物品，应当按照海关对进出境货物、物品的现行规定办理海关手续。

(五) 海关查验

海关查验进出境快件时，运营人应派员到场，并负责进出境快件的搬移、开拆和重封包装。

海关对进出境快件中的个人物品实施开拆查验时，运营人应通知进境快件的收件人或出境快件的发件人到场，收件人或发件人不能到场的，运营人应向海关提交其委托书，代理收/发件人的义务，并承担相应法律责任。

海关认为必要时，可对进出境快件予以径行开验、复验或者提取货样。

特殊监管货物报关单部分填报内容及对应关系如表 6-11 所示。

表 6-11　无代价抵偿、退运货物报关单部分填报内容及对应关系表

项目 栏目	无代价抵偿进口货物		一般退运货物		直接退运货物	
	退运出境	补偿进境	进境	出境	先出口报关	后进口报关
监管方式	其他	无代价抵偿	退运货物		直接退运	
征免性质	其他法定				免于填报	
征免	全免					

技能演练

技能演练-6
其他进出口货物报关

其他进出口货物报关

业务背景及相关单证

任务 1　暂时进出境货物确认

任务 2　进口报关申报

线上课堂——练习与测试

扫描封底二维码刮刮卡
获取答题权限

在线题库-6

案例分析-6

第七章　进出口税费核算

学习目标

1. 理解进出口税费的含义和种类。
2. 掌握进出口货物完税价格的确定方法。
3. 理解进出口商品归类的规则。
4. 理解进出口货物原产地确定原则和标准。
5. 掌握税率适用的原则。
6. 理解滞纳金的含义及相关规定。
7. 掌握进出口税费的计算。

案例导入

越野车进口税费的计算

湖北某公司2020年7月进口一批德国产排量为6升的汽油动力四轮驱动越野车，经海关审核其成交价格总值为CIF上海460000.00美元。该越野车的税号为8703242210，进口最惠国税率为15%，进口普通税率为270%，进口消费税税率为40%，增值税率为13%，海关的计征汇率为1美元=6.3568元人民币。按照规定，该公司需要向海关缴纳进口关税、增值税和消费税。

案例思考

1. 如何确定越野车的完税价格？
2. 越野车的税号是怎么确定的？
3. 如何选择越野车确定适用的税率？
4. 如何计算越野车进口应交的税费？

第一节　认识进出口税费

一、关税

关税是海关代表国家，按照国家制定的关税政策和公布实施的税法和进出口税则，对准许进出关境的货物和物品征收的一种流转税。

关税的征税主体是国家，由海关代表国家向纳税义务人征收。关税的征收对象是进出关境的货物和物品。关税纳税义务人亦称为关税纳税人或关税纳税主体，包括：进口货物的收货人、出口货物的发货人、进(出)境物品的所有人。

(一) 进口关税

进口关税(Import Duties/Tariff)是指一国海关以进境货物和物品为征税对象所征收的关税。以是否按照税则税率征收税款，可将进口关税分为正税和附加税。

▶ 1. 关税计征方法

目前，我国进口关税的计征方法主要有从价税、从量税、复合税、滑准税等。

(1) 从价税(Ad Valorem Duties/Tariff)：价格和税额成正比例关系，是包括中国在内的大多数国家使用的主要计税标准。

从价应征税额=货物的完税价格×从价税税率

(2) 从量税(Specific Duties/Tariff)：以货物计量单位如重量、数量、容量等作为计税标准。我国目前对原油、啤酒、胶卷和冻鸡等进口商品征收从量关税。

从量税应征税额=货物数量×单位税额

(3) 复合税(Compound Duties/Tariff)：从价、从量两种计税标准各有优缺点，两者混合使用可以取长补短，有利于关税作用的发挥。我国目前对录像机、放像机、摄像机、非家用型摄录一体机、部分数字照相机等进口商品使用了复合关税。

知识链接 7-1
滑准税在我国的征收状况

复合税应征税额=货物的完税价格×从价税税率+货物数量×单位税额

(4)滑准税(Sliding Scale Duties/Tariff)：又称为滑动税，是指在海关税则中，预先按产品的价格高低分档制定若干不同的税率，然后根据进口商品价格的变动而增减进口税率的一种关税。当商品价格上涨时采用较低税率，当商品价格下跌时采用较高税率，其目的是使该种商品的国内市场价格保持稳定。

▶ 2. 进口关税的种类

进口关税分为进口正税和进口附加税。进口正税即按《进出口税则》中的进口税率征收的关税。进口附加税一般具有临时性，包括反倾销税、反补贴税、保障措施关税、报复性关税等特别关税在内。世界贸易组织不准其成员方在一般情况下随意征收进口附加税，只有符合世界贸易组织反倾销、反补贴条例规定的反倾销税、反补贴税才可以征收。

我国于 1997 年 3 月 25 日颁布了第一个反倾销、反补贴法规——《反倾销和反补贴条例》。我国目前征收的进口附加税主要是反倾销税。

反倾销税税额=完税价格×适用的反倾销税税率

(二) 出口关税

出口关税(Export Duties/Tariff)是一国海关以出境货物和物品为课税对象所征收的关税。为鼓励出口，世界各国一般不征收出口税或仅对少数商品征收出口税。征收出口关税的主要目的是限制、调控某些商品的过度、无序出口，特别是防止本国一些重要自然资源和原材料的出口，如鳗鱼苗、铅矿砂、锌矿砂等。

我国出口关税主要以从价税为计征标准。

从价税的应征出口关税税额＝出口货物完税价格×出口关税税率

根据我国《关税条例》的规定，适用出口税率的出口货物有暂定税率的，应当适用暂定税率。

二、进口环节海关代征税

进口货物和物品在办理海关手续放行后，进入国内流通领域，与国内货物同等对待，所以应缴纳国内税。为了简化征税手续，进口货物和物品的一些国内税依法由海关在进口环节征收。目前，进口环节海关代征税(简称进口环节代征税)主要有增值税、消费税、船舶吨税。

(一) 进口环节增值税

▶ 1. 含义

增值税(Value Added Tax，VAT)是以商品的生产、流通和劳务服务各个环节所创造的新增价值为课税对象的一种流转税。

进口环节的增值税由海关征收，其他环节的增值税由税务机关征收。进口环节增值税的免税、减税项目由国务院规定，任何地区、部门都无权擅自决定增值税的减免。进口环节增值税的起征额为人民币 50 元，低于 50 元的免征。进口环节增值税的缴纳期限与关税相同。

▶ 2. 增值税率

根据财政部、税务总局、海关总署联合公告 2019 年第 39 号(关于深化增值税改革有关政策的公告)，2019 年 4 月 1 日起，增值税一般纳税人(以下称纳税人)发生增值税应税销售行为或者进口货物，原适用 16%税率的，税率调整为 13%；原适用 10%税率的，税率调整为 9%；纳税人购进农产品，原适用 10%扣除率的，扣除率调整为 9%。纳税人购进用于生产或者委托加工 13%税率货物的农产品，按照 10%的扣除率计算进项税额；原适用 16%税率且出口退税率为 16%的出口货物劳务，出口退税率调整为 13%；原适用 10%税率且出口退税率为 10%的出口货物、跨境应税行为，出口退税率调整为 9%。

▶ 3. 计算公式

进口环节的增值税以组成价格作为计税价格，征税时不得抵扣任何税额。

增值税组成计税价格＝进口货物完税价格＋关税税额＋消费税税额

应纳增值税税额＝增值税组成计税价格×增值税税率

(二) 消费税

▶ 1. 含义

消费税(Consumption Tax)是以消费品或消费行为的流转额作为课税对象而征收的一种流转税。我国 1994 年税制改革以后开始实施《消费税暂行条例》。我国消费税的立法宗旨和原则是调节我国的消费结构，引导消费方向，确保国家财政收入。

进口环节消费税除国务院另有规定者外，一律不得给予减税、免税。进口的应税消费品，由纳税人(进口人或者其代理人)向报关地海关申报纳税。进口环节消费税的缴纳期限与关税相同，起征额为人民币50元，低于50元的免征。

2. 征收范围

消费税的征收范围，仅限于少数消费品，征税的消费品大体可分为以下四种类型：

(1) 一些过度消费会对人的身体健康、社会秩序、生态环境等方面造成危害的特殊消费品，例如烟、酒、酒精、鞭炮、焰火等。

(2) 奢侈品、非生活必需品，例如贵重首饰及珠宝玉石、化妆品及护肤护发品等。

(3) 高能耗的高档消费品，例如小轿车、摩托车、汽车轮胎等。

(4) 不可再生和替代的资源类消费品，例如汽油、柴油等。

3. 计算公式

我国消费税采用价内税计算方法，即计税价格的组成中包括了消费税税额。

我国消费税采用从价、从量的方法计征。

(1) 从价消费税：从价征收的消费税按照组成的计税价格计算，其计算公式为

应纳消费税税额＝消费税组成计税价格×消费税税率

消费税组成计税价格＝进口货物完税价格＋关税税额＋消费税税额

＝(进口货物完税价格＋关税税额)/(1－消费税税率)

(2) 从量消费税：从量征收的消费税的计算公式为

应纳消费税税额＝应征消费税消费品数量×单位商品消费税税额

(3) 复合消费税：同时实行从量、从价征收的消费税，其计算公式为

应纳消费税税额＝消费税组成计税价格×消费税税率＋应征消费税消费品数量×单位商品消费税税额

(三) 船舶吨税

1. 含义

船舶吨税(Vessel Tonnage)，简称吨税，是港口所在国家对船舶进出关境所征收的一种关税，即由海关在设关口岸对进出、停靠我国港口的国际航行船舶征收的一种使用税。征收船舶吨税的目的是用于航道设施的建设。

2. 征纳

根据《船舶吨税暂行办法》的规定，国际航行船舶在我国港口行驶，使用了我国的港口和助航设备，应缴纳一定的税费。凡征收了船舶吨税的船舶不再征收车船税；对已经征收车船使用税的船舶，不再征收船舶吨税。

船舶吨税分为优惠税率和普通税率两种。凡与中华人民共和国签订互惠协议的国家或地区以及中国香港、澳门籍船舶适用船舶吨税优惠税率，未签订互惠协议的国家或地区适用船舶吨税普通税率。

3. 征收范围

根据现行办法规定，应征吨税的船舶有以下几种：

(1) 在我国港口行驶的外国籍船舶;

(2) 外商租用(程租除外)的中国籍船舶;

(3) 中外合营海运企业自有或租用的中、外国籍船舶;

(4) 我国租用的外国籍国际航行船舶。

根据规定,对于中国香港、澳门特别行政区海关已征收船舶吨税的外国籍船舶,进入内地港口时,仍应照章征收船舶吨税,因为中国香港、澳门特别行政区为单独关税区。

▶ 4. 船舶吨税的计算

船舶吨税起征日为"船舶直接抵口之日",即进口船舶应自申报进口之日起征。如进境后驶达锚地的,以船舶抵达锚地之日起计算;进境后直接靠泊的,以靠泊之日起计算。

船舶吨税的征收方法分为90天期缴纳和30天期缴纳两种,并分别确定税额,缴纳期限由纳税义务人在申请完税时自行选择。

船舶吨税的计算公式为:

应纳船舶吨税税额=注册净吨位×船舶吨税税率(元/净吨)

"净吨位"又称"注册净吨位"(Net Registered Tonnage,简称NRT),是指船舶上可用以载运客、货的容积,也就是在总吨位的基础上扣除"直接营业的容积"后折合的重量数。所谓"总吨位"(Gross Tonnage)又称"注册总吨位"(Gross Registered Tonnage,简称GRT),是指船舱内及甲板上所有关闭场所的内部空间的总和,无论是"总吨位"还是"净吨位"均以2.83立方米或100立方英尺为1吨折合成"吨位"。计算公式如下:

净吨位(公制)=总位(公制)-非直接营业容积(立方米)/2.83立方米

净吨位(英制)=总吨位(英制)-非直接营业容积(立方英尺)/100立方英尺

船舶吨税按净吨位计征。船舶净吨位的尾数,按四舍五入原则,半吨以下的免征尾数;半吨以上的按1吨计算。不及1吨的小型船舶,除经海关总署特准免征者外,应一律按1吨计征。

三、税款减免、缴纳与退补

(一) 税款减免

税款减免是指海关按照《海关法》《关税条例》和其他有关法律、行政法规的规定,而给予进出口货物在进出我国关境时应缴税收的减少征收和免予征收的优惠措施。进出口货物税款的减免分为法定减免税、特定减免税和临时减免税。

▶ 1. 法定减免税

法定减免税是指进出口货物按照《海关法》《关税条例》和其他法律、行政法规的规定可以享受的减免关税的优惠。《关税条例》第四十五条规定:对关税税额在50元人民币以下的一票货物、无商业价值的广告品和货样、外国政府和国际组织无偿赠送的物资、在海关放行前损失的货物、进出境运输工具装载的途中必需的燃料、物料和饮料免征其关税;在海关放行前遭受损坏的货物,可以根据海关认定的受损程度减征其关税。

▶ 2. 特定减免税

特定减免税是指海关根据国家规定,对特定地区、特定用途和特定企业给予的减免关税的优惠，属于政策性减免税，如表 7-1 所示。

表 7-1　特定减免税适用的具体情形

特定减免税的情形	释　义
外商投资企业进口物资	投资额度内进口自用设备：属国家鼓励发展的投资项目，投资总额内进口的自用设备及随设备进口的技术及配套件、备件，只免关税
	自有资金资目：属鼓励发展的外商投资企业、外商研发中心、先进技术型、产品出口型的外商投资企业，用企业投资额以外的自有资金进行设备更新或维修进口国内不能生产的设备及附件，只免关税
国内投资项目进口设备	属重点鼓励发展的、投资总额内进口的、自用的设备及配套技术、配件、备件，只免关税
贷款项目	贷款项目进口物资：外国政府和国际金融组织贷款项目进口的自用设备及配套件、备件，只免关税
	贷款中标项目进口零部件：鼓励国内机电制造企业积极参与利用国际金融组织贷款和外国政府贷款项目采购设备的国际招标活动，中标后进口国内不能生产的相应零部件，只免关税
重大技术装备	自 2009 年 7 月 1 日起，对经认定符合规定条件的国内企业为生产国家支持发展的重大技术装备和产品进口规定范围的关键零部件、原材料商品，免关税和增值税
特定区域物资	保税区、出口加工区等海关特殊监管区域进口区内生产性基础设施所需机器、设备和基建物资，可以免税
	区内企业进口企业自用设备和自由合理数量的办公用品及维修用零配件、生产用燃料，建厂房及仓储设施用物资可以免税
	区内行政管理机构自用合理数量的设备和办公用品可以免税
科教用品科技开发用品	不以营利为目的，在合理数量范围内进口的，直接用于科研或教学的，国内不能生产的科教用品、科技开发用品，可免关税、增值税和消费税
残疾人专用品	中国残联和各省市残疾福利及康复机构进口残疾人专用品，可免关税、增值税和消费税
救灾捐赠物资扶贫慈善捐赠物资	人道主义捐赠，符合国际通行规则，可免关税、增值税和消费税
其他特定项目	包括：无偿援助项目进口物资、远洋渔业项目进口自捕水产品、远洋船舶及设备部件项目、集成电路项目、海上石油、陆上石油项目进口物资。属于符合国家政策导向，用于特定用途，可以免税

▶ 3. 临时减免税

临时减免税是指法定减免税和特定减免税以外的其他减免税，是由国务院根据《海关法》，对某个单位、某类商品、某个时期或某批货物的特殊情况，需要对其进出口应税货物特别给予的关税减免。

(二) 税款缴纳

企业可以在申报环节中的“业务事项”栏选择“自报自缴”，一次性完成报关、计税、缴纳。根据海关总署 2016 年第 62 号公告，自主申报、自行缴税(自报自缴)是指：进出口企业、单位在办理海关预录入时，应当如实、规范填报报关单各项目，利用预录入系统的海关计税(费)服务工具计算应缴纳的相关税费，并对系统显示的税费计算结果进行确认，连同报关单预录入内容一并提交海关。进出口企业、单位在收到海关通关系统发送的回执后，自行办理相关税费缴纳手续。税款支付方式有如下三种。

▶ 1. 电子支付/电子支付担保模式

选择电子支付/电子支付担保模式的，进出口企业、单位登录电子支付平台查询电子税费信息，并确认支付，海关系统自动发送税款实扣通知，税款扣缴成功且报关单符合放行条件的，系统自动放行。

知识链接 7-2
什么是汇总征税

▶ 2. 柜台支付模式

选择柜台支付模式的，进出口企业、单位在收到申报地海关现场打印的纸质税款缴款书后，到银行柜台办理税费缴纳手续，之后将银行盖章的税款缴款书第一联送交海关验核。

▶ 3. 汇总支付

选择汇总征税模式的，海关通关系统自动扣减相应担保额度后，进出口企业、单位按汇总征税相关规定办理后续手续。

(三) 税款退还

▶ 1. 退税范围

以下情况经海关核准可予以办理退税手续：

(1) 进口退运货物。已缴纳进口关税和进口环节代征税税款的进口货物，因品质或者规格原因原状退货复运出境的。

(2) 出口退运货物。已缴纳出口关税的出口货物，因品质或者规格原因原状退货复运进境，并已重新缴纳因出口而退还的国内环节有关税收的。

(3) 退关货物。已缴纳出口关税的货物，因故未装运出口，已退关的。

(4) 短卸、短装货物。已征税放行的散装进出口货物发生短卸、短装，如果该货物的发货人、承运人或者保险公司已对短卸、短装部分退还或者赔偿相应货款的，纳税义务人可以向海关申请退还进口或者出口短卸、短装部分的相应税款。

(5) 进出口货物因残损、品质不良、规格不符的原因，由进出口货物的发货人、承运人或者保险公司赔偿相应货款的，纳税义务人可以向海关申请退还赔偿货款部分的相应税款。

(6) 因海关误征，致使纳税义务人多缴税款的。

▶ 2. 退税期限及应提交的材料

(1) 海关发现多征税款的，应当立即通知纳税义务人办理退税手续。纳税义务人应当自收到海关通知之日起 3 个月内办理有关退税手续。

(2) 纳税义务人发现多缴纳税款的，自缴纳税款之日起 1 年内，可以向海关申请退还多缴的税款并且加算银行同期活期存款利息。

纳税义务人向海关申请退还税款及利息时，应当提交：《退税申请书》和可以证明应予退税的材料。

(3) 已缴纳税款的进口货物，因品质或者规格原因原状退货复运出境的，纳税义务人自缴纳税款之日起 1 年内，可以向海关申请退税。

纳税义务人向海关申请退税时，应当提交《退税申请书》和收发货人双方关于退货的协议。

(4) 已缴纳出口关税的出口货物，因品质或者规格原因原状退货复运进境，并且已重新缴纳因出口而退还的国内环节有关税收的，纳税义务人自缴纳税款之日起 1 年内，可以向海关申请退税。

纳税义务人向海关申请退税时，应当提交《退税申请书》、收发货人双方关于退货的协议和税务机关重新征收国内环节税的证明。

(5) 已缴纳出口关税的货物，因故未装运出口申报退关的，纳税义务人自缴纳税款之日起 1 年内，可以向海关申请退税，并提交《退税申请书》。

(6) 散装进出口货物发生短装并且已征税放行的，如果该货物的发货人、承运人或者保险公司已对短装部分退还或者赔偿相应货款，纳税义务人自缴纳税款之日起 1 年内，可以向海关申请退还进口或者出口短装部分的相应税款。

纳税义务人向海关申请退税时，应当提交《退税申请书》、具有资质的商品检验机构出具的相关检验证明书和已经退款或者赔款的证明文件。

(7) 进出口货物因残损、品质不良、规格不符原因，或者发生上述(6)以外的货物短少的情形，由进出口货物的发货人、承运人或者保险公司赔偿相应货款的，纳税义务人自缴纳税款之日起 1 年内，可以向海关申请退还赔偿货款部分的相应税款。

纳税义务人向海关申请退税时，应当提交《退税申请书》和已经赔偿货款的证明文件。

▶ 3. 海关办理退税的有关规定

海关收到纳税义务人的退税申请后应当进行审核。纳税义务人提交的申请材料齐全且符合规定形式的，海关应当予以受理，并且以海关收到申请材料之日作为受理之日；纳税义务人提交的申请材料不全或者不符合规定形式的，海关应当在收到申请材料之日起 5 个工作日内一次告知纳税义务人需要补正的全部内容，并且以海关收到全部补正申请材料之日为海关受理退税申请之日。

海关应当自受理退税申请之日起 30 日内查实并且通知纳税义务人办理退税手续或者做出不予退税的决定。纳税义务人应当自收到海关准予退税的通知之日起 3 个月内办理有关退税手续。

知识链接 7-3
税费缴纳、退补的凭证比较

海关办理退税手续时，应当填发收入退还书；应当同时退还多征税款部分所产生的利息的，应退利息按照海关填发收入退还书之日中国人民银行规定的活期储蓄存款利息率计算。计算应退利息的期限自纳税义务人缴纳税款之日起至海关填发收入退还书之日止；进口环节增值税已予抵扣的，该项增值税不予退还，但国家另有规定的除外；已征收的滞纳金不予退还。

（四）税款追征和补征

▶ 1. 追征和补征税款的范围

（1）进出口货物放行后，海关发现少征或者漏征税款的；

（2）因纳税义务人违反规定造成少征或者漏征税款的；

（3）海关监管货物在海关监管期内因故改变用途按照规定需要补征税款的。

▶ 2. 追征、补征税款的期限和要求

具体期限及要求如表 7-2 所示。

表 7-2　追征、补征税款的期限和要求

适用范围	追、补征税款期限	滞纳金加收
进出口货物放行后，海关发现少征或漏征税款的	应自缴纳税款或货物放行之日起 1 年内补征	不加收滞纳金
因纳税义务人违反规定造成少征或漏征税款的	应自缴纳税款或货物放行之日起 3 年内追征	自应缴纳税款或放行之日至海关发现违规之日止，按日加收少征或漏征税款 0.5‰的滞纳金
因纳税义务人违反规定造成海关监管货物少征或者漏征税款的	应缴纳税款之日起 3 年内补征或追征	同上，按日加收少征或漏征税款 0.5‰的滞纳金

注：“应缴纳税款之日”是指纳税义务人违反规定的行为发生之日；该行为发生之日不能确定的，应当以海关发现该行为之日作为应缴纳税款之日。

第二节　进出口货物完税价格的确定

目前，我国海关核算进出口货物完税价格的法律依据主要分 3 个层次。第一个层次是法律层次，即《海关法》。《海关法》是确定完税价格的基本法律依据。第二个层次是行政法规层次，即《关税条例》。其作为《海关法》的配套法规，对估价定义、估价方法、海关和纳税义务人之间的权利义务作了原则性的规定。第三个层次是部门规章层次，如海关总署颁布施行的《中华人民共和国海关审定进出口货物完税价格办法》(海关总署令第 213 号，以下简称《审价办法》)。《审价办法》在上述法律及法规的基础上进一步增强了对完税价格审核确定的指导性和操作性。另外，针对具体估价事宜的海关公告也是海关审价的执法依据。

《海关法》第五十五条规定：“进出口货物的完税价格，由海关以该货物的成交价格为基础审查确定。成交价格不能确定时，完税价格由海关依法估定。”通过以上规定可知，审定进出口货物完税价格应首先使用成交价格估价方法。

一、进口货物完税价格审定方法

海关依次使用六种估价方法确定进口货物的完税价格，如图 7-1 所示。

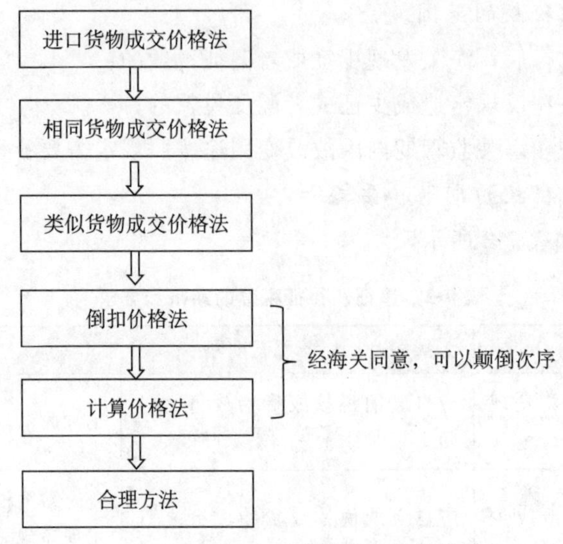

图 7-1　进口货物完税价格的六种估价方法

这六种估价方法必须依次使用，即只有在不能使用前一种估价方法的情况下，才可以顺延使用其他估价方法。如果进口货物收货人提出要求并提供相关资料，经海关同意，可以颠倒倒扣价格方法和计算价格方法的适用次序。

(一) 进口货物成交价格法

▶ 1. 成交价格的基本含义

成交价格估价方法是《审价办法》规定的第一种估价方法。进口货物成交价格是指卖方向中华人民共和国境内销售该货物时买方为进口该货物向卖方实付、应付的，并按有关规定调整后的价款总额，包括直接支付的价款和间接支付的价款。

成交价格定义的三层含义：

第一层含义是“买方购买进口货物”。购买必须符合两个条件，一是买方支付货款；二是卖方向买方转移货物所有权。不符合条件的，即不存在“购买”的，不能采用进口货物成交价格法。

第二层含义是“按《关税条例》相关条款及《审价办法》的相关规定调整后的价格”。因此成交价格不完全等于贸易中发生的发票价格，而是需要按有关规定进行调整。

第三层含义是“向卖方实付、应付的价款，包括直接支付的价款和间接支付的价款”。买方支付价款的目的是为了获得进口货物，支付的对象包括卖方，也包括与卖方有联系的第三方；支付的价款为已经支付与将要支付两者的总额。

▶ 2. 成交价格的调整因素

在确定成交价格时，哪些费用应计入总价由买方承担，哪些费用不应该由买方承担，应该扣除？一般的原则是：与进口货物有关的，应该由买方承担的费用，但未计入发票总价的，属于计入项目；虽与进口货物有关，但不应该是买方承担的费用，若已计入发票总价，则属于扣除项目；与进口货物无关的，属不计入项目。

（1）计入项目

以成交价格为基础审查确定进口货物的完税价格时，未包括在该货物实付、应付价格中的下列费用或者价值应当计入完税价格：

1）由买方负担的下列费用：

① 除购货佣金以外的佣金和经纪费。

购货佣金又称为买方佣金，是指买方的代理人在为买方寻找供应商，并将买方要求通知卖方、收集样品、检查货物，有时还安排运输、保险等事宜的活动中，因提供劳务而取得的报酬，即买方向其采购代理人支付的佣金。由于买方自行从事的活动与卖方的销售行为无关，故不必计入被估货物的完税价格。

销售佣金又称为卖方佣金，是指卖方代理人为卖方寻找买主，或者为卖方促成交易而获得的报酬。通常情况下，卖方佣金（销售佣金）由卖方直接支付，并已经包括在进口货物的成交价格内，也无需对成交价格进行调整。但如果卖方要求进口商在向其支付货价的同时，还必须根据卖方的要求向卖方代理人支付佣金，在这种情况下，由买方支付的、未计入货价的卖方佣金（销售佣金）构成了实付或应付价格的调整项目，应计入被估货物的完税价格。

经纪费是中间人（或居间人）向交易双方收取的费用。由于居间人不是合同的当事人，也不是任何一方的代理人，而是居于当事人之间起媒介作用的中间人，起牵线搭桥的作用，因此，中间人（或居间人）向买方收取的经纪费应全部计入进口货物的完税价格。

② 与进口货物视为一体的容器费用。

除了货物本身的价格外，为实现货物运输目的而发生的容器费用应同时计入进口货物的完税价格。“与货物视为一体的容器”是指用于盛装某个或某套物品并与所装物品同时使用，且通常与所装物品一同出售的容器，例如，乐器盒、绘图仪器盒、香水瓶等。一般情况下，这类货物（乐器、绘图仪器、香水等）销售时其容器都不单独作价，其价值已经包含在被估货物的完税价格内。如果合同规定买方需另外支付容器费用的，或买方另行向第三方支付容器费用的，则应将该费用计入进口货物的完税价格。但是可重复使用的，且销售时通常不作为销售标的物的容器不属于“与货物视为一体的容器”，例如集装箱、托盘、货柜等。上述独立的容器费用虽不计入进口货物的完税价格，但需根据海关的其他监管规定另行申报。

③ 包装材料费用和包装劳务费用。

除了货物本身的价格外，为实现货物运输和销售目的而发生的包装材料费用和包装劳务费用应同时计入进口货物的完税价格。按照商业惯例，除裸装、散装货物不需包装外，一般在销售时卖方均会提供货物的包装，且包装费（包括包装材料和包装劳务的成本、费用）一般已包含在合同货价内，不另行计算。如果合同规定包装等费用由买方在合同货价之外另行支付，或者买方为了运输或再销售的目的而额外对被估货物进行包装，这些费用应计入货物成交价格中合并征税。

2）与进口货物的生产和向中华人民共和国境内销售有关的，由买方以免费或者以低于成本的方式提供，并且可以按适当比例分摊的下列货物或者服务的价值：

① 进口货物包含的材料、部件、零件和类似货物。

② 在生产进口货物过程中使用的工具、模具和类似货物。

③ 在生产进口货物过程中消耗的材料。

④ 在境外进行的为生产进口货物所需的工程设计、技术研发、工艺及制图等相关服务。

3）买方需向卖方或者有关方直接或者间接支付的特许权使用费（但是符合下列情形之一的除外：特许权使用费与该货物无关；特许权使用费的支付不构成该货物向中华人民共和国境内销售的条件）。

特许权使用费是指进口货物的买方为取得知识产权权利人及权利人有效授权人关于专利权、商标权、专有技术、著作权、分销权或者销售权的许可或者转让而支付的费用。海关征税的管理对象主要是有形货物，例如机器、工业原料、消费品等，单纯的技术贸易、服务贸易不属于海关税收的管辖范围。但是，如果买方在购买进口货物的同时，又发生了一项技术贸易或服务贸易，技术贸易或服务贸易是随附于货物贸易同步发生的，则技术贸易或服务贸易涉及的特许权使用费就构成了本项应税的价格调整项目，应合并计入进口货物的完税价格。

符合下列条件之一的特许权使用费，应当视为与进口货物有关：

一是特许权使用费是用于支付专利权或者专有技术使用权，且进口货物属于下列情形之一的：含有专利或者专有技术的；用专利方法或者专有技术生产的；为实施专利或者专有技术而专门设计或者制造的。

二是特许权使用费是用于支付商标权，且进口货物属于下列情形之一的：附有商标的；进口后附上商标直接可以销售的；进口时已含有商标权，经过轻度加工后附上商标即可以销售的。

三是特许权使用费是用于支付著作权，且进口货物属于下列情形之一的：含有软件、文字、乐曲、图片、图像或者其他类似内容的进口货物，包括磁带、磁盘、光盘或者其他类似载体的形式；含有其他享有著作权内容的进口货物。

四是特许权使用费是用于支付分销权、销售权或者其他类似权利，且进口货物属于下列情形之一的：进口后可以直接销售的；经过轻度加工即可以销售的。

买方不支付特许权使用费则不能购得进口货物，或者买方不支付特许权使用费则该货物不能以合同议定的条件成交的，应当视为特许权使用费的支付构成进口货物向中华人民共和国境内销售的条件。

D. 卖方直接或者间接从买方对该货物进口后销售、处置或者使用所得中获得的收益。

如果买方在货物进口之后，把进口货物的转售、处置或使用的收益的一部分返还给卖方，这部分收益的价格应该计入完税价格中。买方应当向海关提供上述费用或者价值的客观量化数据资料，不能提供的，则不应使用进口货物成交价格法估价。

上述所有项目的费用或价值计入成交价格中，必须同时满足3个条件：一是由买方负担；二是未包括在进口货物的实付或应付价格中；三是有客观量化的数据资料。如果缺乏客观量化的数据，导致无法确定应计入的准确金额的，则不应使用成交价格方法估价，而使用其他估价方法确定该货物的完税价格。

（2）扣减项目

进口货物的价款中单独列明的下列税收、费用，不计入该货物的完税价格。

① 厂房、机械或者设备等货物进口后发生的建设、安装、装配、维修或者技术援助费用，但是保修费用除外。

② 货物运抵境内输入地点起卸后发生的运输及其相关费用、保险费。

③ 进口关税、进口环节海关代征税及其他国内税。

④ 为在境内复制进口货物而支付的费用。

⑤ 境内外技术培训及境外考察费用。

此外，同时符合下列条件的利息费用不计入完税价格：一是利息费用是买方为购买进口货物而融资所产生的；二是有书面的融资协议的；三是利息费用单独列明的；四是纳税义务人可以证明有关利率不高于在融资当时当地此类交易通常具有的利率水平，且没有融资安排的相同或者类似进口货物的价格与进口货物的实付、应付价格非常接近的。

进口货物的价款中单独列明的上述税收、费用，不计入该货物的完税价格，必须同时满足3个条件：一是有关税收或费用已经包括在进口货物的实付、应付价格中；二是有关费用是分列的，并且纳税义务人可以向海关提供客观量化的资料；三是有关费用应在合理范围内。如果贸易中存在上述规定的税收或费用之一的，但是买卖双方在贸易安排中未单独分列上述费用，或者缺乏客观量化资料，则本条所述的各项费用不得予以扣除。

需注意，只有在使用成交价格估价方法时，海关才需使用本条规定的价格调整项目对买卖双方的交易价格进行调整。在使用其他估价方法时，因已不再使用买卖双方的交易金额，而另行参照其他价格估定，因此也不再涉及上述加项及减项价格调整项目。

【例7-1】 某工厂从无关系的美国某企业购买了一台机械设备，成交条件为CIF上海，该批货物的发票列示如下：机械设备40 000美元，运保费2 000美元，卖方佣金2 500美元，培训费500美元，设备调试费2 000美元。该批货物海关审定完税价格为：

完税价格＝40 000(机械设备价款)＋2 000(运保费)＋2 500(卖方佣金)＝445 000(美元)

【例7-2】 某企业从德国进口医疗设备一台，发票分别列明CIF上海100 000美元/台，境外培训费10 000美元，与设备配套使用的操作系统使用费30 000美元，此外，该设备投入使用后买方从收益中另行支付卖方20 000美元，该批货物海关审定完税价格为：

完税价格＝100 000(医疗设备价款)＋30 000(操作系统使用费)＋20 000(买方另行支付卖方的收益)＝150 000(美元)

3. 成交价格需要满足的条件

按照《审价办法》，成交价格除需符合上述定义要求外，还要满足成交价格要求的 4 项条件。如其中任一条件不能满足，则成交价格估价方法同样不能适用。

（1）买方对进口货物的处置和使用不受限制。如果买方对进口货物的处置权或者使用权受到限制，则进口货物不适用成交价格方法，但也存在虽受限制并不影响成立价格成立的情形，具体的处置和限制如表 7-3 所示。

表 7-3　买方对进口货物处置和使用限制的情形

完税价格的审定不适用成交价格方法	完税价格的审定依然适用成交价格方法
有下列情形之一的，视为对买方处置或者使用进口货物进行了限制： A. 进口货物只能用于展示或者免费赠送的 B. 进口货物只能销售给指定第三方的 C. 进口货物加工为成品后只能销售给卖方或指定第三方的 D. 其他经海关审查，认定买方对进口货物的处置或者使用受到限制的	以下三种限制并不影响成交价格的成立： A. 国内法律、行政法规或规章规定的限制 B. 对货物转售地域的限制 C. 对货物价格无实质影响的限制

（2）进口货物的价格不应受到某些条件或因素的影响而导致该货物的价格无法确定。有下列情形之一的，视为进口货物的价格受到了使该货物成交价格无法确定的条件或者因素的影响：

① 进口货物的价格是以买方向卖方购买一定数量的其他货物为条件而确定的；

② 进口货物的价格是以买方向卖方销售其他货物为条件而确定的；

③ 其他经海关审查，认定货物的价格受到使该货物成交价格无法确定的条件或者因素影响的。

例如买卖双方在签约时卖方以搭售商品为条件或者以买方购买一定数量为条件而降低价格，则视为受其他因素的影响，因为这种影响有可能造成合同价格的不确定性。

课堂思考

某公司从境外进口饮料 5000 箱，申报价格 CIF 上海 40 美元/箱，海关审核单证发现合同规定：货售完后，买方须将销售利润的 20%返还卖方。海关认定该成交价格受到影响，不予接受其申报价格 40 美元/箱来确定完税价格。

海关的做法是否正确？

（3）卖方不得直接或间接从买方获得因转售、处置或使用进口货物而产生的任何收益，除非上述收益能够被合理确定。

（4）买卖双方不存在特殊关系，或虽有特殊关系但未对成交价格产生任何影响。特殊关系的范围及其处置如表 7-4 所示。

表 7-4　买卖双方特殊关系及其影响

买卖双方之间的特殊关系	特殊关系未对进口货物的成交价格产生影响
有下列情形之一的，应当认为买卖双方存在特殊关系： A. 买卖双方为同一家族成员的； B. 买卖双方互为商业上的高级职员或者董事的； C. 一方直接或者间接地受另一方控制的； D. 买卖双方都直接或者间接地受第三方控制的； E. 买卖双方共同直接或者间接地控制第三方的； F. 一方直接或者间接地拥有、控制或者持有对方 5%以上(含 5%)公开发行的有表决权的股票或者股份的； G. 一方是另一方的雇员、高级职员或者董事的； H. 买卖双方是同一合伙的成员的； I. 买卖双方在经营上相互有联系，一方是另一方的独家代理、独家经销或者独家受让人，如果符合前款的规定，也应当视为存在特殊关系。	买卖双方之间存在特殊关系，但是纳税义务人能证明其成交价格与同时或者大约同时发生的下列任何一款价格相近的，应当视为特殊关系未对进口货物的成交价格产生影响： A. 向境内无特殊关系的买方出售的相同或者类似进口货物的成交价格； B. 按照本办法第二十三条的规定所确定的相同或者类似进口货物的完税价格； C. 按照本办法第二十五条的规定所确定的相同或者类似进口货物的完税价格

若不能满足上述四个条件，应当顺延采用下一种估价法。

(二) 相同或类似货物成交价格方法

进口货物成交价格法是海关估价中使用最多的一种估价方法，但是如果货物的进口非因销售引起或销售不能符合成交价格须满足的条件，就不能采用成交价格法，而应该依次采用相同或类似进口货物成交价格法。

▶ 1. 含义

相同货物成交价格估价方法，是指海关以与进口货物同时或者大约同时向中华人民共和国境内销售的相同货物的成交价格为基础，审查确定进口货物的完税价格的估价方法。

类似货物成交价格估价方法，是指海关以与进口货物同时或者大约同时向中华人民共和国境内销售的类似货物的成交价格为基础，审查确定进口货物的完税价格的估价方法。

相同货物，是指与进口货物在同一国家或者地区生产的，在物理性质、质量和信誉等所有方面都相同的货物，但是表面的微小差异允许存在。

类似货物，是指与进口货物在同一国家或者地区生产的，虽然不是在所有方面都相同，但是却具有相似的特征，相似的组成材料，相同的功能，并且在商业中可以互换的货物。

大约同时，是指海关接受货物申报之日的大约同时，最长不应当超过前后 45 日。

▶ 2. 注意事项

按照相同或者类似货物成交价格估价方法的规定审查确定进口货物的完税价格时，应注意以下问题：

(1) 应当使用与进口货物具有相同商业水平且进口数量基本一致的相同或者类似货物

的成交价格。

(2) 应当首先使用同一生产商生产的相同或者类似货物的成交价格。没有同一生产商生产的相同或者类似货物的成交价格的，可以使用同一生产国或者地区其他生产商生产的相同或者类似货物的成交价格。

(3) 如果有多个相同或者类似货物的成交价格，应当以最低的成交价格为基础审查确定进口货物的完税价格。

(三) 倒扣价格法

▶ 1. 定义

倒扣价格估价方法，是指海关以进口货物、相同或者类似进口货物在境内的销售价格为基础，扣除境内发生的有关费用后，审查确定进口货物完税价格的估价方法。

▶ 2. 销售价格应符合的条件

倒扣价格估价方法的“销售价格”应当同时符合下列条件：

(1) 是在该货物进口的同时或者大约同时，将该货物、相同或者类似进口货物在境内销售的价格。

“大约同时”是指海关接受货物申报之日的大约同时，最长不应当超过前后 45 日。按照倒扣价格法审查确定进口货物的完税价格时，如果进口货物、相同或者类似货物没有在海关接受进口货物申报之日前后 45 日内在境内销售，可以将在境内销售的时间延长至接受货物申报之日前后 90 日内。

(2) 是按照货物进口时的状态销售的价格。

(3) 是在境内第一销售环节销售的价格。

“第一销售环节”是指有关货物进口后进行的第一次转售，且与境内买方之间不能有特殊关系。

(4) 是向境内无特殊关系方销售的价格。

(5) 按照该价格销售的货物合计销售总量最大。

“合计销售总量最大”是指必须使用被估的进口货物、相同或类似进口货物以最大总量单位售予境内无特殊关系方的价格为基础估定完税价格。

▶ 3. 倒扣项目

按照倒扣价格估价方法审查确定进口货物完税价格的，下列各项应当扣除：

(1) 同等级或者同种类货物在境内第一销售环节销售时，通常的利润和一般费用(包括直接费用和间接费用)以及通常支付的佣金；

(2) 货物运抵境内输入地点起卸后的运输及其相关费用、保险费；

(3) 进口关税、进口环节海关代征税及其他国内税。

(4) 加工增值额。如果该货物、相同或者类似货物没有按照进口时的状态在境内销售，可以使用经进一步加工后的货物的销售价格审查确定完税价格，但是应当同时扣除加工增值额。

(四) 计算价格法

计算价格法是以发生在生产国或地区的生产成本作为基础来确定完税价格。计算价格法与倒扣价格法相反，倒扣价格法是“倒着扣”，计算价格法是“正着加”。

▶ 1. 计算价格的构成项目

按《审价办法》的有关规定，采用计算价格方法时进口货物的完税价格由下列各项目的总和构成：

(1) 生产该货物所使用的料件成本和加工费用。

(2) 向境内销售同等级或者同种类货物通常的利润和一般费用(包括直接费用和间接费用)。

(3) 该货物运抵境内输入地点起卸前的运输及相关费用、保险费。

进口货物的运输及其相关费用，应当按照由买方实际支付或者应当支付的费用计算。如果进口货物的运输及其相关费用无法确定的，海关应当按照该货物进口同期的正常运输成本审查确定。

进口货物的保险费，应当按照实际支付的费用计算。如果进口货物的保险费无法确定或者未实际发生，海关应当按照“货价加运费”两者总额的3‰计算保险费，其计算公式为：

保险费＝(货价＋运费)×3‰

▶ 2. 运用计算价格法的注意事项

(1) 计算价格方法按顺序为第五种估价方法，但如果进口货物纳税义务人提出要求，并经海关同意，可以与倒扣法颠倒顺序使用。

(2) 海关在征得境外生产商同意并提前通知有关国家或者地区政府后，可以在境外核实该企业提供的有关资料。采用计算价格法必须依据境外的生产商提供的有关生产成本方的资料，否则该方法不能采用。

(五) 合理方法

合理方法，是指当海关不能根据成交价格估价方法、相同货物成交价格估价方法、类似货物成交价格估价方法、倒扣价格估价方法和计算价格估价方法确定完税价格时，海关根据公平、统一、客观的估价原则，以客观量化的数据资料为基础审查确定进口货物完税价格的估价方法。

海关在采用合理方法确定进口货物的完税价格时，不得使用以下价格：

(1) 境内生产的货物在境内的销售价格；

(2) 可供选择的价格中较高的价格；

(3) 货物在出口地市场的销售价格；

(4) 以计算价格法规定之外的价值或者费用计算的相同或者类似货物的价格；

(5) 出口到第三国或者地区的货物的销售价格；

(6) 最低限价或者武断、虚构的价格。

二、特殊进口货物完税价格的审定

(一) 内销保税货物完税价格的审定

内销保税货物，包括因故转为内销需要征税的加工贸易货物、海关特殊监管区域内货物、保税监管场所内货物和因其他原因需要按照内销征税办理的保税货物。内销保税货物具体估价方法如表 7-5 所示：

表 7-5　内销保税货物完税价格的审定

适用情形	完税价格确定
进料加工进口料件或者其制成品(包括残次品)内销时	海关以料件原进口成交价格为基础审查确定完税价格
来料加工进口料件或者其制成品(包括残次品)内销时	海关以接受内销申报的同时或者大约同时进口的与料件相同或者类似的保税货物的进口成交价格为基础审查确定完税价格
加工企业内销的加工过程中产生的边角料或者副产品	以其内销价格为基础审查确定完税价格； 副产品并非全部使用保税料件生产所得的，海关以保税料件在投入成本核算中所占比重计算结果为基础审查确定完税价格
深加工结转货物内销时	海关以该结转货物的结转价格为基础审查确定完税价格
保税区内企业内销的保税加工进口料件或者其制成品	海关以其内销价格为基础审查确定完税价格； 保税区内企业内销的保税加工制成品中，如果含有从境内采购的料件，海关以制成品所含从境外购入料件的原进口成交价格为基础审查确定完税价格； 保税区内企业内销的保税加工进口料件或者其制成品的完税价格不能确定的，海关以接受内销申报的同时或者大约同时内销的相同或者类似的保税货物的内销价格为基础审查确定完税价格
除保税区以外的海关特殊监管区域内企业内销的保税加工料件或者其制成品	海关以其内销价格为基础审查确定完税价格； 内销价格不能确定的，海关以接受内销申报的同时或者大约同时内销的相同或者类似的保税货物的内销价格为基础审查确定完税价格； 相同或者类似的保税货物的内销价格也不能确定的，海关以生产该货物的成本、利润和一般费用计算所得的价格为基础审查确定完税价格
海关特殊监管区域内企业内销的保税加工过程中产生的边角料、废品、残次品和副产品	海关以其内销价格为基础审查确定完税价格
海关特殊监管区域、保税监管场所内企业内销的保税物流货物	海关以该货物运出海关特殊监管区域、保税监管场所时的内销价格为基础审查确定完税价格；该内销价格包含的能够单独列明的海关特殊监管区域、保税监管场所内发生的保险费、仓储费和运输及其相关费用，不计入完税价格

内销保税货物的完税价格按照上述规定仍然不能确定的，由海关按照其他方法依次审查确定。

(二) 其他进口货物的估价方法

其他货物的估价方法如表 7-6 所示。

表 7-6　其他进口货物的估价方法

<table>
<tr><th>类别</th><th>适用情况</th><th>完税价格确定</th></tr>
<tr><td rowspan="2">运往境外修理的机械器具、运输工具或者其他货物，出境时已向海关报明</td><td>在海关规定的期限内复运进境的</td><td>以境外修理费和料件费为基础审查确定完税价格</td></tr>
<tr><td>复运进境超过海关规定期限的</td><td>按一般进口货物完税价格审定规则审定完税价格</td></tr>
<tr><td rowspan="2">运往境外加工的货物，出境时已向海关报明</td><td>在海关规定期限内复运进境的</td><td>以境外加工费和料件费以及该货物复运进境的运输及其相关费用、保险费为基础审查确定完税价格</td></tr>
<tr><td>复运进境超过海关规定期限的</td><td>按一般进口货物完税价格审定规则审定完税价格</td></tr>
<tr><td rowspan="2">经海关批准的暂时进境货物</td><td>应当缴纳税款的</td><td>按一般进口货物完税价格审定规则审定完税价格</td></tr>
<tr><td>经海关批准留购的</td><td>以海关审查确定的留购价格作为完税价格</td></tr>
<tr><td rowspan="3">租赁方式进口的货物</td><td>以租金方式对外支付的</td><td>在租赁期间以海关审查确定的租金作为完税价格，利息应当予以计入</td></tr>
<tr><td>留购的</td><td>以海关审查确定的留购价格作为完税价格</td></tr>
<tr><td>一次性缴纳税款的</td><td>可以选择申请按照规定估价方法确定完税价格，或者按照海关审查确定的租金总额作为完税价格</td></tr>
<tr><td>减税或者免税进口的货物</td><td>改变用途应补税的</td><td>以海关审查确定的该货物原进口时的价格，扣除折旧部分价值作为完税价格，其计算公式如下：
完税价格＝海关审定的该货物原进口时的价格×[1－补税时已实际进口的时间(月)/(监管年限×12)]
上述计算公式中“补税时实际已进口的时间”按月计算，不足1个月但是超过15日的，按照1个月计算；不超过15日的，不予计算</td></tr>
<tr><td>不存在成交价格的进口货物</td><td>易货贸易、寄售、捐赠、赠送等</td><td>不适用成交价格法，依次采用相同或类似成交价格法、倒扣法、计算法、合理方法审定完税价格</td></tr>
<tr><td rowspan="2">进口载有专供数据处理设备用软件的介质</td><td>介质本身的价值或者成本与所载软件的价值分列</td><td>以介质本身的价值或成本为基础审定完税价格</td></tr>
<tr><td>未分列，但是纳税义务人能够提供介质本身的价值或者成本的证明文件，或者能提供所载软件价值的证明文件</td><td>以介质本身的价值或者成本为基础审查确定完税价格</td></tr>
</table>

三、出口货物完税价格的审定

（一）出口货物的完税价格与成交价格

出口货物的完税价格由海关以该货物的成交价格为基础审查确定，并且应当包括货物运至中华人民共和国境内输出地点装载前的运输及其相关费用、保险费。

出口货物的成交价格，是指该货物出口销售时，卖方为出口该货物应当向买方直接收取和间接收取的价款总额。

出口货物的成交价格不能确定的，海关经了解有关情况，并且与纳税义务人进行价格磋商后，依次以下列价格审查确定该货物的完税价格：

（1）同时或者大约同时向同一国家或者地区出口的相同货物的成交价格；

（2）同时或者大约同时向同一国家或者地区出口的类似货物的成交价格；

（3）根据境内生产相同或者类似货物的成本、利润和一般费用（包括直接费用和间接费用）、境内发生的运输及其相关费用、保险费计算所得的价格；

（4）按照合理方法估定的价格。

（二）不计入出口货物完税价格的税收、费用

下列税收、费用不计入出口货物的完税价格：

（1）出口关税；

（2）在货物价款中单独列明的货物运至中华人民共和国境内输出地点装载后的运费及其相关费用、保险费；

（3）在货物价款中单独列明由卖方承担的佣金。

（三）出口货物完税价格计算公式

出口货物完税价格的计算公式如下：

出口货物完税价格＝FOB价－出口关税＝FOB价/（1＋出口关税税率）

四、海关估价中的价格质疑程序和价格磋商程序

（一）价格质疑程序

海关对申报价格的真实性、准确性有疑问时，或者认为买卖双方之间的特殊关系影响成交价格时，应当制发《中华人民共和国海关价格质疑通知书》（以下简称《价格质疑通知书》），将质疑的理由书面告知纳税义务人或者其代理人，纳税义务人或者其代理人应当自收到《价格质疑通知书》之日起5个工作日内，以书面形式提供相关资料或者其他证据，证明其申报价格真实、准确或者双方之间的特殊关系未影响成交价格。

纳税义务人或者其代理人确有正当理由无法在规定时间内提供前款资料的，可以在规定期限届满前以书面形式向海关申请延期。除特殊情况外，延期不得超过10个工作日。

（二）价格磋商程序

价格磋商程序是指海关在使用除成交价格以外的估价方法时，在保守商业秘密的基础上，与纳税义务人交换彼此掌握的用以确定完税价格的数据资料的行为。

按照《审价办法》规定需要价格磋商的，海关应当依法向纳税义务人制发《中华人民共和国海关价格磋商通知书》。纳税义务人应当自收到通知之日起 5 个工作日内与海关进行价格磋商。纳税义务人在海关规定期限内与海关进行价格磋商的，海关应当制作《中华人民共和国海关价格磋商记录表》；纳税义务人未在通知规定的时限内与海关进行磋商的，视为其放弃价格磋商的权利，海关可以直接使用《审价办法》第六条或者第四十一条列明的方法审查确定进出口货物的完税价格。

(三) 免除价格质疑和价格磋商的情形

对符合下列情形之一的，经纳税义务人书面申请，海关可以不进行价格质疑以及价格磋商，按照《审价办法》第六条或者第四十一条列明的方法审查确定进出口货物的完税价格：

(1) 同一合同项下分批进出口的货物，海关对其中一批货物已经实施估价的；

(2) 进出口货物的完税价格在人民币 10 万元以下或者关税及进口环节海关代征税总额在人民币 2 万元以下的；

(3) 进出口货物属于危险品、鲜活品、易腐品、易失效品、废品、旧品等的。

第三节 商品归类的确定

一、商品归类概述

中国海关使用《中华人民共和国进出口税则》(以下简称《进出口税则》)对进出口商品进行分类管理。在《进出口税则》的使用过程中，必须先确定商品的税则号列，才能查询到商品的税率等相关信息。所以想要确定商品的税率，先要确定商品的归类。

(一) 进出口商品归类

《中华人民共和国海关进出口货物商品归类管理规定》第二条对“商品归类”的定义是：在《商品名称及编码协调制度公约》商品分类目录体系下，以《中华人民共和国进出口税则》为基础，按照《进出口税则商品及品名注释》《中华人民共和国进出口税则本国子目注释》以及海关总署发布的关于商品归类的行政裁定、商品归类决定的要求，确定进出口货物商品编码的活动。

进出口商品归类工作不仅是海关开展税收征管、实施贸易管制、编制进出口统计和查缉走私工作的重要基础，也是进出口企业办理各项进出口报关业务的重要基础。

(二) 归类依据

▶ 1.《商品名称及编码协调制度》《协调制度》

《商品名称及编码协调制度》(以下简称《协调制度》)(*Harmonized Commodity Description and Coding System*，简称 HS)是指原海关合作理事会(1995 年更名为世界海关组织)在《海关合作理事会商品分类目录》(CCCN)和联合国的《国际贸易标准分类》(SITC)的基础上，参照国际上主要国家的税则、统计、运输等分类目录而制定的一个多用途的国际贸易商品分类目录。

目前已经有200多个国家、地区或经济联盟采用《协调制度》目录。依据国际公约，其成员国海关所采用的商品归类方法，都必须严格遵守《协调制度》中所列规则。我国于1992年加入《协调制度公约》，并以《协调制度》为基础编制我国的税则目录(《进出口税则》)及统计目录(《统计商品目录》)。

▶ 2.《进出口税则》

《进出口税则》是由国务院批准发布的，规定进出口商品关税税目、税则号列和税率的法律文本，主体部分是由商品分类目录和税率表构成，是《关税条例》的组成部分。《进出口税则》也是在我国关境内进行进出口货物商品归类的基础法律依据，商品归类操作时，“确定进出口货物商品编码”就是将进出口商品归入《进出口税则》中相应的编码。从某种意义上讲，其他商品归类依据都是由《进出口税则》派生而来的，其对归类的重要性不言而喻。

▶ 3.《商品及品目注释》

为使各缔约方能够统一理解、准确执行《协调制度》，海关合作理事会与《协调制度》同步编制了《商品名称及编码协调制度注释》(以下简称《协调制度注释》)。《协调制度注释》是对协调制度的官方解释，是协调制度的重要组成部分。1992年我国加入《协调制度公约》，海关总署同步编译出版了中文版《协调制度注释》，现名为《商品及品目注释》，在2007年通关法律程序——《商品归类管理规定》确定其为我国进出口货物商品归类的依据。

▶ 4.《本国子目注释》

海关总署2003年首次出版了《本国子目注释》，对《进出口税则》部分本国子目注释进行解释。该书填补了多年来《进出口税则》在本国子目商品归类法律依据及范围和解释方面的空白。根据需要不断通过公告形式对《本国子目注释》进行修订补充。

某一本国子目所列商品的解释一般包括：公告发布的本国子目注释内容(税则号列、商品名称和商品描述)以及海关总署关税征管司在上述公告内容的基础上，增加的与注释有关的税目结构、相关知识或相关材料、参考文献等，某些商品还标有备注、附有商品图片。

▶ 5. 海关总署发布的关于商品归类的行政裁定

海关行政裁定是指海关在货物实际进出口前，应对外贸易经营者的申请，依据有关海关法律、行政法规和规章，对与实际进出口活动有关的海关事务作出的具有普遍约束力的决定。海关行政裁定由海关总署或其授权机构作出，由海关总署统一对外公布，具有海关规章的同等效力。

商品归类行政裁定是海关若干种行政裁定中重要的一种，商品归类行政裁定具备以下的特征：

(1) 海关依对外贸易经营者申请作出，而非海关主动作出；

(2) 在货物实际进出口之前作出；

(3) 由海关总署以公告的形式统一对外公布，具有海关规章的同等效力，在我国关境范围内均适用；

（4）进出口相同的货物，适用相同的行政裁定。

商品归类行政裁定的内容主要包括归类裁定编号、商品税则号列、中英文商品名称、商品描述、归类裁定等。

【举例】2018年商品归类行政裁定

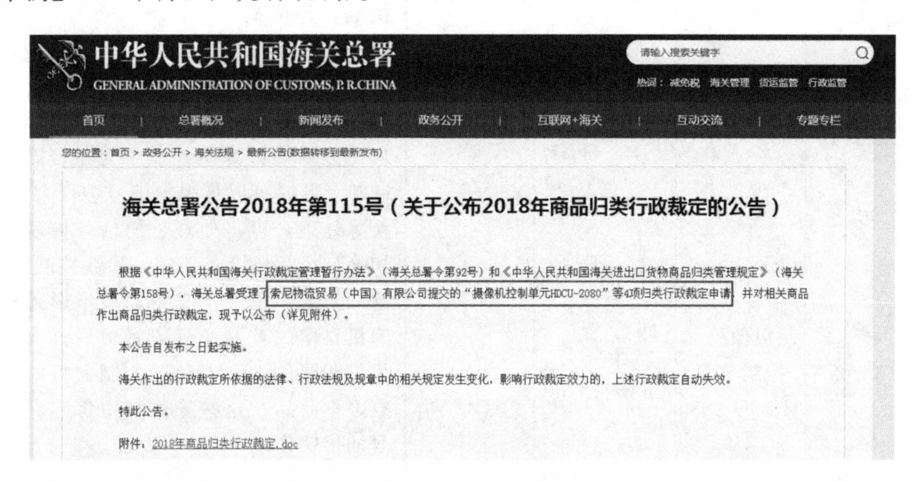

中华人民共和国海关总署
GENERAL ADMINISTRATION OF CUSTOMS, P. R.CHINA

请输入搜索关键字

热词：减免税　海关管理　货运监管　行政监管

首页 | 总署概况 | 新闻发布 | 政务公开 | 互联网+海关 | 互动交流 | 专题专栏

您的位置：首页 > 政务公开 > 海关法规 > 最新公告(数据转移到最新发布)

海关总署公告2018年第115号（关于公布2018年商品归类行政裁定的公告）

根据《中华人民共和国海关行政裁定管理暂行办法》（海关总署令第92号）和《中华人民共和国海关进出口货物商品归类管理规定》（海关总署令第158号），海关总署受理了索尼物流贸易（中国）有限公司提交的“摄像机控制单元HDCU-2080”等4项归类行政裁定申请，并对相关商品作出商品归类行政裁定，现予以公布（详见附件）。

本公告自发布之日起实施。

海关作出的行政裁定所依据的法律、行政法规及规章中的相关规定发生变化，影响行政裁定效力的，上述行政裁定自动失效。

特此公告。

附件：2018年商品归类行政裁定.doc

编号	商品税则号列	商品名称	英文名称	其他名称	商品描述
C0021	8543.7099	摄像机控制单元HDCU-2080	Camera Control Unit	无	功能：信号转换处理、信号传输中继、供电、备用控制、系统状态显示与检测、彩条与字符输出。 摄像机系统工作流程：在一个摄像机系统中，前端摄像机是视频信号来源，此信号先传输到摄像机控制单元中，摄像机控制单元此时可以将视频信号进行上/下行转换等处理，再将处理过的信号传输给后方切换台或其他设备使用。如欲控制摄像机，绝大多数情况之下是由前段摄影师操作摄像机自体的控制按键或者由后方人员操作另行购买的RCP/MCU控制面板的方式完成，本商品在这些操作当中将起到控制信号的传输作用。

续表

编号	商品税则号列	商品名称	英文名称	其他名称	商品描述
C0022	8543.7099	摄像机控制单元HDCU-2580	Camera Control Unit	无	功能：信号转换处理、信号传输中继、供电、备用控制、系统状态显示与检测、彩条与字符输出。 摄像机系统工作流程：在一个摄像机系统中，前端摄像机是视频信号来源，此信号先传输到摄像机控制单元中，摄像机控制单元此时可以将视频信号进行上/下行转换等处理，再将处理过的信号传输给后方切换台或其他设备使用。如欲控制摄像机，绝大多数情况之下是由前段摄影师操作摄像机自体的控制按键或者由后方人员操作另行购买的RCP/MCU控制面板的方式完成，本商品在这些操作当中将起到控制信号的传输作用。 HDCU-2580摄像机控制单元与HDC-2580摄像机

▶ 6. 海关总署发布的商品归类决定

商品归类决定是指海关总署依据有关法律、行政法规规定，对进出口货物的商品归类做出具有普遍约束力的决定。与商品归类行政裁定一样，商品归类决定也由海关总署或其授权机构做出，并由海关总署以公告形式统一对外公布，具有海关规章的同等效力。二者的不同之处在于：商品归类行政裁定是海关依据对外贸易经营者申请做出的，商品归类决定是海关主动做出的。

商品归类决定的主要内容包括：归类决定编号、商品税则号列、中英文商品名称、商品描述和归类决定等。做出商品归类决定所依据的法律、行政法规及其他相关规定发生变化时，商品归类决定同时失效，并由海关总署对外公布。归类决定存在错误的，由海关总署予以撤销，并对外公布。被撤销的商品归类决定自撤销之日起失效。

【举例】2018年商品归类决定(部分)

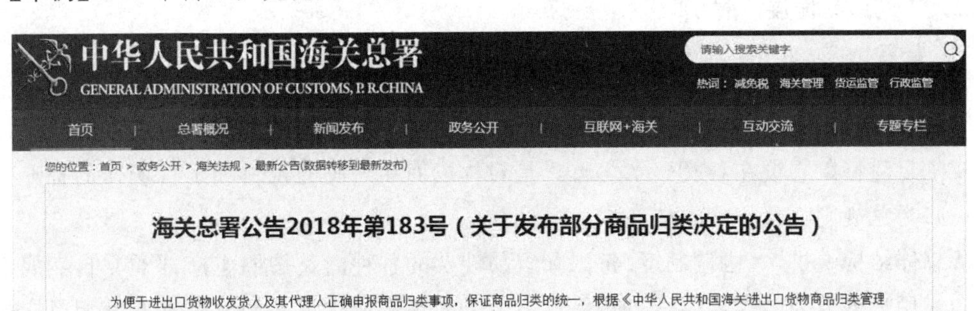
中华人民共和国海关总署
GENERAL ADMINISTRATION OF CUSTOMS, P. R.CHINA

请输入搜索关键字

热词：减免税　海关管理　货运监管　行政监管

首页 | 总署概况 | 新闻发布 | 政务公开 | 互联网+海关 | 互动交流 | 专题专栏

您的位置：首页 > 政务公开 > 海关法规 > 最新公告(数据转移到最新发布)

海关总署公告2018年第183号（关于发布部分商品归类决定的公告）

为便于进出口货物收发货人及其代理人正确申报商品归类事项，保证商品归类的统一，根据《中华人民共和国海关进出口货物商品归类管理规定》（海关总署令第158号）有关规定，海关总署决定发布2018年商品归类决定（Ⅰ、Ⅱ）（详见附件1、2），自2019年1月1日起执行。有关商品归类决定所依据的法律、行政法规以及其他相关规定发生变化的，商品归类决定同时失效。

对部分因所依据的法律、行政法规发生变化而同时失效的商品归类决定一并予以发布（详见附件3）。

特此公告。

附件：1. 2018年商品归类决定（Ⅰ）.doc

2. 2018年商品归类决定（Ⅱ）.doc

序号	归类决定编号	商品税则号列	技术委员会议题编号	商品名称	英文名称	其他名称	商品描述
1	J2018-0001	0410.0090	21-07-2018	冻煮蚕蛹			该商品为冻煮蚕蛹，零下18摄氏度贮存，保质期半年。加工工艺：原材料100%蚕蛹经检验—筛洗—挑选—蒸煮杀菌—冷却—速冻等。常温下自然解冻，调味后即可食用。
2	J2018-0002	0410.0090	21-07-2018	冻煮稻蝗			该商品色泽为深红色，规格2.5～4.5cm。加工工艺为：鲜活稻蝗筛选、过滤、蒸煮至全熟，冷却后分级挑选，半成品质检、清洗、控水、金属探测、称重装袋、速冻(−25℃)装箱。该商品为半成品，经过简单加工煮或者油炸，加入调料即可食用。

二、《协调制度》简介

（一）协调制度的基本结构

《协调制度》的基本结构包括三部分内容：按系统顺序编排的商品编码表；类注释、章注释及子目注释。它设在各类、章之首，是对构成商品编码的税目和子目所作的补充文字说明；归类总规则。

从总体结构上讲，《协调制度》将国际贸易涉及的各种商品按照生产部类、自然属性和不同功能用途等分为21类97章，每一章由若干品目构成。每一种商品都有其相对应的归类编码。《协调制度》是一部系统的国际贸易商品分类表，所列商品名称的分类和编排是有一定规律的。

从类来看，它基本上按社会生产的分工(或称生产部类)分类，将属于同一生产部类的产品归在同一类里，如农业在第一、第二类；化学工业在第六类；纺织工业在第十一类；冶金工业在第十五类；机电制造业在第十六类等。

从章来看，基本上按商品的自然属性或用途(功能)来划分。第1章至第83章(第64章至第66章除外)基本上是按商品的自然属性来分章，如第1章至第5章是活动物和动物产品；第6章至第14章是活植物和植物产品；第25章至第27章是矿产品等。

从每一章内品目的排列来看，一般也是按动、植、矿物质顺序排列，而且更为明显的是原材料先于成品，加工程度低的产品先于加工程度高的产品，列名具体的品种先于列名一般的品种。如在第44章内，税目号4403是原木；税目号4404～4408是经简单加工的木材；税目号4409～4413是木的半制成品；税目号4414～4421是木制品。如图7-2所示，是品目4403～4421。

⊞4403 原木，不论是否去皮、去边材或粗锯成方：
⊞4404 箍木；木劈条；已削尖但未经纵锯的木桩；粗加修整但未经车圆、弯曲或其他方式加工的木棒，适合制手杖、伞柄、工具把柄及类似品；木片条及类似品：
⊞4405 木丝；木粉：
⊞4406 铁道及电车道枕木：
⊞4407 经纵锯、纵切、刨切或旋切的木材，不论是否刨平、砂光或指榫接合，厚度超过6毫米：
⊞4408 饰面用单板（包括刨切积层木获得的单板）、制胶合板或类似多层板用单板以及其他经纵锯、刨切或旋切的木材，不论是否刨平、砂光、拼接或端部结合，厚度不超过6毫米：
⊞4409 任何一边端或面制成连续形状（舌榫、槽榫、半槽榫、斜角、V形接头、珠榫、缘饰、刨圆及类似形状）的木材（包括未装拼的拼花地板用板条及缘板），不论是否刨平、砂光或端部结合：
⊞4410 碎料板，定向刨花板（OSB）及类似板（例如，华夫板），木或其他木质材料制，不论是否用树脂或其他有机黏合剂黏合：
⊞4411 木纤维板或其他木质材料纤维板，不论是否用树脂或其他有机粘合剂黏合：
⊞4412 胶合板、单板饰面板及类似的多层板：
⊞4413 强化木，成块、板、条或异型的：
⊞4414 木制的画框、相框、镜框及类似品：木制的画框、相框、镜框及类似品：
⊞4415 包装木箱、木盒、板条箱、圆桶及类似的包装容器；木制电缆卷筒；木托板、箱形托盘及其他装载用木板；木制的托盘护框：
⊞4416 木制大桶、琵琶桶、盆和其他木制箍桶及其零件，包括桶板：
⊞4417 木制的工具、工具支架、工具柄、扫帚及刷子的身及柄；木制鞋靴楦及楦头：
⊞4418 建筑用木工制品，包括蜂窝结构木镶板、已装拼的拼花地板、木瓦及盖屋板：
⊞4419 木制餐具及厨房用具：
⊞4420 镶嵌木（包括细工镶嵌木）；装珠宝或刀具用的木制盒子和小匣子及类似品；木制小雕像及其他装饰品；第九十四章以外的木制家具：
⊞4421 其他木制品：

图7-2　品目4403～4421

（二）商品编码表结构

商品编码表由商品编码和商品名称组成。《协调制度》商品编码表的主要内容是品目和子目。

商品编码表中的前4位编码(品目)货品名称，称为“品目条文”，主要限定了4位编码所包括商品的名称、规格、成分、用途、加工程度或方式等，是《协调制度》具有法律效力的归类依据；商品编码表中的第5、6位数级货品名称，称为“子目条文”，主要限定了品目条文项下子目所包括具体的商品名称、规格、成分等，也是具有法律效力的归类依据。

我国《进出口税则》在《协调制度》6位编码的基础上增设了第7、8位编码，即我国的本国子目。对一些有特殊规定的商品，我国海关又增设了第9、10位编码。

编码不是简单的顺序号，而是具有一定的含义的。

第1、2位表示商品所在的章；第3、4位表示商品在该章中的品目(我国也称税目)；第5位是一级子目，也称第五位数字编码；第6位是2级子目，也称第6位数级编码；同理，第7位、第8位是三、四级子目；也分别称第7位、第8位数级编码。

第5～8位上出现数字“9”，则通常情况下代表未具体名的商品，即在“9”的前面一般留有空序号，以便修订时增添新商品。

以“0301.9210 鳗鱼苗”为例说明如下：

编码：0 3　　0 1　　9　2　1　0

位数：1 2　　3　4　　5　6　7　8

含义：章号　该章的顺序号　　子目

1～4位称税目，品目条文

5～6位称子目条文(前6位国际统一标准，具有法律效力)

7～8位称本国子目

编码	03	01	9	2	1	0	鳗鱼苗
位数含义	第三章	品目	一级子目	二级子目	三级子目	四级子目	

编码“0301.9210”第5位的“9”代表除观赏鱼以外的其他活鱼。其中1～9之间的空序号可以用于将来增添新的其他需要具体列名的活鱼。

注意：协调制度在商品编码表中的商品名称前分别用“—”“— —”“— — —”“— — — —”代表一级子目、二级子目、三级子目、四级子目。

【分析】商品编码(税则号列)5105.3910各层次含义。

51表示第51章(协调制度章代码)；

05　表示该章第五个品目(协调制度品目代码)；

3表示品目51.05项下第三个1级子目(协调制度子目代码)；

9表示子目5105.3项下未列名2级子目；(协调制度子目代码)；

1表示子目5105.39项下第一个3级子目(中国子目代码)；

0表示子目5105.391项下未增设4级子目(中国子目代码)。

（三）归类总规则

1. 规则一

类、章及分章的标题，仅为查找方便而设；具有法律效力的归类，应按税目条文和有关类注或章注确定，如税目、类注或章注无其他规定，按以下规则确定。

规则一有三层含义。

（1）类、章及分章的标题，仅为查找方便而设。例如：第一类商品为“活动物；动物产品”，按标题，它应该包括所有的活动物和动物产品，但第一类中，根据章注可以知道，95.08 流动马戏团、动物园或其他类似巡回展出用的活动物，不包括在第一类里面。所以类、章、分章的标题只是一个大概，仅为查找方便而设。图 7-3 为第一类第一章注释。

第一类
活动物；动物产品

注释：

一、本类所称的各属种动物，除条文另有规定的以外，均包括其幼仔在内。

二、除条文另有规定的以外，本目录所称干的产品，均包括经脱水、蒸发或冷冻干燥的产品。

第一章
活 动 物

注释：

本章包括所有活动物，但下列各项除外：

一、税目 03.01、03.06、03.07 或 03.08 的鱼、甲壳动物、软体动物及其他水生无脊椎动物；

二、税目 30.02 的培养微生物及其他产品；

三、税目 95.08 的动物。

图 7-3　第一类第一章注释

（2）具有法律效力的归类应按税目条文和有关类注或章注确定。例如，在第一章章注中有规定，本章不包括品目 95.08 的动物，不包括品目 30.02 的培养微生物及其他产品。那么 95.08 的动物、30.02 的培养微生物，就不能归入本章。所以说，具有法律效力的归类应按项目条文和有关类注或章注确定。

（3）如税目、类注或章注无其他规定，按以下规则确定。在对商品进行归类的时候，税目(包括品目和子目)条文及相关的章注、类注是最重要的。如果按税目条文及相关的章注、类注还无法确定归类的，才能够按规则二、规则三、规则四、规则五、规则六来归类。

总而言之，规则一规定了商品归类时具有法律效力的归类依据及其使用顺序：具有法律效力的归类依据是税目条文、类注、章注和归类总规则，不是标题；各归类依据的使用顺序是先税目条文、类注、章注后再归类总规则。

2. 规则二

(1)规则二内容

1）税目所列货品，应视为包括该项货品的不完整品或未制成品，只要在进口或出口时该项不完整品或未制成品具有完整品或制成品的基本特征；还应视为包括该项货品的完整品或制成品(或按本款可作为完整品或制成品归类的货品)在进口或出口时的未组装件或拆散件。

2) 税目中所列材料或物质，应视为包括该种材料或物质与其他材料或物质混合或组合的物品。税目所列某种材料或物质构成的货品，应视为包括全部或部分由该种材料或物质构成的货品。由一种以上材料或物质构成的货品，应按规则三归类。

(2)规则二解释

规则二主要是为扩大品目商品范围而设的，由两条分规则组成，适用于品目条文、类注、章注无其他规定的场合。其含义分述如下：

1)规则二(一)有条件的将不完整品、未制成品也包括在品目所列货品范围之中，有三种情况：

① 不完整品：税目所列的货品，不仅包括完整的货品，还包括具有完整品或制成品基本特征的不完整品或未制成品。例如：缺少门、未安座位的汽车仍然按汽车归类；缺少键盘的便携式计算机仍然按便携式计算机归类。

② 未制成品：尚未完全制成、需进一步加工才成为制成品，只要它们具有完整品或制成品的基本特征，则应归入完整品或制成品的相应品目中。例如：做手套用已剪成手套形状的针织棉布。

③ 未组装件或拆散件：对于以未组装件或拆散形式进口或出口的不完整品或未制成品，只要它们具有完整品或制成品的基本特征，也应按已组装的完整品或制成品归入相应的品目中。实际业务中庞大的或易碎的货物，例如多功能组合机床、桥架、灯具、照明设备等通常都是未组装或拆散开的，通过简单组装即可装配起来。

2) 规则二(二)的含义也有三个方面：

① 税目提到的某种材料或物质，包括该种材料或物质与其他材料或物质的混合品或组合品，但这种混合品或组合品不能因添加了其他材料或物质而失去税目条文所列货品的特征。例如：天然软木制成，外层包纱布的热水瓶塞子。热水瓶塞子虽然包了纱布，但是并没有改变这个瓶塞是软木的基本特征，因此还是归入4503.1000。

② 税目所列出来的某种材料或物质制成的货品，包括部分或全部由该种材料或物质制成的货品。对于部分由该种材料或物质制成的货品，不能因添加了其他材料或物质而失去了税日条文所列货品的基本特征。

③ 如果由一种以上材料或物质构成的货品，或者看起来可归入两个或两个以上税目的，应按规则三归类。

▶ 3. 规则三

(1) 规则三内容

当货品按规则二(二)或由于其他原因看起来可归入两个或两个以上税目时，应按以下规则归类：

1) 列名比较具体的税目，优先于列名一般的税目。但是如果两个或两个以上税目都仅述及混合或组合货品所含的某部分材料或物质，或零售的成套货品中的某些货品，即使其中某个税目对该货品描述得更为全面、详细，这些货品在有关税目的列名应视为同样具体。

2）混合物、不同材料构成或不同部件组成的组合物以及零售的成套货品，如果不能按照规则三(一)归类时，在本款可适用的条件下，应按构成货品基本特征的材料或部件归类。

3）货品不能按照规则三(一)或(二)归类时，应按号列顺序归入其可归入的最末一个税目。

(2)规则三解释

规则三仅适用于看起来可归入两个或两个以上品目，运用品目条文、有关注释及规则二仍然无法解决归类的场合。规则三由三条分规则构成，应当按照先后次序使用，就是在运用规则三进行归类时，应先使用规则三(一)，规则三(一)不能解决归类，再使用规则三(二)，规则三(二)还不能解决归类，最后使用规则三(三)。

1）规则三(一)简称“具体列名”原则，即列名比较具体的品目，优先于列名一般的品目。对具体和一般可理解为：与类别名称相比，商品的品种名称更具体。对具有单一功能的机器设备，在判定具体列名与否时，可按下述规定操作：①按功能属性、类别列名的比按用途列名的具体；②按结构原理、功能列名的比按行业列名的具体；③同为按用途列名的，则以范围小、关系最直接者为具体。

2）规则三(二)简称“基本特征”原则。零售的成套货品要按构成货品基本特征的材料或部件归类。所称零售的成套货品是指为了某种需要或开展某项专门活动将可归入不同品目的两种或两种以上货品包装在一起，无须重新包装就可直接零售的成套货品。应注意对于品目条文或注释已有规定的成套物品，则不能依此规则办理。

例如：速冻馄饨(带有小调料包及小压缩蔬菜包，零售包装)。该商品虽然是由馄饨及调料包、压缩蔬菜包组成的零售包装速冻食品，但是，其中的主要成分是馄饨。因此，应归入税号1902.2000；家庭用电熨斗(功率500瓦，带有一个钢铁制的熨斗架及一个塑料制的加水漏斗，零售包装)。该商品虽然是由电熨斗、熨斗架及加水漏斗组成的零售包装家用电器，但是，其中的主要货品是电熨斗。因此，应归入税号8516.4000。

3）规则三(三)简称“从后归类”原则。不能按规则三(一)、三(二)归类的货品，可归入诸多有关品目中属于商品编码表最末位置的品目。此规定不能在类注、章注有例外规定时使用，注释中的例外规定在操作时总是优先于总规则的。

例如：含铜、锡各50%的铜锡合金应归入8001.20。因铜、锡含量相等，似既可按铜合金归类，也可按锡合金归类，前者应归入7403.22，后者应归入8001.20，但依规则三(三)从后归类的原则，该商品只能按锡合金归类。

▶ 4. 规则四

(1) 规则四内容

根据上述规则无法归类的货品，应归入与其最相似的货品的品目。

(2) 规则四解释

规则四简称“最相类似”原则。随着科技的进步与经济的迅速发展，新产品层出不穷，可能会出现《协调制度》在分类时无法预见的货品或情况。在出现按照规则一、二、三无法归类的货品时，应归入与其最相类似的货品的品目。这里的“最相类似”包括货物的名称、特征、用途、功能、结构等，需要综合考虑才能确定。

该规则是使用率最低的规则；在不得不使用时才用。

▶ 5. 规则五

(1) 规则五内容

1) 制成特殊形状仅适用于盛装某个或某套物品并适合长期使用的照相机套、乐器盒、枪套、绘图仪器盒、项链盒及类似容器，如果与所装物品同时进口或出口，并通常与所装物品一同出售的，应与所装物品一并归类。但本款不适用于本身构成整个货品基本特征的容器。

2) 除规则五(一)规定的以外，与所装货品同时进口或出口的包装材料或包装容器，如果通常是用来包装这类货品的，应与所装货品一并归类。但明显可重复使用的包装材料和包装容器不受本款限制。

(2) 规则五解释

规则五是关于包装材料和包装容器归类的专门条款，由两条分规则组成。

规则五(一)规定了包装容器同时符合以下 5 个条件时，与所装货品一并归类：

1) 制成特定形状或形式，专门盛装某一物品或某套物品；

2) 适合长期使用的，即容器的使用期限与所盛装的物品相比是相称的；

3) 与所装物品同时进口或出口；

4) 与所装物品一同出售；

5) 本身并不构成货品基本特征，容器本身只是物品的包装物，无论是从价值或是从作用看，它都属于从属于物品。

例如：盛装啤酒(听装，麦芽酿造)的易拉罐。在《税则》中麦芽酿造的啤酒归入税号 2203.0000。其包装用的易拉罐是专为该啤酒而设计的，外表应印有该啤酒的品牌、产地等内容，并且未单独进口，因此，应将包装罐与所盛装的啤酒视为一个货品，也归入税号 2203.0000。

规则五(二)对于通常用于包装有关货品的包装材料及包装容器的归类做了规定。明显可重复使用的包装材料或包装容器可以单独归类，不需要与其所装物品一并归类。例如：装天然气的钢罐可以重复使用，钢罐应该与天然气分开归类。

▶ 6. 规则六

(1) 规则六内容

货品在某一税目下各子目的法定归类，应按子目条文或有关的子目注释以及以上各条规则来确定，但子目的比较只能在同一数级上进行。除本税则目录条文另有规定的以外，有关的类注、章注也适用于本规则。

(2) 规则六解释

规则六是为解决某一品目下各子目的法定归类而设。它规定五位数级子目的商品范围不得超出所属四位数级品目的商品范围，六位数级子目的商品范围必须在所属的五位数级子目的商品范围之内。也就是说，在确定了商品的四位数级编码后，才可确定五位数级编码，再进一步确定六位数级编码。确定子目时，先1级，再2级，再3级，再4级。规则六有三层意思：

1）子目归类首先按子目条文和子目注释确定，子目注释〉章注〉类注；

2）如果按子目条文和子目注释还无法确定归类，则上述各规则的原则同样适用于子目的确定（如“具体列名”“基本特征”“从后归类”的原则等。）

3）确定子目时，应遵循“同级比较”的原则。即一级子目与一级子目比较，二级子目与二级子目比较，依此类推。

例如：“中华绒螯蟹种苗”，在归品目0306项下子目时：

① 先确定一级子目。比较“冻的”和“活、鲜或冷的”，归入“活、鲜或冷的”。

② 再确定二级子目。即将二级子目“岩礁虾及其他龙虾”“螯龙虾”“蟹”“挪威海螯虾”“冷水小虾及对虾”“其他”进行比较，归入“蟹”。

③ 然后确定三级子目。即将两个三级子目“种苗”与“其他”进行比较后归入“种苗”。

所以，“中华绒螯蟹种苗”正确的归类是0306.3310，而非0306.3391—中华绒螯蟹。

三、商品归类作业

商品归类作业是指根据《协调制度》归类总规则及其他归类依据，经过一系列操作，将商品归入进出口税则中某一编码。整个作业程序大体可以分为两个阶段，即归类准备阶段和归类操作阶段。

第一阶段的主要任务是根据已有知识判断商品属于哪一门类，并根据各种门类商品的主要特征收集其归类要素信息，为归类操作做好准备；第二阶段的主要任务是准确选择归类规则，并依照相应的归类依据，通过类章—品目—子目，逐步缩小查找范围，最终将商品准确归入进出口税则中某一编码。

（一）归类准备

▶ 1. 确定商品所属门类

只有准确地确定商品属于哪个门类，才能相对准确地收集商品的归类要素信息。当需要对商品进行归类时，要首先根据已有知识判断商品属于动植物类、化工类、轻工类、纺织类、金属类、机电类等中的哪一类，然后根据各种门类商品的主要特征收集其归类要素信息，为归类操作做好准备。

▶ 2. 获取归类要素信息

商品归类要素信息主要包括商品的名称、原材料、结构、规格、性能、制造原理、加工状况，以及功能和用途等。确定商品所属的门类后，一般可以通过以下途径获取相应的归类要素信息：

（1）通过单证资料获取。合同、发票、产品说明书等与商品相关的单证资料是归类工作人员获取归类要素信息最主要的途径。例如，从发票中可以获取商品名称、规格型号、用途、成分和含量等信息，从产品说明书中可以获取商品功能、原理、作用等信息。

（2）通过看货取样获取。有些进出口商品仅凭书面材料无法获得足以确定其归类的归类要素信息，则可以采用看货取样的方式来获取归类信息。例如，通过查看商品内部结构，可以获取商品的工作原理、性能指标等信息。

(3) 其他途径。比如请教生产专家、查询专业书籍、浏览相关网站等。

(二) 归类操作

商品归类是一项技术难度比较大的工作，总的思路是先确定品目，再确定子目。基本的操作步骤如下。

1. 确定品目

确定品目的过程，从某种意义上讲，是依序运用归类总规则一至五的过程。相对于后续其他规则，规则一的运用频率最高，而且可以视为后续其他规则的基础，因此，准确理解品目条文、类章注释，并运用其进行归类是确定品目最基本的技能。

具体步骤如下。

(1) 根据相关资料分析待归类商品的基本特征(如组成、结构、加工、用途等)。

(2) 根据 HS 的分类规律初步判断该商品可能涉及的类、章和品目(可能有多个)；

(3) 查找涉及的几个有关品目的品目条文；

(4) 查看所涉及的品目所在章和类的注释，检查一下相关章注和类注是否有特别的规定；

(5) 仍然有几个品目可归而不能确定时，运用归类总规则来确定品目。

通过以上几个步骤，一般即可确定该商品的品目归类。

2. 确定子目

品目确定之后就是子目的确定。要注意，同一级的子目才能比较，在确定子目的时候一定注意要逐级去查找。

具体步骤如下：

(1) 查阅所属品目的一级子目条文和适用的注释；

(2) 如可见该商品归类规定则确定一级子目；

(3) 如无规定则运用作适当修改后的归类总规则一至五确定一级子目；

(4) 依次重复前述程序，确定二级、三级、四级子目，最终完成归类操作。

注意：在确定了商品的品目后确定一级子目具体操作时，各归类依据的优先级别依次是：五位数级子目条文、子目注释、类注、章注(类注、章注与子目条文或子目注释不矛盾时)——做适当修改后的归类总规则一至五；或五位数级子目条文、子目注释(类注、章注与子目条文或子目注释不相一致时)——做适当修改后的归类总规则一至五。

第四节　进出口货物原产地的确定

一、原产地规则概述

在国际贸易中，“原产地”是指货物的来源地，即生产、采集、饲养、提取、加工和制造产品的所在地，是根据一定的规则和标准确定的生产和制造某项产品的国家、单独关税区或由国家、单独关税区组成的区域贸易集团。货物的“原产地”被形象地称为商品的“经济国籍”，原产地不同，进口商品所享受的待遇也不同。

在现在国际分工愈加细化的情况下，越来越多的产品经多个国家(地区)生产、制造。在此情形下，准确、合理确定货物真正原产地的工作尤为重要。因为确定了进口货物的原产地，就确定了其依照进口国的贸易政策所适用的关税和非关税待遇。在我国，原产地确定是海关关税业务中的重要工作，与海关估价、商品归类并称海关关税领域三大核心技术。

(一) 原产地规则的概念

原产地规则(Agreement on Rules of Origin)，也称“货物原产地规则”，指一国(地区)根据国家法令或国际协定确定的原则制定并实施的，以确定生产或制造货物的国家或地区的具体规定。世界贸易组织《原产地规则协议》将原产地规则定义为：一国(地区)为确定货物的原产地而实施的普遍适用的法律、法规和行政决定。

原产地规则在国际贸易中具有重要作用。为了实施关税的优惠或差别待遇、数量限制或与贸易有关的其他措施，海关必须根据原产地规则的标准来确定进口货物的原产国，给以相应的海关待遇。

原产地规则的主要内容包括原产地标准、直接运输原则和证明文件等。其中最重要的是原产地标准。

(二) 原产地规则的分类

▶ 1. 根据享受的待遇不同分类

根据享受的待遇不同，可分为优惠原产地规则和非优惠原产地规则

从是否适用优惠贸易协定来分，原产地规则分为两大类：一类为优惠原产地规则；另一类为非优惠原产地规则。这是当今世界上最普遍的原产地规则分类方法。其中，优惠原产地规则又可分为普惠制原产地规则、特惠制原产地规则、区域贸易安排或自由贸易区原产地规则。

▶ 2. 根据货物生产国(地区)的不同分类

根据货物生产国(地区)的不同，可分为完全原产地规则和非完全原产地规则

完全原产是指一国(地区)种植、开采或生产的产品，不能含有进口原料成分。对此制定的原产地规则可称为完全原产地规则。

非完全原产是指产品由多个国家(地区)加工制造，对此制定的原产地规则可称为非完全原产地规则。非完全原产地规则的判断标准主要是实质性改变标准。该标准包括：税则归类改变标准，从价百分比标准(或增值标准、区域价值成分标准等)，加工工序标准，混合标准等。

▶ 3. 根据原产地规则制定者数量的不同分类

根据原产地规则制定者数量的不同，可分为单边原产地规则和多边原产地规则

单边原产地规则由一方单独制定，优惠普遍适用于另一方，例如普惠制和特惠制项下的原

产地规则。多边原产地规则，由参与多边贸易体制所有成员共同商定，对各成员普遍适用。

二、优惠原产地规则

(一) 优惠原产地规则概述

优惠原产地规则是指一国为了实施国别优惠政策而制定的法律、法规，是以优惠贸易协定通过双边、多边协定形式或者是由本国自主制定的一些特殊原产地认定标准，也称为协定原产地规则。优惠原产地规则具有很强的排他性，优惠范围以原产地为受惠国(地区)的进口产品为限，其目的是促进协议方之间的贸易发展。

优惠原产地规则主要有以下两种实施方式：一是通过自主方式授予，如欧盟普惠制(GSP)、中国对最不发达国家的特别优惠关税待遇；二是通过协定以互惠性方式授予，如《中国—东盟自由贸易协定》等。由于优惠原产地规则适用于认定进口货物能否享受比最惠国更优惠待遇的依据，因此其认定标准通常会与非优惠原产地规则不同，其宽和严完全取决于成员方。进口国(地区)为了防止此类优惠措施被滥用或规避，一般都制定了货物直接运输的条款。

我国加入世界贸易组织后，为了进一步改善所处的贸易环境，推进市场多元化进程，截至目前，我国先后签订了《亚太贸易协定》《中国—东盟自由贸易协定》等优惠贸易协定，在各个优惠贸易协定中均包含有相应的优惠原产地规则。我国签订的主要优惠贸易协定，如表 7-7 所示。

表 7-7　我国签订的主要优惠贸易协定

优惠贸易协定名称	代　码	国家(地区)范围
亚太贸易协定	01	韩国、印度、孟加拉、斯里兰卡、老挝
中国—东盟自贸协定	02	文莱、柬埔寨、印度尼西亚、老挝、马来西亚、缅甸、菲律宾、新加坡、泰国、越南
内地与香港关于建立更紧密经贸关系的贸易协定(香港 CEPA)	03	中国香港
内地与澳门关于建立更紧密经贸关系的贸易协定(澳门 CEPA)	04	中国澳门
中国—巴基斯坦自贸协定	07	巴基斯坦
中国—智利自贸协定	08	智利
中国—新西兰自贸协定	10	新西兰
中国—新加坡自贸协定	11	新加坡
中国—秘鲁自贸协定	12	秘鲁
海峡两岸经济框架合作协定(ECFA)	14	中国台湾地区
中国—哥斯达黎加自贸协定	15	哥斯达黎加
中国—冰岛自贸协定	16	冰岛
中国—瑞士自贸协定	17	瑞士
中国—澳大利亚自贸协定	18	澳大利亚
中国—韩国自贸协定	19	韩国
中国—格鲁吉亚自贸协定	20	格鲁吉亚

以上诸多优惠贸易协定，各个协定中的原产地管理办法各不相同、纷繁复杂。为加强我国优惠原产地的统一管理，海关总署于2009年1月发布了《优惠原产地管理规定》。《优惠原产地管理规定》与各项自由贸易协定和优惠贸易安排项下的原产地管理办法，初步构成我国优惠原产地管理的基本框架。

(二) 优惠原产地标准

《优惠原产地管理规定》就优惠贸易项下普遍适用的原产地认定作了统领性规定。对于完全在一国(地区)获得或者生产的货物，适用完全获得标准。对于非完全在一国(地区)获得或者生产的货物，适用实质性改变标准。

从优惠贸易协定成员国或者地区直接运输进口的货物，符合下列标准之一的，其原产地为该成员国或者地区。

▶ 1. 完全获得标准

完全获得，即从优惠贸易协定成员国或者地区(以下简称成员国或者地区)直接运输进口的货物是完全在该成员国或者地区获得或者生产的。“生产”，是指获得货物的方法，包括货物的种植、饲养、开采、收获、捕捞、耕种、诱捕、狩猎、捕获、采集、收集、养殖、提取、制造、加工或者装配。

“完全在该成员国或者地区获得或者生产”的货物是指：

(1) 在该成员国或者地区境内收获、采摘或者采集的植物产品；

(2) 在该成员国或者地区境内出生并饲养的活动物；

(3) 在该成员国或者地区领土或者领海开采、提取的矿产品；

(4) 其他符合相应优惠贸易协定项下完全获得标准的货物。

原产于优惠贸易协定某一成员国或地区的货物或者材料在同一优惠贸易协定另一成员国或者地区境内用于生产另一货物，并构成另一货物组成部分的，该货物或者材料应当视为原产于另一成员国或者地区境内。

为便于装载、运输、储存、销售进行的加工、包装、展示等微小加工或者处理，不影响货物原产地确定；运输期间用于保护货物的包装材料及容器不影响货物原产地确定；在货物生产过程中使用，本身不构成货物物质成分，也不成为货物组成部件的材料或者物品，其原产地不影响货物原产地确定。

▶ 2. 非完全获得标准

即实质性改变标准。根据《优惠原产地管理规定》第五条的规定，非完全在该成员国或者地区获得或者生产的货物，按照相应优惠贸易协定规定的税则归类改变标准、区域价值成分标准、制造加工工序标准或者其他标准确定其原产地。

(1) 税则归类改变，是指原产于非成员国或者地区的材料在出口成员国或者地区境内进行制造、加工后，所得货物在《协调制度》中税则归类发生了变化。税则归类改变标准目前主要有章改变标准、4位级税号改变标准和6位级税号改变标准等几种形式。

(2) 区域价值成分，是指出口货物船上交货价格(FOB)扣除该货物生产过程中该成员国或者地区非原产材料价格后，所余价款在出口货物船上交货价格(FOB)中所占的百分比。“非原产材料”，是指用于货物生产中的非优惠贸易协定成员国或者地区原产的材料，以及不明原产地的材料。

用公式表示如下：

区域价值成分=[货物的出口价格(FOB)−非原产材料价格]÷货物的出口价格(FOB)×100%

不同协定框架下的优惠原产地规则均包含区域价值成分标准，但各有不同，比如中国—东盟自贸区规则关于区域价值成分的要求是，原产于中国—东盟自由贸易区的产品的成分占其总价值的比例不少于40%；原产于非自由贸易区的材料、零件或者产物的总价值不超过所生产或者获得产品离岸价格的60%，并且最后生产工序在东盟国家境内完成。亚太自贸协定关于区域价值成分的要求是来自非参加国或不明原产地的原材料、零件或制品的总价值不超过该产品FOB价的55%，且最后生产工序在该国境内完成。具体规定可详见各相关贸易协定的“区域价值成分标准”部分。

(3) 制造加工工序，是指赋予加工后所得货物基本特征的主要工序。

(4) 其他标准，是指除上述标准之外，成员国或者地区一致同意采用的确定货物原产地的其他标准。例如，混合标准，就是根据需要把前面所述的3种标准混合使用的标准，在中国港澳CEPA中，部分产品使用了加工工序和区域价值成分相结合的混合标准。

各自由贸易协定和优惠贸易安排对具体商品适用何种标准均作出规定，实际确定原产地时需按照各商品具体标准执行。

(三) 直接运输规则

1. 直接运输规则概述

“直接运输”是指优惠贸易协定项下进口货物从该协定成员国或者地区直接运输至中国境内，途中未经过该协定成员国或者地区以外的其他国家或者地区(以下简称其他国家或地区)。

2. 直接运输规则的相关规定

原产于优惠贸易协定成员国或者地区的货物，经过其他国家或者地区运输至中国境内，不论在运输途中是否转换运输工具或者作临时储存，同时符合下列条件的，应当视为“直接运输”：

(1) 该货物在经过其他国家或者地区时，未作除使货物保持良好状态所必须处理以外的其他处理；

(2) 该货物在其他国家或者地区停留的时间未超过相应优惠贸易协定规定的期限；

(3) 该货物在其他国家或者地区作临时储存时，处于该国家或地区海关监管之下。

通过上述规定可以看出，直接运输一般包括两种情况，第一种是未经过成员国以外国家或者地区的运输，这是直接运输的基本形式；第二种是视为直接运输，主要指运输途中经过了成员国以外的国家或者地区的情形。可以视为直接运输的情形必须满足规定条件，即仅出于地理原因或者运输需要、未作任何增值性处理、未进入途经国消费或者贸易领域等。有的自贸协定还要求在视为直接运输情形下，进口货物收货人应当按照进口国海关的要求提交途经国家或者地区海关出具的证明文件。

不同协定框架下的优惠原产地规则均包含“直接运输”规则，详见各相关贸易协定的“直接运输”规则部分。

确认货物的运输是否符合直接运输规则的证明文件一般没有统一格式和内容要求。通常提供原产地签发的联运提单、过境地海关签发的未加工证明等文件资料即可。由于我国与其他国家或地区签署的优惠贸易协定或贸易安排一般均有直接运输证明的具体规定，收货人只有按规定向海关提交规定的证明文件才能享受优惠关税待遇。

（四）原产地证书

▶1. 原产地证书概述

原产地证书是证明产品原产地的书面文件。优惠贸易协定项下出口货物原产地证书（优惠原产地证书）是指订有优惠贸易协定国家或地区的官方机构签发的享受成员方关税互惠减免待遇的凭证。按照规定，我国海关、中国国际贸易促进委员会及其地方分会（以下简称贸促机构）有权签发优惠贸易协定项下出口货物原产地证书。

对进口单位而言，在报关税费核算事务中，较原产地确定的实质性规定更为重要的是应该将主要精力放在满足海关规定的程序性要求上，即完整、规范、及时提供以原产地证书为主的海关所需单证。《中国—澳大利亚自贸协定》原产地证书，如表 7-8 所示。

表 7-8 《中国—澳大利亚自贸协定》原产地证书

CERTIFICATE OF ORIGIN

<table>
<tr><td colspan="3">1. Exporter's name, address and country</td><td colspan="4" rowspan="2">Certificate No.:
CERTIFICATE OF ORIGIN
Form for China-Australia Free Trade Agreement
Issued in: ________</td></tr>
<tr><td colspan="3">2. Producer's name and address</td></tr>
<tr><td colspan="3">3. Importer's name, address and country</td><td colspan="4">For official use only:</td></tr>
<tr><td colspan="3">4. Means of transport and route</td><td colspan="4">5. Remarks:</td></tr>
<tr><td>6. Item number</td><td>7. Marks and numbers on packages</td><td>8. Number and kind of packages; description of goods</td><td>9. HS code</td><td>10. Origin criterion</td><td>11. Gross or net weight or other quantity</td><td>12. Invoice number and date</td></tr>
<tr><td colspan="3">13. Declaration by the exporter or producer
The undersigned hereby declares that the above-stated information is correct and that the goods exported to

____
(Importing Party)

comply with the origin requirements specified in the China-Australia Free Trade Agreement.</td><td colspan="4">14. Certification
On the basis of the control carried out, it is hereby certified that the information herein is correct and that the described goods comply with the origin requirements of the China-Australia Free Trade Agreement.

Place, date, and signature and stamp of the Authorised Body</td></tr>
</table>

2. 优惠原产地证书申报要求

货物申报进口时，进口货物收货人或其代理人应当按照海关的申报规定填制“中华人民共和国海关进口货物报关单”，申明适用协定税率或者特惠税率，并同时提交下列单证：

（1）货物的有效原产地证书正本，或者相关优惠贸易协定规定的原产地声明文件；

（2）货物的商业发票正本、运输单证等其他商业单证。

货物经过其他国家或者地区运输至中国境内，应当提交证明符合《优惠原产地管理规定》第十条第二款规定的联运提单等证明文件；在其他国家或者地区临时储存的，还应当提交该国家或者地区海关出具的证明符合《优惠原产地管理规定》第十条第二款规定的其他文件。

进口货物收货人或者其代理人向海关提交的原产地证书，应当符合相应优惠贸易协定关于证书格式、填制内容、签章、提交期限等规定，并与商业发票、报关单等单证的内容相符。

原产地申报为优惠贸易协定成员国或者地区的货物，进口货物收货人或者其代理人未按照规定提交原产地证书、原产地声明的，应当在申报进口时就进口货物是否具备相应的优惠贸易协定成员国或者地区原产资格向海关补充申报。海关可以根据进口货物收货人或者其代理人的申请，按照协定税率或者特惠税率收取相当于应缴税款的等值保证金后放行货物，并按照规定办理进口手续、进行海关统计。

海关认为需要对进口货物收货人或者其代理人提交的原产地证书的真实性、货物是否原产于优惠贸易协定成员国或者地区进行核查的，应当按照该货物适用的最惠国税率、普通税率或者其他税率收取相当于应缴税款的等值保证金后放行货物，并按照规定办理进口手续、进行海关统计。

出口货物申报时，出口货物发货人应当按照海关的申报规定填制《中华人民共和国海关出口货物报关单》，并向海关提交原产地证书电子数据或者原产地证书正本的复印件。

为确定货物原产地是否与进出口货物收发货人提交的原产地证书及其他申报单证相符，海关可以对进出口货物进行查验，具体程序按照《中华人民共和国海关进出口货物查验管理办法》有关规定办理。

优惠贸易协定项下进出口货物及其包装上标有原产地标记的，其原产地标记所标明的原产地应当与依照《优惠原产地管理规定》确定的货物原产地一致。

3. 不适用于协定或者特惠税率情形

（1）进口货物收货人或者其代理人在货物申报进口时没有提交符合规定的原产地证书、原产地声明，也未就进口货物是否具备原产资格进行补充申报的；

（2）进口货物收货人或者其代理人未提供商业发票、运输单证等其他商业单证，也未提交其他证明符合《优惠原产地管理规定》第十四条规定的文件的；

（3）经查验或者核查，确认货物原产地与申报内容不符，或者无法确定货物真实原产地的；

（4）其他不符合《优惠原产地管理规定》及相应优惠贸易协定规定的情形。如：未按补充申报相关规定，在货物申报进口之日起一年内补交有效的原产地证书的；我国海关已要求优惠贸易协定有关成员方签证机构或原产地主管机构开展核查，在规定期限内未收到核查反馈结果的。

三、非优惠原产地规则

(一) 非优惠原产地规则概述

非优惠原产地规则，也称为自主原产地规则，是一国(地区)根据实施其海关税则和其他贸易措施的需要，由本国(地区)立法自主制定的。按照世界贸易组织的规定，适用于非优惠性贸易政策措施的原产地规则，其实施必须遵守最惠国待遇原则，即必须普遍地、无差别地适用于所有原产地为最惠国的进口货物。

为加强我国原产地的统一管理，2004 年 8 月，国务院审议通过《中华人民共和国进出口货物原产地条例》(以下简称《原产地条例》)，于 2005 年 1 月 1 日起实施。条例适用于实施最惠国待遇、反倾销和反补贴、保障措施、原产地标记管理、国别数量限制、关税配额等非优惠性贸易措施，以及进行政府采购、贸易统计等活动对进出口货物原产地的确定。依据《原产地条例》，海关总署会同商务部、原国家质检总局发布了《关于非优惠原产地规则中实质性改变标准的规定》(以下简称《实质性改变标准规定》)，与《原产地条例》同时实施。《原产地条例》与《实质性改变标准规定》初步构成了我国非优惠进口货物原产地管理的法制框架。

(二) 非优惠原产地标准

目前，我国确定非优惠原产地的认定标准主要有完全获得标准和实质性改变标准。

▶ 1. 完全获得标准

适用于完全在一个国家(地区)获得的货物原产地的确定。“获得”，是指捕捉、捕捞、搜集、收获、采掘、加工或者生产等。符合以下条件的，视为在一国(地区)“完全获得”，以该国(地区)为原产地：

(1) 在该国(地区)出生并饲养的活的动物；

(2) 在该国(地区)野外捕捉、捕捞、搜集的动物；

(3) 从该国(地区)的活的动物获得的未经加工的物品；

(4) 在该国(地区)收获的植物和植物产品；

(5) 在该国(地区)采掘的矿物；

(6) 在该国(地区)获得的除第(1)项至第(5)项范围之外的其他天然生成的物品；

(7) 在该国(地区)生产过程中产生的只能弃置或者回收用作材料的废碎料；

(8) 在该国(地区)收集的不能修复或者修理的物品，或者从该物品中回收的零件或者材料；

(9) 由合法悬挂该国旗帜的船舶从其领海以外海域获得的海洋捕捞物和其他物品；

(10) 在合法悬挂该国旗帜的加工船上加工本条第(9)项所列物品获得的产品；

(11) 从该国领海以外享有专有开采权的海床或者海床底土获得的物品；

(12) 在该国(地区)完全从本条第(1)项至第(11)项所列物品中生产的产品。

在确定货物是否在一个国家(地区)完全获得时，为运输、储存期间保存货物而作的加工或者处理，为货物便于装卸而进行的加工或者处理，为货物销售而进行的包装等加工或者处理等，不予考虑。

2. 实质性改变标准

适用于非优惠性贸易措施项下确定两个以上国家(地区)参与生产货物的原产地。进出口货物实质性改变的确定标准，以税则归类改变为基本标准，税则归类改变不能反映实质性改变的，以从价百分比、制造或者加工工序等为补充标准。

(1) “税则归类改变”标准：是指在某一国家(地区)对非该国(地区)原产材料进行制造、加工后，所得货物在《中华人民共和国进出口税则》中的四位数级税目归类发生了变化。

例如：A 国从 B 国进口可可豆(税号 1801)，加工制成含糖可可粉(税号 1806)，然后向我国出口。可可豆在 A 国进行加工后，税号发生了改变，从“1801”改变为“1806”，可视作进行了“最后完成实质性改变”，因此认定 A 国为该含糖可可粉的原产国。

(2) “制造、加工工序”标准：是指在某一国家(地区)进行的赋予制造、加工后所得货物基本特征的主要工序。

例如：我国从 A 国进口的去壳去皮的腰果实际上是 A 国从 B 国输入的带壳带皮的腰果，但 A 国对其进行了“去壳去皮”加工，使腰果经历了赋予其“不带壳不带皮”基本特征的主要工序，即可视为该进口货物发生了实质性改变，从而认定 A 国为该进口货物的原产国。

(3) “从价百分比”标准：是指在某一国家(地区)对非该国(地区)原产材料进行制造、加工后的增值部分超过了所得货物价值的 30%。用公式表示如下：

$$\frac{\text{工厂交货价} - \text{非该国(地区)原产材料价值}}{\text{工厂交货价}} \times 100\% \geqslant 30\%$$

这里应注意：上述“工厂交货价”是指支付给制造厂所生产的成品的价格；“非该国(地区)原产材料价值”是指直接用于制造或装配最终产品而进口原料、零部件的价值(含原产地不明的原料、零配件)，以其进口的成本、保险费加运费价格(CIF 价)计算。

例如：我国从 A 国进口某货物，该货物在 A 国的工厂交货价为每单位 100 美元，该生产厂商制造每单位该产品使用了从他国进口的原辅材料 60 美元，则：增值比例＝[(100－60)/100]×100%＝40%，增值比例≥30%，可确定 A 国为该进口货物的原产地。

以上述“制造、加工工序”和“从价百分比”作为标准来判定实质性改变的货物在《实质性改变标准规定》所附的“适用制造或者加工工序及从价百分比标准的货物清单”(以下简称“货物清单”)中具体列明的，按列明的标准判定是否发生实质性改变。

税则改变标准是确定实质性改变的基本标准，但由于现行法规没有针对货物制定具体税则改变规则，只是规定列入“货物清单”的货物按照规定的标准进行判断，因此在具体操作中，应先参照“货物清单”，对未列入上述清单的，其实质性改变的判定适用税则归类改变标准。

(三) 适用非优惠原产地规则的原产地证书

一般情况下，我国海关对非优惠贸易协定下进口货物执行最惠国待遇条款，即对进口货物按照最惠国税率征税，因此，非优惠原产地规则中，收发货人仅在海关要求的情况下提交原产地证书，其余情况下均无须提交。在目前的管理措施中，非优惠原产地规则下需要提交原产地证书的情形主要为两反一保，即实施反倾销、反补贴及保障措施的进出口货物，因涉及不同国家及厂商的差别待遇，必须提供原产地证书(有时甚至需要提供原产商发票，否则按照最高税率执行相应反制措施)。一般原产地证书示例，如表 7-9所示。

表 7-9　一般原产地证书

ORIGINAL

<table>
<tr><td colspan="2">1. Exporter</td><td colspan="3" rowspan="2">Certificate No. :
CERTIFICATE OF ORIGIN
OF
THE PEOPLE'S REPUBLIC OF CHINA</td></tr>
<tr><td colspan="2">2. Consignee</td></tr>
<tr><td colspan="2">3. Means of transport and route</td><td colspan="3" rowspan="2">5. For certifying authority use only</td></tr>
<tr><td colspan="2">4. Country/region of destination</td></tr>
<tr><td>6. Marks and numbers</td><td>7. Number and kind of packages; description of goods</td><td>8. H. S. code</td><td>9. quantity or weight</td><td>10. number and date of Invoice</td></tr>
<tr><td></td><td></td><td></td><td></td><td></td></tr>
<tr><td colspan="2">11. Declaration by the exporter
The undersigned hereby declares that the above details and statements are correct, that all the goods were produced in China and that they comply with the Rules of Origin of the People's Republic of China.

Place, date, and signature and stamp of the authorized signatory</td><td colspan="3">12. Certification
It is hereby certified that the declaration by the exporter is correct.

Place, date, and signature and stamp of the certifying authority</td></tr>
</table>

第五节　税率的确定

进行进出口税费核算工作，在完成商品归类的确定、原产地的确定之后，就需要选择和确定进出口货物适用的税率。

一、进出口货物关税税率设置

根据《中华人民共和国进出口关税条例》(以下简称《关税条例》)的规定，我国进口关税设置最惠国税率、协定税率、特惠税率、普通税率、关税配额税率等税率。对进口货物在一定期限内可以实行暂定税率；出口关税设置出口税率。对出口货物在一定期限内可以实行暂定税率。

(一) 进口关税税率

▶ 1. 最惠国税率

最惠国待遇是指国际经济贸易条约或协定规定的、缔约国一方现在和将来给予任何第三国的一切关税减让、特权、优惠或豁免，也必须同样给予缔约国另一方的一种待遇。又称无歧视待遇。最惠国税率是根据最惠国待遇相互给予的关税优惠税率，但它并不一定是“最优惠”的税率。

▶ 2. 协定税率

协定税率是一国根据其与别国签订的贸易条约或协定而制订的关税税率。两个或两个以上结成区域性经济集团的国家(地区)相互给予的优惠待遇可以为最惠国待遇的例外，非该集团的成员不得要求享受该优惠税率。一般情况下，协定税率要比最惠国税率更为优惠。

2002年起，我国开始对原产于韩国、斯里兰卡和孟加拉3个《曼谷协定》成员的739个税目的进口商品实行《曼谷协定》税率。其后，协定税率的适用范围不断扩大。2019年我国对原产于23个国家或地区的部分商品实施协定税率，其中，根据内地与香港、澳门签署的《关于建立更紧密经贸关系的安排》货物贸易协议，除内地在有关国际协议中作出特殊承诺的产品外，对原产于香港、澳门的进口货物全面实施零关税。

▶ 3. 特惠税率

特惠税率是中国单方面给予最不发达国家的特殊关税优惠待遇。实施特惠税率，旨在实现保证最不发达国家有效参与世界贸易体制和采取进一步改善其贸易机会的需要。

2002年起，我国对原产于孟加拉的18个税目的进口商品实行《曼谷协定》特惠税率。随后，特惠税率的适用范围不断扩大。根据我国政府与有关国家政府间换文协议，2019年，我国对原产于老挝、孟加拉、柬埔寨、缅甸、埃塞俄比亚、安哥拉等43个国家的部分进口货物，实施特惠税率。

▶ 4. 普通税率

普通税率也称国定税率。普通税率适用于没有外交关系的国家和产地不明的进口货物，税率最高，一般比优惠税率高1～5倍，少数商品甚至更高。目前仅有个别国家对极少数(一般是非建交)国家的出口商品实行这种税率，大多数只是将其作为其他优惠税率减税的基础。因此，普通税率并不是被普遍实施的税率。

▶ 5. 暂定税率

暂定税率是在海关进出口税则规定的进口优惠税率和出口税率的基础上，对进口的某些重要的工农业生产原材料和机电产品关键部件(但只限于从与中国订有关税互惠协议的国家和地区进口的货物)以及出口的部分资源性产品实施的更为优惠的关税税率。这种税率一般按照年度制订，并且随时可以根据需要恢复按照法定税率征税。

暂定进口税率是国家对部分进口货物实行的一种临时性进口关税税率。一般根据国民经济发展的实际需要和进口关税税率的总体调整情况，对部分进口货物实行暂定税率，以更有效地发挥关税在提高国内竞争能力、促进企业技术进步、保障经济运行等方面的作用。2019年，我国对706项商品实施进口暂定税率。

▶ 6. 关税配额税率

关税配额，不限制进口货物的绝对数额，而对在一定时期内规定配额内进口的货物实行较低的税率，对超出配额进口的货物实行较高的税率(一般是最惠国税率或普通税率)，是一种利用关税税率高低与数量限制相结合控制进口货物数量的措施。

关税配额税率一般按照年度制订，其税率通常比最惠国税率低若干倍，并作为附件随附于税则正文之后，称为“关税配额商品进口税率表”。2019年，我国继续对小麦等8类商品实施关税配额管理，税率不变。其中，对尿素、复合肥、磷酸氢铵3种化肥的关税配额税率继续实施1%的进口暂定税率。继续对配额外进口的一定数量棉花实施滑准税，并进行适当调整。

▶ 7. 附加税率

除上述常规税率设置外，国家还针对某些特殊情况下进口货物的税款征收规定了反倾销税率、反补贴税率、保障措施税率、报复性关税税率等附加税率，该类税率一般具有临时性特点。报复性关税是指他国政府以不公正、不平等、不友好的态度对待本国输出的货物时，为维护本国的利益，报复该国对本国输出货物的不公正、不平等、不友好，对该国输入本国的货物加重征收的关税。

附加税税种及税率由国务院关税税则委员会作出决定，海关负责征收。一般情况下，执行前，相关国家部门均对外发布征收公告。按照有关法律、行政法规的规定对进口货物采取反倾销、反补贴、保障措施的，其反倾销、反补贴、保障措施税率的适用按照《反倾销条例》《反补贴条例》和《保障措施条例》的有关规定执行。

(二) 出口关税税率

▶ 1. 出口关税概述

出口关税是指一国(地区)海关以出境货物、物品为课税对象所征收的关税。征收出口关税，在17、18世纪时曾是欧洲各国的重要财政来源。后来各国逐渐认识到征收出口关税不利于本国的生产和经济发展。因为出口关税增加了出口货物的成本，会提高本国产品在国外的售价，从而降低同外国产品的市场竞争能力，影响本国产品的出口。因此19世纪后期，各国相继取消了出口关税。目前征收出口关税的主要目的是限制和调控某些商品的过度无序出口，特别是防止本国一些重要自然资源和原材料的无序出口。

为适应出口管理制度的改革需要，促进能源资源产业的结构调整、提质增效，自2019

年1月1日起，我国对化肥、磷灰石、铁矿砂、矿渣、煤焦油、木浆等94项商品不再征收出口关税。

▶ 2. 我国出口关税税率

我国对征收出口关税的货物设置出口税率，部分征收出口关税的货物还设有暂定税率。被征收关税的出口货物有暂定税率的，应当适用暂定税率。

根据国务院关税税则委员会关于2019年进出口暂定税率等调整方案的通知，自2019年1月1日起，我国继续对铬铁等108项出口商品征收出口关税或实行出口暂定税率，税率维持不变，取消94项出口暂定税率。

二、进出口货物关税税率的适用

税率适用是指进出口货物在征税、补税或退税时选择适用的各种税率。

(一) 税率适用的规则

《关税条例》第十条至第十四条对税率的适用作出了原则性规定。

▶ 1. 最惠国税率的适用

原产于共同适用最惠国待遇条款的世界贸易组织成员的进口货物，原产于与中华人民共和国签订含有相互给予最惠国待遇条款的双边贸易协定的国家或者地区的进口货物，以及原产于中华人民共和国境内的进口货物，适用最惠国税率。

上述规定有三层含义。首先，最惠国税率仅适用于原产于共同适用最惠国待遇条款的世界贸易组织成员的进口货物；其次，原产于与我国达成双边贸易协定相互给予最惠国待遇条款的非世界贸易组织成员的进口货物也同样适用最惠国税率；最后，对于出口复进口的国产货物，如根据原产地规则其原产地仍为中国的，也同样适用最惠国税率。

▶ 2. 协定税率和特惠税率的适用

原产于与中华人民共和国签订含有关税优惠条款的区域性贸易协定的国家或者地区的进口货物，适用协定税率。

原产于与中华人民共和国签订含有特殊关税优惠条款的贸易协定的国家或者地区的进口货物，适用特惠税率。

▶ 3. 普通税率的适用

原产于《关税条例》第十条第一款、第二款和第三款所列以外国家或者地区的进口货物，以及原产地不明的进口货物，适用普通税率。

上述规定有两层含义。首先，原产于《关税条例》第十条第一款、第二款和第三款所列国家或者地区的进口货物享受优惠税率(最惠国税率、协定税率和特惠税率)待遇；原产于上述以外的国家或者地区的进口货物适用普通税率。其次，对于原产地不明的进口货物，由于无法确定其应适用哪种优惠税率，因而只能适用普通税率。目前，主要是原产于少数与我国没有外交关系且不属于世界贸易组织成员的国家或地区的进口货物适用普通税率。

▶ 4. 暂定税率的适用

《关税条例》第十一条规定：适用最惠国税率的进口货物有暂定税率的，应当适用暂定税率；适用协定税率、特惠税率的进口货物有暂定税率的，应当从低适用税率；适用普通税率的进口货物，不适用暂定税率。适用出口税率的出口货物有暂定税率的，应当适用暂定税率。

对上述条款的理解应掌握三项原则，第一，暂定税率优先原则；第二，从低适用原则；第三，普通税率不适用暂定税率原则。

▶ 5. 关税配额税率的适用

《关税条例》第十二条规定：按照国家规定实行关税配额管理的进口货物，关税配额内的，适用关税配额税率；关税配额外的，其税率的适用按照《关税条例》第十条、第十一条的规定执行。

《关税条例》第十条、第十一条是关于最惠国税率、协定税率、特惠税率、普通税率适用的规定。因此关税配额外的进口货物，适用的税率由原产地规则来判断，因此其适用的税率只能是最惠国税率、协定税率、特惠税率、普通税率的其中一种。

▶ 6. 反倾销、反补贴、保障措施税率的适用

《关税条例》第十三条规定：按照有关法律、行政法规的规定对进口货物采取反倾销、反补贴、保障措施的，其税率的适用按照《中华人民共和国反倾销条例》《中华人民共和国反补贴条例》和《中华人民共和国保障措施条例》的有关规定执行。

根据《中华人民共和国反倾销条例》《中华人民共和国反补贴条例》的规定，对进口货物征收反倾销税、反补贴税，由商务部提出建议，国务院税则委员会根据商务部的建议作出决定，由商务部予以公告，反倾销税税额或反补贴税税额不得超过倾销或补贴幅度。据此，国务院税则委员会根据商务部的终裁决定和实施反倾销或反补贴的措施的建议，在不超过倾销或补贴的幅度内确定税率。由于不同国家或地区或公司的倾销或补贴幅度不同，相应的税率也不同。因此，在一个反倾销案中，会出现多个税率或适用不同税率的情形。

根据《中华人民共和国保障措施条例》的有关规定，保障措施不分国别，针对来自所有国家或地区的同一产品，一般只适用一个税率。

▶ 7. 报复性关税税率的适用

《关税条例》第十四条规定：任何国家或者地区违反与中华人民共和国签订或者共同参加的贸易协定及相关协定，对中华人民共和国在贸易方面采取禁止、限制、加征关税或者其他影响正常贸易的措施的，对原产于该国家或者地区的进口货物可以征收报复性关税，适用报复性关税税率。

征收报复性关税的货物、适用国别、税率、期限和征收办法，由国务院关税税则委员会决定并公布。

同时有两种及以上税率可适用的进出口货物最终适用税率如表 7-10 所示。

表 7-10　进出口货物适用税率汇总表

适用货物	可选用的税率	最终适用的税率
进口货物	同时适用最惠国税率、进口暂定税率	应当适用暂定税率
	同时适用协定税率、特惠税率、进口暂定税率	应当从低适用税率
	同时适用国家优惠政策、进口暂定税率	按国家优惠政策进口暂定税率商品时，以优惠政策计算确定的税率与暂定税率两者取低计征关税，但不得在暂定税率基础上再进行减免
	适用普通税率的进口货物，存在进口暂定税率	适用普通税率的进口货物，不适用暂定税率
	适用关税配额税率、其他税率	关税配额内的，适用关税配额税率；关税配额外的，适用其他税率
	同时适用 ITA 税率、其他税率	适用 ITA 税率
	反倾销税、反补贴税、保障措施关税、报复性关税	适用反倾销税率、反补贴税率、保障措施税率、报复性关税税率，除按《进出口税则》的税率征收关税外，另外加征的关税
出口货物	出口暂定税率、出口税率	出口暂定税率

(二) 税率适用的时间

▶ 1. 一般原则

《关税条例》第十五条规定了税率适用时间的一般原则，即“进出口货物，应当适用海关接受该货物申报进口或者出口之日实施的税率”；“进口货物到达前，经海关核准先行申报的，应当适用装载该货物的运输工具申报进境之日实施的税率”。

▶ 2. 特殊情况下的处理

依据上述原则，《关税条例》和《中华人民共和国海关进出口货物征税管理办法》(以下简称《征税管理办法》)规定了各种情况下进出口货物的税率适用日期。

(1) 转关运输货物税率的适用时间。进口转关运输货物，应当适用指运地海关接受该货物申报进口之日实施的税率；货物运抵指运地前，经海关核准先行申报的，应当适用装载该货物的运输工具抵达指运地之日实施的税率。出口转关运输货物，应当适用启运地海关接受该货物申报出口之日实施的税率。

(2) 实行集中申报的进出口货物税率的适用时间。经海关批准，实行集中申报的进出口货物，应当适用每次货物进出口时海关接受该货物申报之日实施的税率。

(3) 超期未报进口货物税率的适用时间。因超过规定期限未申报而由海关依法变卖的进口货物，其税款计征应当适用装载该货物的运输工具申报进境之日实施的税率。

(4) 需要追征税款的进出口货物税率的适用时间。因纳税义务人违反规定需要追征税款的进出口货物，应当适用违反规定的行为发生之日实施的税率；行为发生之日不能确定的，适用海关发现该行为之日实施的税率。

▶ 3. 特殊货物税率适用时间

《征税管理办法》第十四条规定：已申报进境并放行的保税货物、减免税货物、租赁货物或者已申报进出境并放行的暂准进出境货物，有下列情形之一需缴纳税款的，应当适用海关接受纳税义务人再次填写报关单申报办理纳税及有关手续之日实施的税率：

（1）保税货物经批准不复运出境的；

（2）保税仓储货物转入国内市场销售的；

（3）减免税货物经批准转让或者移作他用的；

（4）可暂不缴纳税款的暂准进出境货物，经批准不复运出境或者进境的；

（5）租赁进口货物，分期缴纳税款的。

▶ 4. 退补税货物税率适用时间

《征税管理办法》第十五条规定：补征或者退还进出口货物税款，应当按照本办法第十三条和第十四条的规定确定适用的税率。

本条是关于对进出口货物补征或者退还税款时税率适用的条款。在补征或者退还进出口货物的税款时，原则上应按照当初对该货物征收税款时所适用的税率计算应补征或者应退还的税款。

根据《关税条例》和《征税管理办法》的规定，将进出口税率适用时间总结如表 7-11 所示：

表 7-11　税率适用时间表

货物类别	税率适用时间的规定
进出口货物	适用海关接受该货物申报进口或出口之日实施的税率
进口货物到达前，经海关核准先行申报的	适用装载该货物的运输工具申报进境之日实施的税率
进口转关运输货物	①适用指运地海关接受该货物申报进口之日实施的税率 ②货物运抵指运地前，经海关核准先行申报的，其适用的税率是装载该货物的运输工具抵达指运地之日的税率
出口转关运输货物	适用启运地海关接受该货物申报出口之日实施的税率
超期未申报海关依法变卖的进口货物	适用装载该货物的运输工具申报进境之日实施的税率
经海关批准，实行集中申报的进出口货物	适用每次货物进出口时海关接受该货物申报之日实施的税率
因纳税人违反规定需追征税款的进出口货物	适用违反规定的行为发生之日实施的税率；行为发生之日不能确定的，适用海关发现该行为之日实施的税率
已申报进境并放行，有下列情形需缴纳税款的： 保税货物经批准不复运出境的；保税仓储货物转入国内市场销售的；减免税货物经批准转让或者移作他用的；暂准进境/出境货物经批准不复运出境/进境的；租赁进口货物，分期缴纳税款的；进出口货物关税的补征和退还	应适用海关接受纳税义务人再次填写报关单申报办理纳税及有关手续之日实施的税率

▶ 5. 汇率的适用

《征税管理办法》第十六条对汇率适用作了规定：进出口货物的价格及有关费用以外币计价的，海关按照该货物适用税率之日所适用的计征汇率折合为人民币计算完税价格。完税价格采用四舍五入法计算至分。

海关每月使用的计征汇率为上一个月第三个星期三(第三个星期三为法定节假日的，顺延采用第四个星期三)中国人民银行公布的外币对人民币的基准汇率；以基准汇率币种以外的外币计价的，采用同一时间中国银行公布的现汇买入价和现汇卖出价的中间值(人民币元后采用四舍五入法保留 4 位小数)。如果上述汇率发生重大波动，海关总署认为必要时，可以另行规定计征汇率，并且对外公布。

上述所称“法定节假日”，是指国务院《全国年节及纪念日放假办法》第二条规定的“全体公民放假的节日”，具体包括：①新年(1 月 1 日)；②春节(农历正月初一、初二、初三)；③清明节(农历清明当日)；④劳动节(5 月 1 日)；⑤端午节(农历端午当日)；⑥中秋节(农历中秋当日)；⑦国庆节(10 月 1 日、2 日、3 日)，不含调休日。

第六节　核算进出口税费

进出口货物在明确了完税价格、商品归类、原产地、适用税率等之后，就要进行税款的计算了。现在海关已经在推行税费由企业“自报自缴”，税费计算工作将成为企业的常态工作。进出口税费计算涉及进出口货物完税价格、关税、进口环节海关代征税、滞纳金等，一律以人民币计征，采用四舍五入法计算至分。

一、进口关税的核算

目前我国进口关税按计征标准来看，以从价税、从量税为主，也会使用国家规定的其他计征方式，如复合税，滑准税和反倾销税等。

(一) 从价税

▶ 1. 计算公式

进口关税税额＝进口货物完税价格×进口从价关税税率

其中，各种贸易术语项下关税计算公式具体如下。

(1) 进口货物完税价格使用 CIF 贸易术语成交并经海关审定的，计算公式为：

进口关税税额＝CIF×进口从价关税税率

(2) 进口货物完税价格使用 FOB 贸易术语成交并经海关审定的，计算公式为：

进口关税税额＝(FOB＋运输及相关费用＋保险费)×进口从价关税税率

或＝(FOB＋运输及相关费用)/(1－保险费率)×进口从价关税税率

(3) 进口货物完税价格使用 CFR 贸易术语成交并经海关审定的，计算公式为：

进口关税税额＝(CFR＋保险费)×进口从价关税税率

或＝CFR/(1－保险费率)×进口从价关税税率

▶ 2. 作业程序

(1) 根据审定完税价格办法的有关规定，确定应税货物的 CIF 价格；

(2) 按照归类原则确定税则归类，将应税货物归入适当的税号；

(3) 根据原产地规则和税率适用规定，确定应税货物所适用的税率；

(4) 根据汇率适用规定，将以外币计价的 CIF 价格折算成人民币(完税价格)；

(5) 按照计算公式正确计算应征税款。

▶ 3. 计算实例

山东某公司购进德国产模压成型机 1 台，成交价格为 FOB 汉堡 1 100 000 欧元。已知运费 3 000 欧元，保险费率 2.5‰，适用的外汇折算价为 1 欧元＝7.261 8 元人民币，计算应征进口关税。

计算方法：

(1) 运用进口货物完税价格审定的方法，结合合同及发票内容对申报价格进行审查认定，经审查未发现不符合成交价格规定情形，按照成交价格估价方法确定完税价格，按照折算公式，审定 CIF 价格为“(1 100 000＋3 000)÷(1－2.5‰)＝1 105 764.41 欧元”；

(2) 按照归类总规则相关规定，确定模压成型机税则归类，归入税号 8474.8020；

(3) 根据案例所示，货物原产国为德国。经查询相关优惠贸易协定及相应反制措施文件，德国与我国尚未签署优惠贸易协定，且该产品无反倾销、反补贴等特殊措施，也无暂定税率设置，应适用 5%的最惠国税率；

(4) 根据汇率适用规定，应按照税率适用日期确定汇率适用日期，最终确定完税价格为“1 105 764.41 欧元×7.261 8＝8 029 839.99 元”；

(5) 按照公式计算应征税款：

应征进口关税税额＝完税价格×关税税率＝8 029 839.99×5%＝401 492.00(元)。

(二) 从量税

▶ 1. 计算公式

应征进口关税税额＝进口货物数量×单位税额

▶ 2. 作业程序

(1) 按照归类原则确定税则归类，将应税货物归入适当的税号；

(2) 按照原产地规则和税率适用规定，确定应税货物所适用的税率；

(3) 确定其实际进口量；

(4) 如需计征进口环节代征税，根据审定价格的有关规定，确定应税货物的 CIF 价格；

(5) 根据汇率适用规定，将外币折算成人民币(完税价格)；

(6) 按照计算公式正确计算应征税款。

▶ 3. 计算实例

山东某公司 2020 年 7 月从日本购进日本产激光胶片(宽度不超过 16 毫米)75 290 平方

米，成交价格为 CIF 青岛 610 日元/平方米。已知适用的外汇折算价为 1 日元＝0.066 013 元人民币，计算应征进口关税。

计算方法：

(1) 按照归类总规则相关规定，确定激光胶片归入税号 3 702.5200；

(2) 经查询《进出口税则》，激光胶片适用从量关税。原产日本货物无协定税率设置，该商品也未设有暂定税率。查询相应反制措施文件，该产品无反倾销、反补贴等特殊措施。日本为世贸组织成员国，在可选择的从量普通税率与最惠国税率中，应适用最惠国税率，其税率为 91 元/平方米；

(3) 根据相关单证，确定其实际进口量 75 290 平方米；

(4) 按照公式计算应征关税税款：

应征进口关税税额＝进口货物数量×单位税额＝75 290×91＝6 851 390.00 元

(三) 复合关税

▶ 1. 计算公式

应征进口关税税额＝进口货物数量×单位税额＋进口货物完税价格×进口从价税税率

▶ 2. 作业程序

(1) 按照归类原则确定税则归类，将应税货物归入适当的税号；

(2) 按照原产地规则和税率适用规定，确定应税货物所适用的税率；

(3) 确定其实际进口量；

(4) 根据审定价格的有关规定，确定应税货物的 CIF 价格；

(5) 根据汇率适用规定，将外币折算成人民币(完税价格)；

(6) 按照计算公式正确计算应征税款。

▶ 3. 计算实例

国内某公司 2020 年 7 月从日本购进日本企业生产的广播级电视摄像机 40 台，成交价格为 CIF 上海 5 500 美元/台。适用的中国银行的外汇折算汇率为 1 美元＝6.3568 元人民币，计算应征进口关税税额。

计算方法：

(1) 确定税则归类，该批广播级电视摄像机归入税号 8 525.8012；

(2) 货物适用复合税率。原产国为日本，适用最惠国税率，经查关税税率为 11.7%或“完税价格不高于 5 000 美元/台的，关税税率为单一从价税率 35%；完税价格高于 5 000 美元/台的，关税税率为 3%，每台加 9 728 元从量税”，从低执行。本题中摄像机 5 500 美元/台，高于 5 000 美元/台，按照 11.7%和复合税率计算后的税款，从低选择适用税率；

(3) 审定 CIF 价格为：5 500 美元/台×40 台＝220 000(美元)；

(4) 审定完税价格为：220 000 美元×6.356 8＝1 398 496(元)；

(5) 按照计算公式计算进口关税税款。

复合税计征进口关税税额＝货物数量×单位税额＋完税价格×关税税率

＝40×9 728＋1 398 496×3%

=389 120+41 954.88

=431 074.88(元)

从价计征进口关税税额=完税价格×关税税率

=1 398 496×11.7%

=163 624.03 (元)

按 2020 年《进出口税则》的规定，上述税款，从低计征。二者经比较，从价关税更低。

二、进口环节海关代征税的核算

进口货物除需征收进口关税外，还有进口环节海关代征税，包括进口环节消费税和进口环节增值税。因计税价格不同，应先计算进口关税，再计算进口环节消费税，最后计算进口环节增值税。

(一) 进口环节消费税的计算

▶ 1. 计算公式

(1) 实行从价定率办法计算纳税额，采用价内税的计税方法，即计税价格的组成中包含了消费税税额。其计算公式为：

应纳消费税税额=消费税组成计税价格×消费税比例税率

其中：

消费税组成计税价格=(进口货物完税价格+关税税额)/(1-消费税比例税率)

(2) 从量定额征收的消费税的计算公式为：

应纳消费税税额=应征消费税进口数量×消费税定额税率

(3) 实行从价定率和从量定额复合计税办法计算纳税的组成计税价格，其计算公式为：

应纳消费税税额=消费税组成计税价格×消费税比例税率+应征消费税进口数量×消费税定额税率

其中，消费税组成计税价格=(进口货物完税价格+关税税额+应征消费税进口数量×消费税定额税率)/(1-消费税比例税率)

▶ 2. 作业程序

(1) 根据审定完税价格的有关规定，确定应税货物的 CIF 价格；

(2) 按照归类原则确定税则归类，将应税货物归入适当的税号；

(3) 根据原产地规则和税率适用规定，确定应税货物所适用的关税税率、消费税税率/消费税税额；

(4) 根据汇率适用规定，将外币折算成人民币(完税价格)；

(5) 按照计算公式正确计算关税税款；

(6) 按照计算公式正确计算消费税税款。

▶ 3. 计算实例

湖北某公司 2020 年 7 月进口德国产排量为 6 升的汽油动力四轮驱动越野车一批，经海关审核其成交价格总值为CIF上海460 000.00美元，海关的计征汇率为1美元=6.356 8元人民币，计算应征消费税税额。计算方法：

（1）运用进口货物完税价格审定的方法，结合合同及发票内容，审定CIF价格为460 000.00美元；

（2）按照归类总规则相关规定，确定该货物归入税号87032422；

（3）根据案例，货物原产国为德国。经查询相关优惠贸易协定及相应反制措施文件，德国与我国尚未签署优惠贸易协定且该产品无反倾销、反补贴等特殊措施，也无暂定税率设置，应适用15%最惠国税率，消费税税率为40%；

（4）根据汇率适用规定，最终计算完税价格为“460 000.00美元×6.356 8=2 924 128.00元”；

（5）计算关税税额为：

进口关税税额=进口完税价格×进口关税税率

=2 924 128.00×15%=438 619.20(元)

（6）计算消费税税额为：

消费税税额=[(进口货物完税价格+关税税额)÷(1−消费税税率)]×消费税税率

=[(2 924 128.00+438 619.20)÷(1−40%)]×40%

=5 604 578.67×40%

=2 241 831.47(元)

（二）进口环节增值税的计算

增值税的计算需要首先计算关税税额，之后计算消费税税额，最后计算增值税税额。

▶ 1. 计算公式

增值税计算公式为：

应纳增值税税额=增值税组成计税价格×增值税税率

其中，增值税组成计税价格=进口货物完税价格+关税税额+消费税税额

▶ 2. 作业程序

（1）根据审定完税价格的有关规定，确定应税货物的CIF价格；

（2）按照归类原则确定税则归类，将应税货物归入适当的税号；

（3）根据原产地规则和税率适用规定，确定应税货物所适用的关税税率、消费税税率及增值税税率；

（4）根据汇率适用规定，将外币折算成人民币(完税价格)；

（5）按照计算公式正确计算关税税款；

（6）按照计算公式正确计算消费税税款；

（7）按照计算公式正确计算增值税税款。

▶ 3. 计算实例

湖北某公司2020年7月进口德国产排量为6升的汽油动力四轮驱动越野车一批，经海关审核其成交价格总值为CIF上海460 000.00美元，海关的计征汇率为1美元=6.356 8

元人民币，计算应征增值税税额。

计算方法：

(1) 运用进口货物完税价格审定的方法，结合合同及发票内容，审定 CIF 价格为 460 000.00美元；

(2) 按照归类总规则相关规定，确定该货物归入税号 87032422；

(3) 根据案例，货物原产国为德国。经查询相关优惠贸易协定及相应反制措施文件，德国与我国尚未签署优惠贸易协定且该产品无反倾销、反补贴等特殊措施，也无暂定税率设置，应适用 15％最惠国税率，消费税税率为 40％，增值税率为 13％；

(4) 根据汇率适用规定，最终计算完税价格为“460 000.00 美元 × 6.356 8 ＝ 2 924 128.00元”；

(5) 计算关税税额为：

进口关税税额＝进口完税价格×进口关税税率

＝2 924 128.00×15％

＝438 619.20(元)

(6) 计算消费税税额为：

消费税税额＝[(进口货物完税价格＋关税税额)÷(1－消费税税率)]×消费税税率

＝[(2 924 128.00＋438 619.20)÷(1－40％)]×40％

＝5 604 578.67×40％

＝2 241 831.47(元)

(7) 计算增值税税额为：

增值税税额＝(进口货物完税价格＋关税税额＋消费税税额)×增值税税率

＝(2 924 128.00＋438 619.20＋2 241 831.47)×13％

＝5 604 578.67×13％

＝728 595.23(元)

在实际业务中，有一种快速计算关税、消费税、增值税税款总额的方法，就是应用计税常数，其计算公式为：进口税款总额＝完税价格×计税常数

进口税计税常数的计算公式为：

$$\text{常数}=\frac{\text{进口关税税率}+\text{消费税税率}+\text{增值税税率}+\text{进口关税税率}\times\text{增值税税率}}{1-\text{消费税税率}}$$

计税常数可以通过查询《进出口税则》中的“计税常数表”获得。

以上题越野车进口为例，其计税常数为：

常数＝(15％＋40％＋13％＋15％×13％)/(1－40％)＝116.583％

进口税款总额＝完税价格×计税常数

＝2 924 128.00×116.583％

＝3 409 036.15(元)

用计税常数来计算税款总额时，其结果与三项税款分别计算后加总的结果略有不同，因为计税常数根据公式计算四舍五入后保留了 5 位小数。

三、出口关税的核算

出口关税计算方法与进口关税计算方法类似。值得注意的是：出口关税的完税价格是用成交价格扣除关税来计算的；出口成交价格的审定是以FOB价格为基础的。

▶ 1. 计算公式

出口关税的计算公式为：

出口关税税额＝出口货物完税价格×出口关税税率

其中，出口货物完税价格＝FOB价÷(1＋出口关税税率)

▶ 2. 作业程序

(1) 按照归类原则确定税则归类，将应税货物归入恰当的税目税号；

(2) 根据审定完税价格的有关规定，确定应税货物的成交价格；

(3) 根据汇率适用规定，将外币折算成人民币；

(4) 按照计算公式正确计算应征出口关税税款。

▶ 3. 计算实例

某公司2020年7月出口铅矿砂300吨到日本，经海关审定成交价格为FOB青岛600美元/吨。铅矿砂的出口关税税率为30%，要求计算应纳出口关税(其适用中国人民银行公布的基准汇率：1美元＝6.356 8元人民币)。

计算过程：

(1) 税则归类，归入税则税号26070000；

(2) 该出口货物适用的关税税率为30%；

(3) 计算出口完税价格：

300×600×6.356 8＝1 144 224.00(元)

该出口货物完税价格＝FOB价格/(1＋出口关税税率)

＝1 144 224.00/(1＋30%)

＝880 172.31(元)

(4) 计算应纳出口关税税额：

应纳出口关税税额＝出口货物完税价格×适用的出口关税税率

＝880 172.31×30%

＝264 051.70(元)

四、滞纳金的核算

(一) 滞纳金概述

根据《关税条例》和《征税管理办法》的相关规定，滞纳金是指海关对未在税款缴纳期限内履行税款给付义务的纳税义务人采取的一种间接行政强制措施，即对进出口活动中未按规定时限缴纳税款的纳税义务人，海关在征收应缴税款以外，另行课以应纳税额一定比例的滞纳金。

(二) 滞纳金征收基本规定

纳税义务人应当自海关填发税款缴款书之日起 15 日内向指定银行缴纳税款。逾期缴纳税款的，由海关自缴款期限届满之日起至缴清税款之日止，按日加收滞纳税款万分之五的滞纳金。纳税义务人应当自海关填发滞纳金缴款书之日起 15 日内向指定银行缴纳滞纳金。滞纳金缴款书的格式与税款缴款书相同。

关税、进口环节海关代征税、滞纳金等，应当按人民币计征，采用四舍五入法计算至分。滞纳金的起征额为人民币 50 元，不足人民币 50 元的免予征收。对于未在规定的 15 天期限内缴纳滞纳金的，不再对滞纳的滞纳金再征收滞纳金。

▶ 1. 一般情形下的逾期缴纳税款应征滞纳金

海关对滞纳天数的计算是自滞纳税款之日起至进出口货物的纳税义务人缴纳税费之日止，其中的法定节假日不予扣除。缴款期限届满日遇星期六、星期日等休息日或者法定节假日的，应当顺延至休息日或者法定节假日之后的第一个工作日。国务院临时调整休息日与工作日的，海关应当按照调整后的情况计算缴款期限。

▶ 2. 特殊情形下的逾期缴纳税款应征滞纳金

特殊情形下的逾期缴纳税款的应缴滞纳金征收方法如表 7-12 所示。

表 7-12　特殊情形下的滞纳金征收方法

适用情况	滞纳金征收
进出口货物放行后，海关发现因纳税人违规造成少征或漏征，可以自纳税或货物放行之日起 3 年内追征税款	从纳税或货物放行之日起至海关发现之日止，按日加收少征或者漏征税款 0.5‰的滞纳金
因纳税人违规造成海关监管货物少征漏征税款的，海关可自纳税人应纳税之日起 3 年内追征税款	自应缴纳税款之日起至海关发现违规行为之日止，按日加收少征或者漏征税款 0.5‰的滞纳金
租赁进口货物，分期支付租金的：应在每次支付租金后的 15 日内向海关申报纳税，逾期申报的，海关除征税外，加收滞纳金	自申报纳税手续期限届满之日起至纳税人申报纳税之日止，按日加收应缴纳税款 0.5‰的滞纳金
租赁进口货物，需留购、续租租赁进口货物的：租赁进口货物自租期届满之日起 30 日内未向海关办结海关手续的，海关以租期届满后第 30 日的汇率、税率确定完税价格，计征应缴税款	自租期届满后 30 日起至纳税人申报纳税之日止按日加收应缴税款 0.5‰的滞纳金
暂时进出境货物未在规定期限内复运进出境，且未在规定期限届满前申报办理进出口及纳税手续的，海关按规定征收滞纳金	自规定期限届满之日起至纳税人申报纳税之日止按日加收应缴纳税款 0.5‰的滞纳金

(三) 滞纳金计算

▶ 1. 计算公式

关税滞纳金金额＝滞纳的关税税额×0.5‰×滞纳天数

进口环节税滞纳金金额＝滞纳的进口环节税税额×0.5‰×滞纳天数

▶ 2. 作业程序

(1) 确定滞纳关税及代征税税额；

(2) 根据滞纳金管理规定，确定滞纳天数；

按照公式正确计算关税、进口环节增值税、消费税的滞报金额。

▶ 3. 计算实例

国内某公司购进德国产越野车一批，已知该批货物应征关税税额为人民币 438 619.20 元，应征进口环节消费税为人民币 2 241 831.47 元，进口环节增值税税额为人民币 728 595.23。海关于 6 月 1 日(周一)填发《海关税款专用缴款书》，该公司于 6 月 30 日缴纳税款。现计算应征的滞纳金。

计算过程：

(1) 确定滞纳关税及代征税税额。关税为 438 619.20 元，进口环节消费税为 2 241 831.47元，进口环节增值税税额为 728 595.23 元。

(2) 确定滞纳天数。用原来的日期加 15 天算出：税款缴纳的到期日为 6 月 16 日(星期二)，6 月 17—30 日为滞纳期，共滞纳 14 天。

(3) 按照公式分别计算应缴纳的关税、进口环节消费税和增值税的滞纳金。

关税滞纳金＝滞纳关税税额×0.5‰×滞纳天数
＝438 619.20×0.5‰×14
＝3 070.33(元)

进口环节消费税滞纳金＝进口环节消费税税额×0.5‰×滞纳天数
＝2 241 831.47×0.5‰×14
＝15 692.82(元)

进口环节增值税滞纳金＝进口环节增值税税额×0.5‰×滞纳天数
＝728 595.23×0.5‰×14＝5 100.17(元)

技能演练

技能演练-7

其他进出口货物报关

线上课堂——练习与测试

扫描封底二维码刮刮卡

获取答题权限

在线题库-7

第八章　进出口货物报关单填制规范

学习目标

1. 理解进出口报关单的概念、种类及各联用途。
2. 掌握进口报关单的填制规范。
3. 理解进出口报关单各栏目的基本要求及内在逻辑关系。

案例导入

常见差错申报案例

根据《中华人民共和国海关行政处罚实施条例》(国务院令第420号)、《中华人民共和国海关统计条例》(国务院令第454号)、《中华人民共和国海关统计工作管理规定》(署令第242号)、海关总署2018年第125号公告及《中华人民共和国海关进出口货物报关单填制规范》等，申报不实影响海关统计达到一定金额的会被处罚！

2019年上海海关组织开展了2018年度统计数据年审工作，作为关区“一脑两拳”统计业务新机制中的“两拳”之一浦江海关承担了海运统计数据的审核任务，并就审核中查发的差错情况进行了分析。其中：总署301条记录，发现差错252条，纠错率83.7%；本关3315条记录，发现差错2160条，纠错率65%。我们来看看问题集中在哪里。

▶ 1. 运输路线与逻辑不符　　纠错指数：★★★★★

让我们来举几个例子：报关单随附装箱单上明确标有的最终目的国与申报的目的国不一致，如将巴西申报为日本。如果申报金额超过大金额标准，需移交处罚！

报关单随附装箱单上明确地标有启运国与申报国不一致，如将美国申报为中国香港，如果申报金额超过大金额标准，需移交处罚！

▶ 2. 金额报错　　纠错指数：★★★★★

让我们来举个例子：企业随附单证与报关单有时会自相矛盾，常见情况为发票上货物金额末尾为 2 个“0”，但报关单容易输入 3 个“0”或漏输“0”。

▶ 3. 币制报错　　纠错指数：★★★★★

让我们来举个例子：企业上传的随附单证中发票币制为“JPY”(日元)，但报关单容易错打成了“USD”(美元)。

▶ 4. 成品油数量比超出合理范围　　纠错指数：★★★★☆

在海关商品品目“2710”项下商品时，其第二法定计量数量(计量单位为升)应统一按附件中给定公式，由第一法定数量(计量单位为千克)换算后向海关申报。

让我们来举个例子：企业申报的润滑油第一数量为 106.88 千克，第二数量为 126 升，其换算比例为 1∶1.176，而正确地归入 27101991 的润滑油应按照 1 千克＝1.126 升的换算比例填写第二数量。此类单证在海关统计数据核查时，会成为纠错对象被筛选出来，责令改单。

▶ 5. 发动机输出功率与归类不符　　纠错指数：★★★★☆

让我们来举个例子：这次核查中大部分申报品名为“柴油发动机”的报关单，基本都归入了 8408901000，归入此 HS 的柴油发动机申报为车用 221.7kW，但注释中规定输出功率在 132.39 千瓦(180 马力)及以上车辆用(八十七章车辆用)压燃式的归类应当是 8408201000，因此，“柴油发动机”的 HS 应归入 8408201000。

▶ 6. 木材密度超出合理范围　　纠错指数：★★★☆☆

让我们来举个例子：企业出口多层板，原申报第一数量 1000 千克，第二数量 17.86 立方米，根据第一数量和第二数量可算出其密度为 55.99 千克/立方米，对于 4412 项下的多层板，这个密度低于数量比过多，所以不合理。不同的木材，密度也不同，一般密度应在 300～1000 千克/立方米。如果多层板申报的规格型号为：600mm×1220mm×6mm，数量：400 件，可以推算出其体积数应为 1.7568 立方米。这样的密度比推算就在合理范围内。后证实是第二数量申报错误。

▶ 7. 家用手工工具数量比过大　　纠错指数：★★★☆☆

让我们来举个例子：企业申报品名为砂轮机，申报归类为 8460901000，该品目的注释为：用磨石、磨料或抛光材料对金属或金属陶瓷进行去毛刺、刃磨、磨削、珩磨、研磨、抛光或其他精加工的机床……而实际上随附单据的装箱单上，每个砂轮机的单位净重为 3.8kg～9kg，单价只有 10＋美元，所以与机床应该相差甚远！于是，通过进一步联系货主后才了解，该产品属于手提式磨砂工具。所以该产品应归入 8467291000，手提式电动磨砂工具(包括磨光机、砂光机、砂轮机等)。

资料来源：http://www.sohu.com/a/315581281_151241

案例思考　什么是报关单？报关单的各项应如何正确填写？

第一节　初识进出口货物报关单

一、进出口货物报关单概述

(一) 进出口货物报关单概念

进出口货物报关单是指进出口货物收发货人或其代理人，按照海关规定的格式对进出口货物的实际情况做出书面申明，以此要求海关对其货物按适用的海关制度办理通关手续的法律文书。

它既是海关监管、征税、统计以及开展稽查和调查的重要依据，又是加工贸易进出口货物核销、出口退税和外汇管理的重要凭证，也是海关处理走私、违规案件，及税务、外汇管理部门查处骗税和套汇犯罪活动的重要证书。

(二) 进出口货物报关单类型

按进出口状态分：分为进口货物报关单和出口货物报关单。

按表现形式分：分为纸质报关单和电子数据报关单。

按使用性质分：分为进料加工进出口货物报关单(粉红色)，来料加工及补偿贸易进出口货物报关单(浅绿色)，外商投资企业进出口货物报关单(浅蓝色)，一般贸易及其他贸易进出口货物报关单(白色)，需国内退税的出口贸易报关单(浅黄色)。

按用途分：分为报关单录入凭单、预录入报关单、电子数据报关单、报关单证明联。

(三) 进出口货物报关单的结构

单一窗口报关单申报系统录入界面及报关单结构图，如图 8-1 所示。

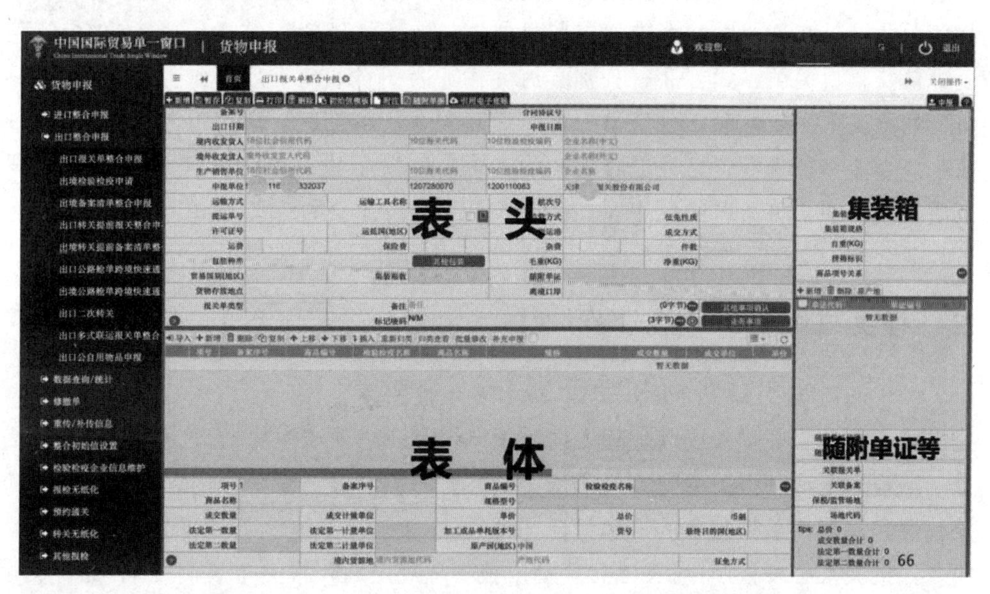

图 8-1　单一窗口报关单申报系统录入界面及报关单结构

报关单的结构可分为四部分：表头、表体、集装箱及随附单证。自关检融合后报关和报检合并申报，检验检疫的申报录入在报关单录入页面折叠隐藏，可点击表头部分左下方的【»】展开，展开后的项目如图 8-2 所示。

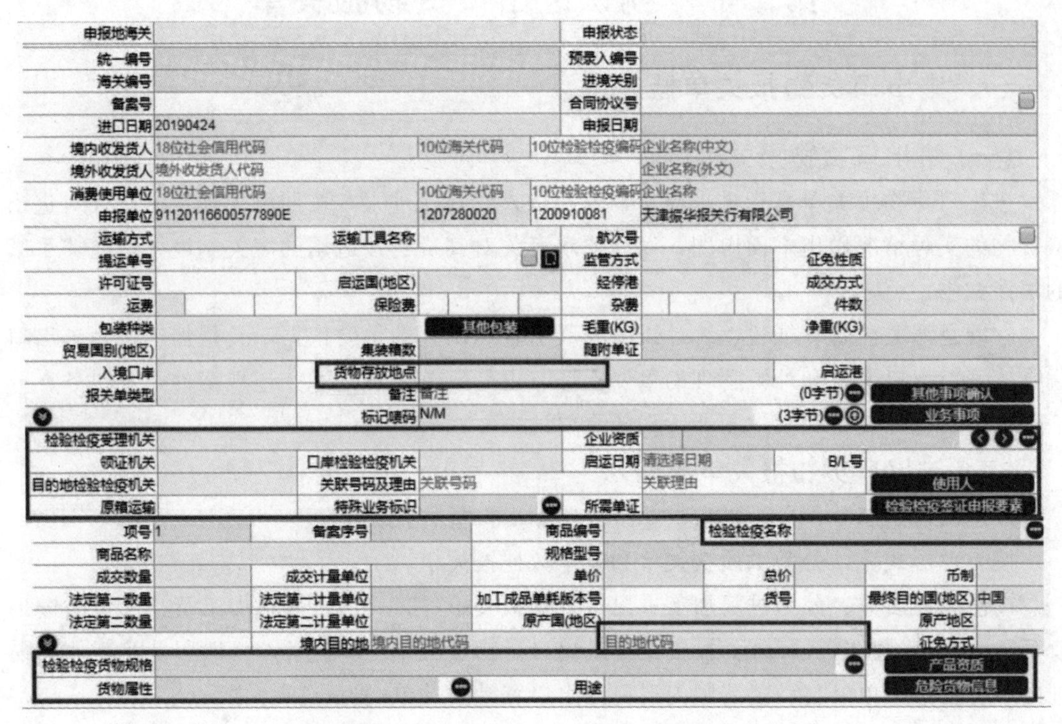

图 8-2　单一窗口报关单申报系统检验检疫项目

知识链接 8-1

报关单录入凭单，预录入报关单，报关单证明联

（4）进出口货物报关单各联自 2019 年 6 月 1 日起，为深化通关作业无纸化改革，进一步减少纸质单证流转，优化营商环境，海关总署全面取消报关单收、付汇证明联和办理加工贸易核销的海关核销联，简化后的纸质进口货物报关单一式二联，分别是海关作业联、企业留存联；纸质出口货物报关单一式三联，分别是海关作业联、企业留存联、出口退税证明联。企业办理货物贸易外汇收付和加工贸易核销业务，按规定须提交纸质报关单的，可通过中国电子口岸自行以普通 A4 纸打印报关单并加盖企业公章。

二、报关单填制的一般规范

（一）海关对进出口货物报关单填制的一般要求

进出境货物的收发货人或其代理人向海关申报时，必须填写并向海关递交进出口货物报关单。申报人在填制报关单时，应当依法如实向海关申报，对申报内容的真实性、准确性、完整性和规范性承担相应的法律责任。

第一，报关人必须按照《海关法》《货物申报管理规定》和《报关单填制规范》的有关规定和要求，向海关如实申报。

第二，报关单的填报必须真实，做到“两个相符”：一是单证相符，即所填报关单各栏目的内容必须与合同、发票、装箱单、提单以及批文等随附单据相符；二是单货相符，即所填报关单各栏目的内容必须与实际进出口货物的情况相符，不得伪报、瞒报、虚报。第三，报关单的填报要准确、齐全、完整、清楚，报关单各栏目内容要逐项详细准确填报，字迹清楚、整洁、端正，不得用铅笔或红色复写纸填写；若有更正，必须在更正项目上加盖校对章。

第四，不同批文或许可证以及不同合同的货物、同一批货物中不同贸易方式的货物、不同备案号的货物、不同提运单的货物、不同征免性质的货物、不同运输方式或相同运输方式但不同航次以及不同运输工具名称的货物等，均应分单填报。一份原产地证书只能对应一份报关单。

同一份报关单上的商品不能同时享受协定税率和减免税。在一批货物中，对于实行原产地证书联网管理的，如涉及多份原产地证书或含非原产地证书商品，亦应分单填报。

（二）海关特殊监管区域的申报

海关特殊监管区域企业向海关申报货物进出境、进出区，应填制《中华人民共和国海关进(出)境货物备案清单》，海关特殊监管区域与境内(区外)之间进出的货物，区外企业应填制《中华人民共和国海关进(出)口货物报关单》。保税货物流转按照相关规定执行。《中华人民共和国海关进(出)境货物备案清单》比照《中华人民共和国海关进出口货物报关单填制规范》的要求填制。

（三）电子报关单的填写规范

电子报关单在填写时必须严格规范，如：尖括号(〈〉)、逗号(,)、连接符(—)、冒号(:)等标点符号及数字，填报时都必须使用非中文状态下的半角字符。

课堂思考

某公司一次到货一批进口木材，分属甲(一般贸易合同)、乙(加工贸易合同)两个合同项下，清单简列如下：①胶合板，三种规格，合同甲，海运提单号：A01、A02、A03；②地板条，一种规格，合同甲，海运提单号：A04；③锯材，两种规格，合同乙，海运提单号：B01、B02；④薄板，两种规格，合同乙，海运提单号：B03、B04。该公司在向海关一次性申报进口时，应填报(　　)报关单。

A. 1 份　　B. 2 份　　C. 4 份　D. 8 份

第二节　进出口货物报关单填制规范

关检融合后，原有的报关单和报检单融合为新式的报关单来申报，新形式的报关单以原报关单为基础，由 69 项数据申报源一次录入原报关报检录入内容形成以 105 项录入内容为主的新报关单，逐步整合形成“四个一”，即“一张报关单、一套随附单证、一组参数代码、一个申报系统”。

新报关单版式经过调整形成具有56个项目的新报关单版式(打印)文件，布局改成横版，取消套打，修改后的进口、出口货物报关单和进境、出境货物备案清单格式自2018年8月1日起启用，原报关单、备案清单同时废止，原入境、出境货物报检单同时停止使用。整合原报关、报检重复提交的单据，展示一套随附单据体系。同时按照国家标准-国际标准-行业标准的顺序，实现参数代码的标准化涉及参数代码19项，具体参数如国别代码、成交方式等见后面内容。

一、预录入编号

预录入编号指预录入报关单的编号，一份报关单对应一个预录入编号，由系统自动生成。

报关单预录入编号为18位，其中第1～4位为接受申报海关的代码(海关规定的《关区代码表》中相应海关代码)，第5～8位为录入时的公历年份，第9位为进出口标志("1"为进口，"0"为出口；集中申报清单"I"为进口，"E"为出口)，后9位为顺序编号。

二、海关编号

海关编号指海关接受申报时给予报关单的编号，一份报关单对应一个海关编号，由系统自动生成。海关编号由各海关在接受申报环节确定，应标识在报关单的每一联上。

报关单海关编号为18位，其中第1～4位为接受申报海关的代码(海关规定的《关区代码表》中相应海关代码)，第5～8位为海关接受申报的公历年份，第9位为进出口标志("1"为进口，"0"为出口；集中申报清单"I"为进口，"E"为出口)，后9位为顺序编号。

课堂思考

小李在办理业务时发现一报关单上海关编号为：093020181012345678，从该数据可得到哪些信息呢?

三、进出境关别

根据货物实际进出境的口岸海关，填报海关规定的《关区代码表》中相应口岸海关的名称及代码，关区代码表中若只有直属海关关别及代码的填报直属海关关别及代码，若有隶属海关关别及代码的，则应填报隶属海关关别及代码。

特殊情况填报要求如下：

进口转关运输货物填报货物进境地海关名称及代码，出口转关运输货物填报货物出境地海关名称及代码。按转关运输方式监管的跨关区深加工结转货物，出口报关单填报转出地海关名称及代码，进口报关单填报转入地海关名称及代码。

在不同海关特殊监管区域或保税监管场所之间调拨、转让的货物，填报对方海关特殊监管区域或保税监管场所所在的海关名称及代码。

其他无实际进出境的货物，填报接受申报的海关名称及代码。

不同监管方式下货物进出境关别，如表8-1所示。

表 8-1　不同监管方式下货物进出境关别

	进口报关单	出口报关单
一般进出口货物	实际进境地海关	实际出境地海关
转关运输货物	实际进境地海关	实际出境地海关
跨关区深加工结转货物	转入地海关	转出地海关
特殊监管区域之间调拨、转让的货物	对方海关特殊监管区域所在地海关	对方海关特殊监管区域所在地海关
无实际进出境的货物	接受申报的海关	接受申报的海关

课堂思考

1. 货物由天津新港进境并办理报关，进口口岸填报为(　　)。

A. 天津关区 0200　　B. 天津海关 0201　　C. 新港海关 0202

2. 货物由天津新港进境并转关运输至郑州，并在郑州海关报关，进口口岸为(　　)。

A. 天津关区 0200　　B. 天津海关 0201

C. 新港海关 0202　　D. 郑州海关 4601

3. 某公司进口一批货物，提交随附单证中包含 AIRWAYBILL(航空运单)，空运至大连机场，则进口口岸应填报为(　　)。

A. 大连海关 0900　　B. 大连新港 0907

C. 大连邮办 0909　　D. 大连机场 0902

四、进出口日期

进口日期填报运载进口货物的运输工具申报进境的日期。出口日期指运载出口货物的运输工具办结出境手续的日期。无实际进出境的货物，填报海关接受申报的日期。

进出口日期为 8 位数字，顺序为年(4 位)、月(2 位)、日(2 位)，如 20190310。

出口日期在申报时免予填报。

五、申报日期

申报日期指海关接受进出口货物收发货人、受委托的报关企业申报数据的日期。以电子数据报关单方式申报的，申报日期为海关计算机系统接受申报数据时记录的日期。以纸质报关单方式申报的，申报日期为海关接受纸质报关单并对报关单进行登记处理的日期。本栏目在申报时免予填报。

申报日期为 8 位数字，顺序为年(4 位)、月(2 位)、日(2 位)。

六、境内收发货人

本项目应填报在海关备案的对外签订并执行进出口贸易合同的中国境内法人、其他组织名称及编码。编码填报18位法人和其他组织统一社会信用代码，没有统一社会信用代码的，填报其在海关的备案编码。

特殊情况下填报要求如下：

知识链接 8-2
统一社会信用代码和海关注册号

（一）进出口货物合同的签订者和执行者非同一企业的，填报执行合同的企业。

（二）外商投资企业委托进出口企业进口投资设备、物品的，填报外商投资企业，并在标记唛码及备注栏注明“委托某进出口企业进口”，同时注明被委托企业的18位法人和其他组织统一社会信用代码。

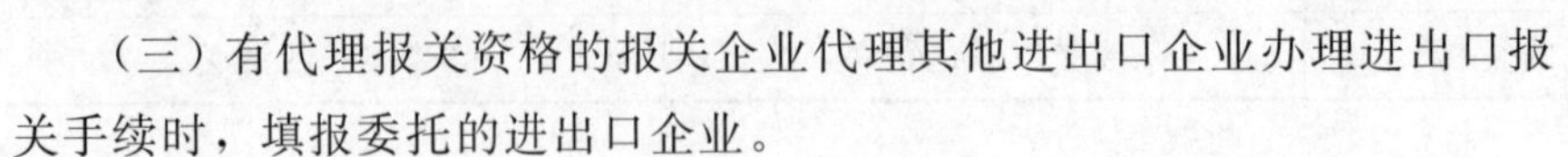

（三）有代理报关资格的报关企业代理其他进出口企业办理进出口报关手续时，填报委托的进出口企业。

（四）海关特殊监管区域收发货人填报该货物的实际经营单位或海关特殊监管区域内经营企业。

（五）免税品经营单位经营出口退税国产商品的，填报免税品经营单位名称。

七、境外收发货人

境外收货人通常指签订并执行出口贸易合同中的买方或合同指定的收货人，境外发货人通常指签订并执行进口贸易合同中的卖方。

填报境外收发货人的名称及编码。名称一般填报英文名称，检验检疫要求填报其他外文名称的，在英文名称后填报，以半角括号分隔；

非互认国家（地区）AEO企业等其他情形，编码免予填报；对于AEO互认国家（地区）企业的，编码填报AEO编码，填报样式为：“国别（地区）代码＋海关企业编码”，例如：新加坡AEO企业SG123456789012（新加坡国别代码＋12位企业编码）。

特殊情况下无境外收发货人的，名称及编码填报“NO”。

八、消费使用单位/生产销售单位

（1）消费使用单位填报已知的进口货物在境内的最终消费、使用单位的名称，包括：

① 自行进口货物的单位。

② 委托进出口企业进口货物的单位。

（2）生产销售单位填报出口货物在境内的生产或销售单位的名称，包括：

① 自行出口货物的单位。

② 委托进出口企业出口货物的单位。

③ 免税品经营单位经营出口退税国产商品的，填报该免税品经营单位统一管理的免税店。

（3）减免税货物报关单的消费使用单位/生产销售单位应与《中华人民共和国海关进出口货物征免税证明》（以下简称《征免税证明》）的“减免税申请人”一致；保税监管场所与境外之间的进出境货物，消费使用单位/生产销售单位填报保税监管场所的名称［保税物流中心（B型）填报中心内企业名称］。

(4) 海关特殊监管区域的消费使用单位/生产销售单位填报区域内经营企业("加工单位"或"仓库")。

(5) 编码填报要求：

① 填报18位法人和其他组织统一社会信用代码。

② 无18位统一社会信用代码的，填报"NO"。

(6) 进口货物在境内的最终消费或使用以及出口货物在境内的生产或销售的对象为自然人的，填报身份证号、护照号、台胞证号等有效证件号码及姓名。

九、申报单位

自理报关的，填报进出口企业的名称及编码；委托代理报关的，填报报关企业名称及编码。编码填报18位法人和其他组织统一社会信用代码。

报关人员填报在海关备案的姓名、编码、电话，并加盖申报单位印章。

课堂思考

1. 大连某中日合资企业委托辽宁省机械设备进出口公司与日本三菱重工签约进口工程机械，并委托大连外运公司代理报关，在填制进口报关单时，"境内收货人"一项应为(　　)

A. 该中日合资企业　　B. 辽宁省机械设备进出口公司

C. 日本三菱重工　　D. 大连外运公司

2. 某企业经营单位海关注册号为"312254××××"，表示其所在市内经济区划是(　　)。

A. 保税区　　B. 物流园区

C. 出口加工区　　D. 经济技术开发区

3. 某合资企业从英国进口一批作为投资的机器设备，该企业委托A进出口公司对外签订进口合同，并代办进口手续。A公司与外商订货后，随即委托B公司具体办理货物运输事宜，同时委托C报关公司负责办理进口报关手续。根据这种情况，请指出下列出现在报关单栏目内的单位，(　　)是正确的。

A. 境内收货人：A进出口公司　　B. 境内收货人：某合资企业

C. 申报单位：B公司　　D. 申报单位：A进出口公司

4. 北京煤炭进出口总公司对巴基斯坦签约出口"水洗炼焦煤"10万吨，由唐山煤炭分公司执行合同，组织货源，并安排出口。在这一情况下报关单"境内发货人"栏目应填报为"北京煤炭进出口总公司"11091×××××(北京煤炭进出口总公司的编号)，请问填写是否正确。

十、运输方式

运输方式包括实际运输方式和海关规定的特殊运输方式，前者指货物实际进出境的运输方式，按进出境所使用的运输工具分类；后者指货物无实际进出境的运输方式，按货物在境内的流向分类。

根据货物实际进出境的运输方式或货物在境内流向的类别，按照海关规定的《运输方式代码表》选择填报相应的运输方式。

(一) 特殊情况填报要求

(1) 非邮件方式进出境的快递货物，按实际运输方式填报。

(2) 进口转关运输货物，按载运货物抵达进境地的运输工具填报；出口转关运输货物，按载运货物驶离出境地的运输工具填报。

(3) 不复运出(入)境而留在境内(外)销售的进出境展览品、留赠转卖物品等，填报“其他运输”(代码 9)。

(4) 进出境旅客随身携带的货物，填报“旅客携带”(代码 L)。

(5) 以固定设施(包括输油、输水管道和输电网等)运输货物的，填报“固定设施运输”(代码 G)。

(二) 无实际进出境货物在境内流转时填报要求

(1) 境内非保税区运入保税区货物和保税区退区货物，填报“非保税区”(代码 0)。

(2) 保税区运往境内非保税区货物，填报“保税区”(代码 7)。

(3) 境内存入出口监管仓库和出口监管仓库退仓货物，填报“监管仓库”(代码 1)。

(4) 保税仓库转内销货物或转加工贸易货物，填报“保税仓库”(代码 8)。

(5) 从境内保税物流中心外运入中心或从中心运往境内中心外的货物，填报“物流中心”(代码 W)。

(6) 从境内保税物流园区外运入园区或从园区内运往境内园区外的货物，填报“物流园区”(代码 X)。

(7) 保税港区、综合保税区与境内(区外)(非海关特殊监管区域、保税监管场所)之间进出的货物，填报“保税港区/综合保税区”(代码 Y)。

(8) 出口加工区、珠澳跨境工业区(珠海园区)、中哈霍尔果斯边境合作中心(中方配套区)与境内(区外)(非海关特殊监管区域、保税监管场所)之间进出的货物，填报“出口加工区”(代码 Z)。

(9) 境内运入深港西部通道港方口岸区的货物以及境内进出中哈霍尔果斯边境合作中心中方区域的货物，填报“边境特殊海关作业区”(代码 H)。

(10) 经横琴新区和平潭综合实验区(以下简称综合试验区)二线指定申报通道运往境内区外或从境内经二线指定申报通道进入综合试验区的货物，以及综合试验区内按选择性征收关税申报的货物，填报“综合试验区”(代码 T)。

(11) 海关特殊监管区域内的流转、调拨货物，海关特殊监管区域、保税监管场所之间的流转货物，海关特殊监管区域与境内区外之间进出的货物，海关特殊监管区域外的加工贸易余料结转、深加工结转、内销货物，以及其他境内流转货物，填报“其他运输”(代码 9)。

运输方式代码表说明如表 8-2 所示。

表 8-2　运输方式代码表说明

代码	名称	运输方式说明
0	非保税区	境内非保税区运入保税区和保税区退区(退运境内)货物
1	监管仓库	境内存入出口监管仓库和出口监管仓库退仓
2	水路运输	
3	铁路运输	
4	公路运输	
5	航空运输	
6	邮件运输	
7	保税区	保税区运往境内非保税区
8	保税仓库	保税仓库转内销
9	其他运输	人扛、驮畜、输水管道、输油管道、输送带和输电网等方式实际进出境货物，部分非实际进出境货物
H	边境特殊海关作业区	境内运入深港西部通道港方口岸区
W	物流中心	从境内保税物流中心外运入保税物流中心或从保税物流中心运往境内非保税物流中心
X	物流园区	从境内特殊监管区域之外运入园区或从保税物流园区运往境内
Y	保税港区	保税港区(不包括直通港区)运往区外和区外运入各科港区
Z	出口加工区	出口加工区运往加工区外和区外运入出口加工区(区外企业填报)

十一、运输工具名称及航次号

填报载运货物进出境的运输工具名称或编号及航次号。填报内容应与运输部门向海关申报的舱单(载货清单)所列相应内容一致。

(一) 运输工具名称具体填报要求

1. 直接在进出境地或采用全国通关一体化通关模式办理报关手续的报关单填报要求：

(1) 水路运输：填报船舶编号(来往港澳小型船舶为监管簿编号)或者船舶英文名称。

(2) 公路运输：启用公路舱单前，填报该跨境运输车辆的国内行驶车牌号，深圳提前报关模式的报关单填报国内行驶车牌号+“/”+“提前报关”。启用公路舱单后，免予填报。

(3) 铁路运输：填报车厢编号或交接单号。

(4) 航空运输：填报航班号。

(5) 邮件运输：填报邮政包裹单号。

(6) 其他运输：填报具体运输方式名称，例如：管道、驮畜等。

2. 转关运输货物的报关单填报要求：

(1) 进口

① 水路运输：直转、提前报关填报“@”+16 位转关申报单预录入号(或 13 位载货清

单号)；中转填报进境英文船名。

② 铁路运输：直转、提前报关填报“@”+16位转关申报单预录入号；中转填报车厢编号。

③ 航空运输：直转、提前报关填报“@”+16位转关申报单预录入号(或13位载货清单号)；中转填报“@”。

④ 公路及其他运输：填报“@”+16位转关申报单预录入号(或13位载货清单号)。

⑤ 以上各种运输方式使用广东地区载货清单转关的提前报关货物填报“@”+13位载货清单号。

(2) 出口

① 水路运输：非中转填报“@”+16位转关申报单预录入号(或13位载货清单号)。如多张报关单需要通过一张转关单转关的，运输工具名称字段填报“@”。中转货物，境内水路运输填报驳船船名；境内铁路运输填报车名(主管海关4位关区代码+“TRAIN”)；境内公路运输填报车名(主管海关4位关区代码+“TRUCK”)。

② 铁路运输：填报“@”+16位转关申报单预录入号(或13位载货清单号)，如多张报关单需要通过一张转关单转关的，填报“@”。

③ 航空运输：填报“@”+16位转关申报单预录入号(或13位载货清单号)，如多张报关单需要通过一张转关单转关的，填报“@”。

④ 其他运输方式：填报“@”+16位转关申报单预录入号(或13位载货清单号)。

3. 其他

(1) 采用“集中申报”通关方式办理报关手续的，报关单填报“集中申报”。

(2) 免税品经营单位经营出口退税国产商品的，免予填报。

(3) 无实际进出境的货物，免予填报。

(二) 航次号具体填报要求

(1) 直接在进出境地或采用全国通关一体化通关模式办理报关手续的报关单。

① 水路运输：填报船舶的航次号。

② 公路运输：启用公路舱单前，填报运输车辆的8位进出境日期〔顺序为年(4位)、月(2位)、日(2位)，下同〕。启用公路舱单后，填报货物运输批次号。

③ 铁路运输：填报列车的进出境日期。

④ 航空运输：免予填报。

⑤ 邮件运输：填报运输工具的进出境日期。

⑥ 其他运输方式：免予填报。

(2) 转关运输货物的报关单。

1) 进口。

① 水路运输：中转转关方式填报“@”+进境干线船舶航次。直转、提前报关免予填报。

② 公路运输：免予填报。

③ 铁路运输：“@”+8位进境日期。

④ 航空运输：免予填报。

⑤ 其他运输方式：免予填报。

2）出口。

① 水路运输：非中转货物免予填报。中转货物：境内水路运输填报驳船航次号；境内铁路、公路运输填报6位启运日期〔顺序为年(2位)、月(2位)、日(2位)〕。

② 铁路拼车拼箱捆绑出口：免予填报。

③ 航空运输：免予填报。

④ 其他运输方式：免予填报。

(3) 免税品经营单位经营出口退税国产商品的，免予填报。

(4) 无实际进出境的货物，免予填报。

十二、提运单号

填报进出口货物提单或运单的编号。一份报关单只允许填报一个提单或运单号，一票货物对应多个提单或运单时，应分单填报。

具体填报要求如下：

(1) 直接在进出境地或采用全国通关一体化通关模式办理报关手续的。

① 水路运输：填报进出口提单号。如有分提单的，填报进出口提单号+“*”+分提单号。

② 公路运输：启用公路舱单前，免予填报；启用公路舱单后填报进出口总运单号。

③ 铁路运输：填报运单号。

④ 航空运输：填报总运单号+“_”+分运单号，无分运单的填报总运单号。

⑤ 邮件运输：填报邮运包裹单号。

(2) 转关运输货物的报关单。

1）进口。

① 水路运输：直转、中转填报提单号。提前报关免予填报。

② 铁路运输：直转、中转填报铁路运单号。提前报关免予填报。

③ 航空运输：直转、中转货物填报总运单号+“_”+分运单号。提前报关免予填报。

④ 其他运输方式：免予填报。

⑤ 以上运输方式进境货物，在广东省内用公路运输转关的，填报车牌号。

2）出口。

① 水路运输：中转货物填报提单号；非中转货物免予填报；广东省内汽车运输提前报关的转关货物，填报承运车辆的车牌号。

② 其他运输方式：免予填报。广东省内汽车运输提前报关的转关货物，填报承运车辆的车牌号。

知识链接8-3

认识船名和航次/航班号

(3) 采用“集中申报”通关方式办理报关手续的，报关单填报归并的集中申报清单的进出口起止日期〔按年(4位)月(2位)日(2位)年(4位)

月(2位)日(2位)〕。

(4) 无实际进出境的货物，免予填报。

十三、货物存放地点

填报货物进境后存放的场所或地点，包括海关监管作业场所、分拨仓库、定点加工厂、隔离检疫场、企业自有仓库等，是报检项目的必填项。

十四、监管方式

监管方式是以国际贸易中进出口货物的交易方式为基础，结合海关对进出口货物的征税、统计及监管条件综合设定的海关对进出口货物的管理方式。其代码由4位数字构成，前两位是按照海关监管要求和计算机管理需要划分的分类代码，后两位是参照国际标准编制的贸易方式代码。

根据实际对外贸易情况按海关规定的《监管方式代码表》，如表8-3所示，选择填报相应的监管方式简称及代码。一份报关单只允许填报一种监管方式。

特殊情况下加工贸易货物监管方式填报要求如下：

(1) 进口少量低值辅料(即5000美元以下，78种以内的低值辅料)按规定不使用《加工贸易手册》的，填报“低值辅料”。使用《加工贸易手册》的，按《加工贸易手册》上的监管方式填报。

(2) 加工贸易料件转内销货物以及按料件办理进口手续的转内销制成品、残次品、未完成品，填制进口报关单，填报“来料料件内销”或“进料料件内销”；加工贸易成品凭《征免税证明》转为减免税进口货物的，分别填制进、出口报关单，出口报关单填报“来料成品减免”或“进料成品减免”，进口报关单按照实际监管方式填报。

(3) 加工贸易出口成品因故退运进口及复运出口的，填报“来料成品退换”或“进料成品退换”；加工贸易进口料件因换料退运出口及复运进口的，填报“来料料件退换”或“进料料件退换”；加工贸易过程中产生的剩余料件、边角料退运出口，以及进口料件因品质、规格等原因退运出口且不再更换同类货物进口的，分别填报“来料料件复出”“来料边角料复出”“进料料件复出”“进料边角料复出”。

(4) 加工贸易边角料内销和副产品内销，填制进口报关单，填报“来料边角料内销”或“进料边角料内销”。

(5) 企业销毁处置加工贸易货物未获得收入，销毁处置货物为料件、残次品的，填报“料件销毁”；销毁处置货物为边角料、副产品的，填报“边角料销毁”。

企业销毁处置加工贸易货物获得收入的，填报为“进料边角料内销”或“来料边角料内销”。

(6) 免税品经营单位经营出口退税国产商品的，填报“其他”。

表 8-3　监管方式代码表

代　码	中文名称	代　码	中文名称	代　码	中文名称
9500	特许权使用（2019 年 3 月后）	0815	低值辅料	3511	援助物资
0110	一般贸易	0844	进料边角料内销	3611	无偿军援
0130	易货贸易	0845	来料边角料内销	3612	捐赠物资
0200	料件销毁	0864	进料边角料复出	3910	军事装备
0214	来料加工	0865	来料边角料复出	4019	边境小额
0245	来料料件内销	1039	市场采购	4039	对台小额
0255	来料深加工	1139	国轮油物料	4139	对台小额商品交易市场
0258	来料余料结转	1200	保税间货物	4200	驻外机构运回
0265	来料料件复出	1210	保税电商	4239	驻外机构购进
0300	来料料件退换	1215	保税工厂	4400	来料成品退换
0314	加工专用油	1233	保税仓库货物	4500	直接退运
0320	不作价设备	1234	保税区仓储转口	4539	进口溢误卸
0345	来料成品减免	1239	保税电商 A	4561	退运货物
0400	边角料销毁	1300	修理物品	4600	进料成品退换
0420	加工贸易设备	1371	保税维修	5000	料件进出区
0444	保区进料成品	1427	出料加工	5010	特殊区域研发货物
0445	保区来料成品	1500	租赁不满 1 年	5014	区内来料加工
0446	加工设备内销	1523	租赁贸易	5015	区内进料加工货物
0456	加工设备结转	1616	寄售代销	5033	区内仓储货物
0466	加工设备退运	1741	免税品	5034	区内物流货物
0500	减免设备结转	1831	外汇商品	5100	成品进出区
0513	补偿贸易	2025	合资合作设备	5300	设备进出区
0544	保区进料料件	2210	对外投资	5335	境外设备进区
0545	保区来料料件	2225	外资设备物品	5361	区内设备退运
0615	进料对口	2439	常驻机构公用	6033	物流中心进出境货物
0642	进料以产顶进	2600	暂时进出货物	9600	内贸货物跨境运输
0644	进料料件内销	2700	展览品	9610	电子商务
0654	进料深加工	2939	陈列样品	9639	海关处理货物
0657	进料余料结转	3010	货样广告品	9700	后续补税
0664	进料料件复出	3100	无代价抵偿	9739	其他贸易
0700	进料料件退换	3339	其他进出口免费	9800	租赁征税
0715	进料非对口	3410	承包工程进口	9839	留赠转卖物品
0744	进料成品减免	3422	对外承包出口	9900	其他

十五、征免性质

根据实际情况按海关规定的《征免性质代码表》，如表 8-4 所示，选择填报相应的征免性质简称及代码，持有海关核发的《征免税证明》的，按照《征免税证明》中批注的征免性质填报。一份报关单只允许填报一种征免性质。

加工贸易货物报关单按照海关核发的《加工贸易手册》中批注的征免性质简称及代码填报。特殊情况填报要求如下：

(1) 加工贸易转内销货物，按实际情况填报(如一般征税、科教用品、其他法定等)。

(2) 料件退运出口、成品退运进口货物填报“其他法定”。

(3) 加工贸易结转货物，免予填报。

(4) 免税品经营单位经营出口退税国产商品的，填报“其他法定”。

表 8-4　征免税性质代码表

代　码	简　称	全　称	代　码	简　称	全　称
101	一般征税	一般征税进出口货物	499	ITA 产品	非全税号信息技术产品
118	整车征税	构成整车特征的汽车零部件纳税	501	加工设备	加工贸易外商提供的不作价进口设备
119	零部件征税	不构成整车特征的汽车零部件纳税	502	来料加工	来料加工装配和补偿贸易进口料件及出口成品
201	无偿援助	无偿援助进出口物资	503	进料加工	进料加工贸易进口料件及出口成品
299	其他法定	其他法定减免税进出口货物	506	边境小额	边境小额贸易进口货物
301	特定区域	特定区域进口自用物资及出口货物	510	港澳 OPA	港澳在内地加工的纺织品获证出口
307	保税区	保税区进口自用物资	601	中外合资	中外合资经营企业进出口货物
399	其他地区	其他执行特殊政策地区出口货物	602	中外合作	中外合作经营企业进出口货物
401	科教用品	大专院校及科研机构进口科教用品	603	外资企业	外商独资企业进出口货物
402	示范平台用品		605	勘探开发	勘探开发煤层气
403	技术改造	企业技术改造进口货物	606	海洋石油	勘探、开发海洋石油进口货物
405	科技开发用品	科学研究、技术开发机构进口科研开发用品	608	陆上石油	勘探、开发陆上石油进口货物
406	重大项目	国家重大项目进口货物	609	贷款项目	利用贷款进口货物

续表

代　码	简　称	全　称	代　码	简　称	全　称
407	动漫用品	动漫开发生产用品	611	贷款中标	国际金融组织贷款、外国政府贷款中标机电设备零部件
408	重大技术装备	生产重大技术装备进口关键零部件及原部件	789	鼓励项目	国家鼓励发展的内外资项目进口设备
409	科技重大专项	科技重大专项进口关键设备、零部件和原材料	799	自有资金	外商投资额度外利用自有资金进口设备、备件、配件
412	基础设施	通信、港口、铁路、公路、机场建设进口设备	801	救灾捐赠	救灾捐赠进口物资
413	残疾人	残疾人组织和企业进出口货物	802	扶贫慈善	境外向我境内无偿捐赠用于扶贫慈善的免税进口物资
417	远洋渔业	远洋渔业自捕水产品	888	航材减免	经核准的航空公司进口维修用航空器材
418	国产化	国家定点生产小轿车和摄录机企业进口散件	898	国批减免	国务院特准减免税的进出口货物
419	整车特征	构成整车特征的汽车零部件进口	998	内部暂定	享受内部暂定税率的进出口货物
422	集成电路	集成电路生产企业进口货物	999	例外减免	例外减免税进出口货物
423	新型显示器件	新型显示器件生产企业进口物质			

十六、许可证号

填报进(出)口许可证、两用物项和技术进(出)口许可证、两用物项和技术出口许可证(定向)、纺织品临时出口许可证、出口许可证(加工贸易)、出口许可证(边境小额贸易)的编号。

免税品经营单位经营出口退税国产商品的，免予填报。

一份报关单只允许填报一个许可证号。

十七、合同协议号

填报进出口货物合同(包括协议或订单)编号。

未发生商业性交易的免予填报。

免税品经营单位经营出口退税国产商品的，免予填报。

课堂思考

1. 某企业一般贸易海运进口钢材一批。《重要工业品自动进口许可证》编号为C00220030714011。则在进口货物报关单中的“许可证号”栏应填报为：C00220030714011。您认为对吗？为什么？

十八、备案号

备案号是指进出口企业在海关办理加工贸易合同备案或征、减、免税审批备案等手续时，海关给予《进料加工登记手册》《来料加工及中小型补偿贸易登记手册》《外商投资企业履行产品出口合同进口料件及加工出口成品登记手册》、电子账册及其分册(以下均简称《加工贸易手册》)、《进出口货物征免税证明》(以下简称《征免税证明》)或其他有关备案审批文件的编号。

备案号长度为12位。第1位为标记代码；第2～5位为备案地海关关区代码；第6位为年份；第7～12位为序列号。一份报关单只允许填报一个备案号。标记代码如表8-5所示。

表8-5　备案审批文件标记代码

“A”备料	“E”便捷通关电子账册
“B”来料加工	“H”出入出口加工区保税货物电子账册，如为征免税货物，第六位为D
“C”进料加工	“Z”征免税证明
“D”加工贸易设备(包括作价和不作价)	“Y”原产地证书
“F”加工贸易异地进出口分册	“G”加工贸易深加工结转分册

值得注意的是：备案号一栏和监管方式和征免性质存在着一定的逻辑关系。如果备案号里面是以“B、C、D”开头的加工手册编号，那么这个报关单的监管方式就不可能是“一般贸易”，如备案号是C230213000159的报关单征免性质就为进料加工。

具体填报要求如下：

(1) 加工贸易项下货物，除少量低值辅料按规定不使用《加工贸易手册》及以后续补税监管方式办理内销征税的外，填报《加工贸易手册》编号。

使用异地直接报关分册和异地深加工结转出口分册在异地口岸报关的，填报分册号；本地直接报关分册和本地深加工结转分册限制在本地报关，填报总册号。

加工贸易成品凭《征免税证明》转为减免税进口货物的，进口报关单填报《征免税证明》编号，出口报关单填报《加工贸易手册》编号。

对加工贸易设备、使用账册管理的海关特殊监管区域内减免税设备之间的结转，转入和转出企业分别填制进、出口报关单，在报关单“备案号”栏目填报《加工贸易手册》编号。

(2) 涉及征、减、免税审核确认的报关单，填报《征免税证明》编号。

(3) 减免税货物退运出口，填报《中华人民共和国海关进口减免税货物准予退运证明》的编号；减免税货物补税进口，填报《减免税货物补税通知书》的编号；减免税货物进口或结转进口(转入)，填报《征免税证明》的编号；相应的结转出口(转出)，填报《中华人民共和国海关进口减免税货物结转联系函》的编号。

(4) 免税品经营单位经营出口退税国产商品的，免予填报。

十九、启运港

填报进口货物在运抵我国关境前的第一个境外装运港。

根据实际情况，按海关规定的《港口代码表》，如表8-6所示，启运港应填报相应的港口名称及代码，未在《港口代码表》列明的，填报相应的国家名称及代码。货物从海关特殊监管区域或保税监管场所运至境内区外的，填报《港口代码表》中相应海关特殊监管区域或保税监管场所的名称及代码，未在《港口代码表》中列明的，填报“未列出的特殊监管区”及代码。

其他无实际进境的货物，填报“中国境内”及代码。

表8-6　港口代码表(部分)

代　码	中文名称	代　码	中文名称	代　码	中文名称
CHN339	吴淞(中国)	CHN340	上海浦东国际机场(中国)	JPN051	福山(日本)
CHN030	南通(中国)	CHN341	上海虹桥国际机场(中国)	JPN192	川崎(日本)
CHN039	南京(中国)	CHN360	宁波(中国)	JPN384	大阪(日本)
CHN181	天津(中国)	CHN731	深圳(中国)	JPN501	东京(日本)
CHN184	天津滨海国际机场(中国)	CHN799	深圳宝安国际机场(中国)	CHN793	广州白云国际机场(中国)
CHN185	天津新港(中国)	CHN752	广州(中国)	USA138	底特律(美国)
CHN216	东营(中国)	USA066	波士顿(美国)	USA525	温哥华(美国)
CHN261	青岛(中国)	MAC003	澳门(中国澳门)	USA528	华盛顿(美国)
CHN280	青岛流亭机场(中国)	AUS147	墨尔本(澳大利亚)	KOR009	济州(韩国)
CHN331	上海(中国)	USA309	纽约(美国)	KOR901	首尔(韩国)
CHN336	外高桥(中国)	RUS090	圣彼得堡(俄罗斯)	MEX904	墨西哥城(墨西哥)

二十、贸易国(地区)

发生商业性交易的进口填报购自国(地区)，出口填报售予国(地区)。未发生商业性交易的填报货物所有权拥有者所属的国家(地区)。

按海关规定的《国别(地区)代码表》选择填报相应的贸易国(地区)中文名称及代码。部分国别(地区)代码表如表 8-7 所示。

表 8-7 国别(地区)代码表(部分)

代　码	中文名称	英文名称	代　码	中文名称	英文名称
BGD	孟加拉	Bangladesh	SWE	瑞典	Sweden
BRA	巴西	Brazil	IND	印度	India
USA	美国	United States of America	IDN	印度尼西亚	Indonesia
CAN	加拿大	Canada	ITA	意大利	Italy
CHN	中国	China	JPN	日本	Japan
TWN	中国台湾	Taiwan (Province of China)	MAC	中国澳门	Macao China
CUB	古巴	Cuba	MEX	墨西哥	Mexico
DNK	丹麦	Denmark	PAK	巴基斯坦	Pakistan
FRA	法国	France	ESP	西班牙	Spain
DEU	德国	Germany			

二十一、启运国(地区)/运抵国(地区)

启运国(地区)填报进口货物启始发出直接运抵我国或者在运输中转国(地)未发生任何商业性交易的情况下运抵我国的国家(地区)。

运抵国(地区)填报出口货物离开我国关境直接运抵或者在运输中转国(地区)未发生任何商业性交易的情况下最后运抵的国家(地区)。

不经过第三国(地区)转运的直接运输进出口货物,以进口货物的装货港所在国(地区)为启运国(地区),以出口货物的指运港所在国(地区)为运抵国(地区)。

经过第三国(地区)转运的进出口货物,如在中转国(地区)发生商业性交易,则以中转国(地区)作为启运/运抵国(地区)。

按海关规定的《国别(地区)代码表》选择填报相应的启运国(地区)或运抵国(地区)中文名称及代码。

无实际进出境的货物,填报“中国”及代码。

二十二、经停港/指运港

经停港填报进口货物在运抵我国关境前的最后一个境外装运港。

指运港填报出口货物运往境外的最终目的港;最终目的港不可预知的,按尽可能预知的目的港填报。

根据实际情况,按海关规定的《港口代码表》选择填报相应的港口名称及代码。经停港/指运港在《港口代码表》中无港口名称及代码的,可选择填报相应的国家名称及代码。

无实际进出境的货物,填报“中国境内”及代码。

二十三、入境口岸/离境口岸

入境口岸填报进境货物为跨境运输工具卸离的第一个境内口岸的中文名称及代码；采取多式联运跨境运输的，填报多式联运货物最终卸离的境内口岸中文名称及代码；过境货物填报货物进入境内的第一个口岸的中文名称及代码；从海关特殊监管区域或保税监管场所进境的，填报海关特殊监管区域或保税监管场所的中文名称及代码。其他无实际进境的货物，填报货物所在地的城市名称及代码。

离境口岸填报装运出境货物的跨境运输工具离境的第一个境内口岸的中文名称及代码；采取多式联运跨境运输的，填报多式联运货物最初离境的境内口岸中文名称及代码；过境货物填报货物离境的第一个境内口岸的中文名称及代码；从海关特殊监管区域或保税监管场所离境的，填报海关特殊监管区域或保税监管场所的中文名称及代码。其他无实际出境的货物，填报货物所在地的城市名称及代码。

入境口岸/离境口岸类型包括港口、码头、机场、机场货运通道、边境口岸、火车站、车辆装卸点、车检场、陆路港、坐落在口岸的海关特殊监管区域等。按海关规定的《国内口岸编码表》选择填报相应的境内口岸名称及代码。

课堂思考

1. 北京某进出口贸易公司，出售给日本某公司仪器一批。后来得知该公司又将这批仪器转卖给了其他国家某公司。其出口货物报关单上的“运抵国(地区)”应填报为(　　)。

2. 北京某服装加工企业，经海关批准，将来料加工后的，原从日本进口的剩余料件，结转给本公司的另一个来料加工贸易合同。其出口报关单上的“运抵国(地区)”应填报为(　　)。

二十四、包装种类

填报进出口货物的所有包装材料，包括运输包装和其他包装，按海关规定的《包装种类代码表》选择填报相应的包装种类名称及代码。运输包装指提运单所列货物件数单位对应的包装，其他包装包括货物的各类包装，以及植物性铺垫材料等。

按照海关规定，《包装种类代码表》共14种包装形式，其代码和包装种类的对应关系如下：

“00”为：散装

“01”为：裸装

“22”为：纸制或纤维板制盒/箱

“23”为：木制或竹藤等植物性材料制盒/箱

“29”为：其他材料制盒/箱

“32”为：纸制或纤维板制桶

“33”为：木制或竹藤等植物性材料制桶

“39”为：其他材料制桶

“04”为：球状罐类

“06”为：包/袋

“92”为：再生木托

“93”为：天然木托

“98”为：植物性铺垫材料

“99”为：其他包装

二十五、件数

填报进出口货物运输包装的件数(按运输包装计)。特殊情况填报要求如下：

(1) 舱单件数为集装箱的，填报集装箱个数。

(2) 舱单件数为托盘的，填报托盘数。

不得填报为零，裸装货物填报为“1”。

二十六、毛重(千克)

填报进出口货物及其包装材料的重量之和，计量单位为千克，不足一千克的填报为“1”。

二十七、净重(千克)

填报进出口货物的毛重减去外包装材料后的重量，即货物本身的实际重量，计量单位为千克，不足一千克的填报为“1”。

二十八、成交方式

成交方式是指在进出口贸易中进出口商品的价格构成和买卖双方各自应承担的责任、费用和风险及货物所有权转移的界限。根据进出口货物实际成交价格条款，按海关规定的《成交方式代码表》选择填报相应的成交方式代码。成交方式代码，如表 8-8 所示。

表 8-8　成交方式代码表

代码	名称	代码	名称	代码	名称	代码	名称
1	CIF	3	FOB	5	市场价	7	EXW
2	C&F	4	C&I	6	垫仓		

无实际进出境的货物，进口填报 CIF，出口填报 FOB。2018 年 7 月海关总署修改关检融合部分通关参数，加入 EXW 参数。

二十九、运费/保费/杂费

运费指进出口货物从始发地至目的地的国际运输所需要的费用。

保险费指被保险人允予承保某种损失、风险而支付给保险人的对价和报酬。

杂费是指成交价以外的应计入货物价格或从货物价格中应予以扣除的费用，如手续费、佣金、折扣等。

运费、保险费的填写与否和成交方式形成逻辑关系，视实际成交价格及方式而定。具体如表 8-9 所示。

表 8-9　运保费栏与成交方式栏的逻辑关系

货物流向	成交方式	运　费	保　费
进口	CIF	不填	不填
	CFR	不填	填
	FOB	填	填
出口	FOB	不填	不填
	CFR	填	不填
	CIF	填	填

（1）运费

运费填报进口货物运抵我国境内输入地点起卸前的运输费用，出口货物运至我国境内输出地点装载后的运输费用。

运费可按运费单价、总价或运费率三种方式之一填报，注明运费标记（运费标记“1”表示运费率，“2”表示每吨货物的运费单价，“3”表示运费总价），并按海关规定的《货币代码表》选择填报相应的币种代码。

运保费合并计算的，运保费填报在运费栏目中。免税品经营单位经营出口退税国产商品的，免予填报。

（2）保费

填报进口货物运抵我国境内输入地点起卸前的保险费用，出口货物运至我国境内输出地点装载后的保险费用。

保费可按保险费总价或保险费率两种方式之一填报，注明保险费标记（保险费标记“1”表示保险费率，“3”表示保险费总价），并按海关规定的《货币代码表》选择填报相应的币种代码。

免税品经营单位经营出口退税国产商品的，免予填报。

（3）杂费

填报成交价格以外的，按照《中华人民共和国进出口关税条例》相关规定应计入完税价格或应从完税价格中扣除的费用。可按杂费总价或杂费率两种方式之一填报，注明杂费标记（杂费标记“1”表示杂费率，“3”表示杂费总价），并按海关规定的《货币代码表》选择填报相应的币种代码。

应计入完税价格的杂费填报为正值或正率，应从完税价格中扣除的杂费填报为负值或负率。

免税品经营单位经营出口退税国产商品的，免予填报。

运费保费杂费填写示例如表8-10所示。

表8-10　运费保费杂费填写示例

项　目	率(1)	单价(2)	总价(3)
运　费	5%→5	USD50/吨→USD/50/2	HKD5000→HKD/5000/3
保　费	0.27%→0.27	—	EUR5000→EUR/5000/3
应计入的杂费	1%→1	—	GBP5000→GBP/5000/3
应扣除的杂费	1%→-1	—	JPY5000→JPY/-5000/3

三十、随附单证及编号

根据海关规定的《监管证件代码表》和《随附单据代码表》选择填报除本规范第十六条规定的许可证件以外的其他进出口许可证件或监管证件、随附单据代码及编号。

本栏目分为随附单证代码和随附单证编号两栏，其中代码栏按海关规定的《监管证件代码表》和《随附单据代码表》选择填报相应证件代码；随附单证编号栏填报证件编号。

(1) 加工贸易内销征税报关单(使用金关二期加贸管理系统的除外)，随附单证代码栏填报"c"，随附单证编号栏填报海关审核通过的内销征税联系单号。

(2) 一般贸易进出口货物，只能使用原产地证书申请享受协定税率或者特惠税率(以下统称优惠税率)的(无原产地声明模式)，"随附单证代码"栏填报原产地证书代码"Y"，在"随附单证编号"栏填报"〈优惠贸易协定代码〉"和"原产地证书编号"。可以使用原产地证书或者原产地声明申请享受优惠税率的(有原产地声明模式)，"随附单证代码"栏填写"Y"，"随附单证编号"栏填报"〈优惠贸易协定代码〉""C"(凭原产地证书申报)或"D"(凭原产地声明申报)，以及"原产地证书编号(或者原产地声明序列号)"。一份报关单对应一份原产地证书或原产地声明。各优惠贸易协定代码如下：

"01"为"亚太贸易协定"；

"02"为"中国—东盟自贸协定"；

"03"为"内地与香港紧密经贸关系安排"(香港CEPA)；

"04"为"内地与澳门紧密经贸关系安排"(澳门CEPA)；

"06"为"台湾农产品零关税措施"；

"07"为"中国—巴基斯坦自贸协定"；

"08"为"中国—智利自贸协定"；

"10"为"中国—新西兰自贸协定"；

"11"为"中国—新加坡自贸协定"；

"12"为"中国—秘鲁自贸协定"；

"13"为"最不发达国家特别优惠关税待遇"；

"14"为"海峡两岸经济合作框架协议(ECFA)"；

"15"为"中国—哥斯达黎加自贸协定"；

“16”为“中国—冰岛自贸协定”；

“17”为“中国—瑞士自贸协定”；

“18”为“中国—澳大利亚自贸协定”；

“19”为“中国—韩国自贸协定”；

“20”为“中国—格鲁吉亚自贸协定”。

海关特殊监管区域和保税监管场所内销货物申请适用优惠税率的，有关货物进出海关特殊监管区域和保税监管场所以及内销时，已通过原产地电子信息交换系统实现电子联网的优惠贸易协定项下货物报关单，按照上述一般贸易要求填报；未实现电子联网的优惠贸易协定项下货物报关单，“随附单证代码”栏填报“Y”，“随附单证编号”栏填报“〈优惠贸易协定代码〉”和“原产地证据文件备案号”。“原产地证据文件备案号”为进出口货物的收发货物人或者其代理人录入原产地证据文件电子信息后，系统自动生成的号码。

向香港或者澳门特别行政区出口用于生产香港 CEPA 或者澳门 CEPA 项下货物的原材料时，按照上述一般贸易填报要求填制报关单，香港或澳门生产厂商在香港工贸署或者澳门经济局登记备案的有关备案号填报在“关联备案”栏。

“单证对应关系表”中填报报关单上的申报商品项与原产地证书(原产地声明)上的商品项之间的对应关系。报关单上的商品序号与原产地证书(原产地声明)上的项目编号应一一对应，不要求顺序对应。同一批次进口货物可以在同一报关单中申报，不享受优惠税率的货物序号不填报在“单证对应关系表”中。

(3) 各优惠贸易协定项下，免提交原产地证据文件的小金额进口货物“随附单证代码”栏填报“Y”，“随附单证编号”栏填报“〈优惠贸易协定代码〉XJE00000”，“单证对应关系表”享惠报关单项号按实际填报，对应单证项号与享惠报关单项号相同。

三十一、标记唛码及备注

填报要求如下：

(1) 标记唛码中除图形以外的文字、数字，无标记唛码的填报 N/M。

(2) 受外商投资企业委托代理其进口投资设备、物品的进出口企业名称。

(3) 与本报关单有关联关系的，同时在业务管理规范方面又要求填报的备案号，填报在电子数据报关单中“关联备案”栏。

保税间流转货物、加工贸易结转货物及凭《征免税证明》转内销货物，其对应的备案号填报在“关联备案”栏。

减免税货物结转进口(转入)，“关联备案”栏填报本次减免税货物结转所申请的《中华人民共和国海关进口减免税货物结转联系函》的编号。

减免税货物结转出口(转出)，“关联备案”栏填报与其相对应的进口(转入)报关单“备案号”栏中《征免税证明》的编号。

(4) 与本报关单有关联关系的，同时在业务管理规范方面又要求填报的报关单号，填报在电子数据报关单中“关联报关单”栏。

保税间流转、加工贸易结转类的报关单，应先办理进口报关，并将进口报关单号填入出口报关单的“关联报关单”栏。

办理进口货物直接退运手续的，除另有规定外，应先填制出口报关单，再填制进口报关单，并将出口报关单号填报在进口报关单的“关联报关单”栏。

减免税货物结转出口(转出)，应先办理进口报关，并将进口(转入)报关单号填入出口(转出)报关单的“关联报关单”栏。

(5) 办理进口货物直接退运手续的，填报“〈ZT”＋“海关审核联系单号或者《海关责令进口货物直接退运通知书》编号”＋“〉”。办理固体废物直接退运手续的，填报“固体废物，直接退运表××号/责令直接退运通知书××号”。

(6) 保税监管场所进出货物，在“保税/监管场所”栏填报本保税监管场所编码[保税物流中心(B型)填报本中心的国内地区代码]，其中涉及货物在保税监管场所间流转的，在本栏填报对方保税监管场所代码。

(7) 涉及加工贸易货物销毁处置的，填报海关加工贸易货物销毁处置申报表编号。

(8) 当监管方式为“暂时进出货物”(代码2600)和“展览品”(代码2700)时，填报要求如下：

1) 根据《中华人民共和国海关暂时进出境货物管理办法》(海关总署令第233号，以下简称《管理办法》)第三条第一款所列项目，填报暂时进出境货物类别，如：暂进六，暂出九；

2) 根据《管理办法》第十条规定，填报复运出境或者复运进境日期，期限应在货物进出境之日起6个月内，如：20180815前复运进境，20181020前复运出境；

3) 根据《管理办法》第七条，向海关申请对有关货物是否属于暂时进出境货物进行审核确认的，填报《中华人民共和国××海关暂时进出境货物审核确认书》编号，如：ZS海关审核确认书编号，其中英文为大写字母；无此项目的，无需填报。

上述内容依次填报，项目间用“/”分隔，前后均不加空格。

4) 收发货人或其代理人申报货物复运进境或者复运出境的：

货物办理过延期的，根据《管理办法》填报《货物暂时进/出境延期办理单》的海关回执编号，如：〈ZS海关回执编号〉，其中英文为大写字母；无此项目的，无需填报。

(9) 跨境电子商务进出口货物，填报“跨境电子商务”。

(10) 加工贸易副产品内销，填报“加工贸易副产品内销”。

(11) 服务外包货物进口，填报“国际服务外包进口货物”。

(12) 公式定价进口货物填报公式定价备案号，格式为：“公式定价”＋备案编号＋“@”。对于同一报关单下有多项商品的，如某项或某几项商品为公式定价备案的，则备注栏内填报为：“公式定价”＋备案编号＋“#”＋商品序号＋“@”。

(13) 进出口与《预裁定决定书》列明情形相同的货物时，按照《预裁定决定书》填报，格式为：“预裁定＋《预裁定决定书》编号”(例如：某份预裁定决定书编号为R-2-0100-2018-0001，则填报为“预裁定R-2-0100-2018-0001”)。

(14) 含归类行政裁定报关单，填报归类行政裁定编号，格式为：“c”＋四位数字编号，例如c0001。

(15) 已经在进入特殊监管区时完成检验的货物，在出区入境申报时，填报“预检验”

字样，同时在“关联报检单”栏填报实施预检验的报关单号。

(16) 进口直接退运的货物，填报“直接退运”字样。

(17) 企业提供 ATA 单证册的货物，填报“ATA 单证册”字样。

(18) 不含动物源性低风险生物制品，填报“不含动物源性”字样。

(19) 货物自境外进入境内特殊监管区或者保税仓库的，填报“保税入库”或者“境外入区”字样。

(20) 海关特殊监管区域与境内区外之间采用分送集报方式进出的货物，填报“分送集报”字样。

(21) 军事装备出入境的，填报“军品”或“军事装备”字样。

(22) 申报 HS 为 3821000000、3002300000 的，属于下列情况的，填报要求为：属于培养基的，填报“培养基”字样；属于化学试剂的，填报“化学试剂”字样；不含动物源性成分的，填报“不含动物源性”字样。

(23) 属于修理物品的，填报“修理物品”字样。

(24) 属于下列情况的，填报“压力容器”“成套设备”“食品添加剂”“成品退换”“旧机电产品”等字样。

(25) 申报 HS 为 2903890020(入境六溴环十二烷)，用途为“其他(99)”的，填报具体用途。

(26) 集装箱体信息填报集装箱号(在集装箱箱体上标示的全球唯一编号)、集装箱规格、集装箱商品项号关系(单个集装箱对应的商品项号，半角逗号分隔)、集装箱货重(集装箱箱体自重＋装载货物重量，千克)。当使用集装箱装载货物时，需填报集装箱体信息，包括集装箱号、集装箱规格、集装箱商品项号关系、集装箱货重。集装箱规格及代码，如图 8-11 所示。

其中，集装箱商品项号关系信息填报单个集装箱对应的商品项号，半角逗号分隔。例如：“APJU4116601”箱号的集装箱中装载了项号为 1、3 和 5 的商品时，应在“商品项号关系”录入“1，3，5”。

表 8-11　集装箱规格及代码

代　码	中文名称
11	普通 2 * 标准箱(L)
12	冷藏 2 * 标准箱(L)
13	罐式 2 * 标准箱(L)
21	普通标准箱(S)
22	冷藏标准箱(S)
23	罐式标准箱(S)
31	其他标准箱(S)
32	其他 2 * 标准箱(L)
N	非集装箱

(27)申报HS为3006300000、3504009000、3507909010、3507909090、3822001000、3822009000，不属于“特殊物品”的，填报“非特殊物品”字样。“特殊物品”定义见《出入境特殊物品卫生检疫管理规定》(国家质量监督检验检疫总局令第160号公布，根据国家质量监督检验检疫总局令第184号、海关总署令第238号、第240号、第243号修改)。

(28)进出口列入目录的进出口商品及法律、行政法规规定须经出入境检验检疫机构检验的其他进出口商品实施检验的，填报“应检商品”字样。

(29)申报时其他必须说明的事项。

三十二、项号

分两行填报。第一行填报报关单中的商品顺序编号；第二行填报备案序号，专用于加工贸易及保税、减免税等已备案、审批的货物，填报该项货物在《加工贸易手册》或《征免税证明》等备案、审批单证中的顺序编号。有关优惠贸易协定项下报关单填制要求按照海关总署相关规定执行。其中第二行特殊情况填报要求如下：

(1) 深加工结转货物，分别按照《加工贸易手册》中的进口料件项号和出口成品项号填报。

(2) 料件结转货物(包括料件、制成品和未完成品折料)，出口报关单按照转出《加工贸易手册》中进口料件的项号填报；进口报关单按照转进《加工贸易手册》中进口料件的项号填报。

(3) 料件复出货物(包括料件、边角料)，出口报关单按照《加工贸易手册》中进口料件的项号填报；如边角料对应一个以上料件项号时，填报主要料件项号。料件退换货物(包括料件、不包括未完成品)，进出口报关单按照《加工贸易手册》中进口料件的项号填报。

(4) 成品退换货物，退运进境报关单和复运出境报关单按照《加工贸易手册》原出口成品的项号填报。

(5) 加工贸易料件转内销货物(以及按料件办理进口手续的转内销制成品、残次品、未完成品)填制进口报关单，填报《加工贸易手册》进口料件的项号；加工贸易边角料、副产品内销，填报《加工贸易手册》中对应的进口料件项号。如边角料或副产品对应一个以上料件项号时，填报主要料件项号。

(6) 加工贸易成品凭《征免税证明》转为减免税货物进口的，应先办理进口报关手续。进口报关单填报《征免税证明》中的项号，出口报关单填报《加工贸易手册》原出口成品项号，进、出口报关单货物数量应一致。

(7) 加工贸易货物销毁，填报《加工贸易手册》中相应的进口料件项号。

(8) 加工贸易副产品退运出口、结转出口，填报《加工贸易手册》中新增成品的出口项号。

(9) 经海关批准实行加工贸易联网监管的企业，按海关联网监管要求，企业需申报报关清单的，应在向海关申报进出口(包括形式进出口)报关单前，向海关申报“清单”。一份报关清单对应一份报关单，报关单上的商品由报关清单归并而得。加工贸易电子账册报关单中项号、品名、规格等栏目的填制规范比照《加工贸易手册》。

三十三、商品编号

填报由10位数字组成的商品编号。前8位为《中华人民共和国进出口税则》和《中华人民共和国海关统计商品目录》确定的编码；9、10位为监管附加编号。

三十四、商品名称及规格型号

分两行填报。第一行填报进出口货物规范的中文商品名称，第二行填报规格型号。具体填报要求如下：

(1) 商品名称及规格型号应据实填报，并与进出口货物收发货人或受委托的报关企业所提交的合同、发票等相关单证相符。

(2) 商品名称应当规范，规格型号应当足够详细，以能满足海关归类、审价及许可证件管理要求为准，可参照《中华人民共和国海关进出口商品规范申报目录》中对商品名称、规格型号的要求进行填报。

(3) 已备案的加工贸易及保税货物，填报的内容必须与备案登记中同项号下货物的商品名称一致。

(4) 对需要海关签发《货物进口证明书》的车辆，商品名称栏填报"车辆品牌＋排气量(注明cc)＋车型(如越野车、小轿车等)"。进口汽车底盘不填报排气量。车辆品牌按照《进口机动车辆制造厂名称和车辆品牌中英文对照表》中"签注名称"一栏的要求填报。规格型号栏可填报"汽油型"等。

(5) 由同一运输工具同时运抵同一口岸并且属于同一收货人、使用同一提单的多种进口货物，按照商品归类规则应当归入同一商品编号的，应当将有关商品一并归入该商品编号。商品名称填报一并归类后的商品名称；规格型号填报一并归类后商品的规格型号。

(6) 加工贸易边角料和副产品内销，边角料复出口，填报其报验状态的名称和规格型号。

(7) 进口货物收货人以一般贸易方式申报进口属于《需要详细列名申报的汽车零部件清单》范围内的汽车生产件的，按以下要求填报：

① 商品名称填报进口汽车零部件的详细中文商品名称和品牌，中文商品名称与品牌之间用"/"相隔，必要时加注英文商业名称；进口的成套散件或者毛坯件应在品牌后加注"成套散件""毛坯"等字样，并与品牌之间用"/"相隔。

② 规格型号填报汽车零部件的完整编号。在零部件编号前应当加注"S"字样，并与零部件编号之间用"/"相隔，零部件编号之后应当依次加注该零部件适用的汽车品牌和车型。汽车零部件属于可以适用于多种汽车车型的通用零部件的，零部件编号后应当加注"TY"字样，并用"/"与零部件编号相隔。与进口汽车零部件规格型号相关的其他需要申报的要素，或者海关规定的其他需要申报的要素，如"功率""排气量"等，应当在车型或"TY"之后填报，并用"/"与之相隔。汽车零部件报验状态是成套散件的，应当在"标记唛码及备

注”栏内填报该成套散件装配后的最终完整品的零部件编号。

(8) 进口货物收货人以一般贸易方式申报进口属于《需要详细列名申报的汽车零部件清单》(海关总署 2006 年第 64 号公告)范围内的汽车维修件的，填报规格型号时，应当在零部件编号前加注“W”，并与零部件编号之间用“/”相隔；进口维修件的品牌与该零部件适用的整车厂牌不一致的，应当在零部件编号前加注“WF”，并与零部件编号之间用“/”相隔。其余申报要求同上条执行。

(9) 品牌类型。品牌类型为必填项目。可选择“无品牌”(代码 0)、“境内自主品牌”(代码 1)、“境内收购品牌”(代码 2)、“境外品牌(贴牌生产)”(代码 3)、“境外品牌(其他)”(代码 4)如实填报。其中，“境内自主品牌”是指由境内企业自主开发、拥有自主知识产权的品牌；“境内收购品牌”是指境内企业收购的原境外品牌；“境外品牌(贴牌生产)”是指境内企业代工贴牌生产中使用的境外品牌；“境外品牌(其他)”是指除代工贴牌生产以外使用的境外品牌。上述品牌类型中，除“境外品牌(贴牌生产)”仅用于出口外，其他类型均可用于进口和出口。

(10) 出口享惠情况。出口享惠情况为出口报关单必填项目。可选择“出口货物在最终目的国(地区)不享受优惠关税”“出口货物在最终目的国(地区)享受优惠关税”“出口货物不能确定在最终目的国(地区)享受优惠关税”如实填报。进口货物报关单不填报该申报项。

(11) 申报进口已获 3C 认证的机动车辆时，填报以下信息。

① 提运单日期。填报该项货物的提运单签发日期。

② 质量保质期。填报机动车的质量保证期。

③ 发动机号或电机号。填报机动车的发动机号或电机号，应与机动车上打刻的发动机号或电机号相符。纯电动汽车、插电式混合动力汽车、燃料电池汽车为电机号，其他机动车为发动机号。

④ 车辆识别代码(VIN)。填报机动车车辆识别代码，须符合国家强制性标准《道路车辆 车辆识别代号(VIN)》(GB 16735)的要求。该项目一般与机动车的底盘车架号相同。

⑤ 发票所列数量。填报对应发票中所列进口机动车的数量。

⑥ 品名(中文名称)。填报机动车中文品名，按《进口机动车辆制造厂名称和车辆品牌中英文对照表》(原质检总局 2004 年 52 号公告)的要求填报。

⑦ 品名(英文名称)。填报机动车英文品名，按《进口机动车辆制造厂名称和车辆品牌中英文对照表》(原质检总局 2004 年 52 号公告)的要求填报。

⑧ 型号(英文)。填报机动车型号，与机动车产品标牌上整车型号一栏相符。

(12) 进口货物收货人申报进口属于实施反倾销反补贴措施货物的，填报“原厂商中文名称”“原厂商英文名称”“反倾销税率”“反补贴税率”和“是否符合价格承诺”等计税必要信息。

格式要求为：“|<><><><><>”。“|”“<”和“>”均为英文半角符号。第一个“|”为在规格型号栏目中已填报的最后一个申报要素后系统自动生成或人工录入的分割符(若相关商

品税号无规范申报填报要求，则需要手工录入“｜”），“｜”后面5个“〈〉”内容依次为“原厂商中文名称”“原厂商英文名称（如无原厂商英文名称，可填报以原厂商所在国或地区文字标注的名称，具体可参照商务部实施贸易救济措施相关公告中对有关原厂商的外文名称写法）”“反倾销税率”“反补贴税率”“是否符合价格承诺”。其中，“反倾销税率”和“反补贴税率”填写实际值，例如，税率为30%，填写“0.3”。“是否符合价格承诺”填写“1”或者“0”，“1”代表“是”，“0”代表“否”。填报时，5个“〈〉”不可缺项，如第3、4、5项“〈〉”中无申报事项，相应的“〈〉”中内容可以为空，但“〈〉”需要保留。

三十五、数量及单位

分三行填报。具体要求如表8-12所示。

（1）第一行按进出口货物的法定第一计量单位填报数量及单位，法定计量单位以《中华人民共和国海关统计商品目录》中的计量单位为准。

（2）凡列明有法定第二计量单位的，在第二行按照法定第二计量单位填报数量及单位。无法定第二计量单位的，第二行为空。

（3）成交计量单位及数量填报在第三行。

（4）法定计量单位为“千克”的数量填报，特殊情况下填报要求如下：

① 装入可重复使用的包装容器的货物，按货物扣除包装容器后的重量填报，如罐装同位素、罐装氧气及类似品等。

② 使用不可分割包装材料和包装容器的货物，按货物的净重填报（即包括内层直接包装的净重重量），如采用供零售包装的罐头、药品及类似品等。

③ 按照商业惯例以公量重计价的商品，按公量重填报，如未脱脂羊毛、羊毛条等。

④ 采用以毛重作为净重计价的货物，可按毛重填报，如粮食、饲料等大宗散装货物。

⑤ 采用零售包装的酒类、饮料、化妆品，按照液体/乳状/膏状/粉状部分的重量填报。

（5）成套设备、减免税货物如需分批进口，货物实际进口时，按照实际报验状态确定数量。

（6）具有完整品或制成品基本特征的不完整品、未制成品，根据《商品名称及编码协调制度》归类规则按完整品归类的，按照构成完整品的实际数量填报。

（7）已备案的加工贸易及保税货物，成交计量单位必须与《加工贸易手册》中同项号下货物的计量单位一致，加工贸易边角料和副产品内销、边角料复出口，填报其报验状态的计量单位。

（8）优惠贸易协定项下进出口商品的成交计量单位必须与原产地证书上对应商品的计量单位一致。

（9）法定计量单位为立方米的气体货物，折算成标准状况（即摄氏零度及1个标准大气压）下的体积进行填报。

表 8-12 数量及单位填制要求

计量单位状态	填制要求		
	第一行	第二行	第三行
成交与法定一致	法定第一计量单位及数量	空	空
成交与法定一致，并有第二计量单位	法定第一计量单位及数量	法定第二计量单位及数量	空
成交与法定不一致	法定计量单位及数量	空	成交计量单位及数量
成交与法定不一致，并有第二计量单位	法定第一计量单位及数量	法定第二计量单位及数量	成交计量单位及数量

三十六、单价

填报同一项号下进出口货物实际成交的商品单位价格。无实际成交价格的填报单位货值。

三十七、总价

填报同一项号下进出口货物实际成交的商品总价格。无实际成交价格的，填报货值。

三十八、币制

按海关规定的《货币代码表》选择相应的货币名称及代码填报，如《货币代码表》中无实际成交币种，需将实际成交货币按申报日外汇折算率折算成《货币代码表》列明的货币填报。货币代码表如表 8-13 所示。

表 8-13 部分货币中英文名称及代码表

代码	中文名称	英文名称	代码	中文名称	英文名称	代码	中文名称	英文名称
HKD	港币	Hong Kong Dollar	EUR	欧元	Euro	THB	泰国铢	Baht
IDR	印度尼西亚卢比	Rupiah	DKK	丹麦克朗	Danish Krone	CNY	人民币	Yuan Renminbi
JPY	日本元	Yen	GBP	英镑	Pound Sterling	TWD	新台币	New Taiwan Dollar
MOP	澳门元	Pataca	NOK	挪威克朗	Norwegian Krone	USD	美元	US Dollar
MYR	马来西亚林吉特	Malaysian Ringgit	SEK	瑞典克朗	Swedish Krone	AUD	澳大利亚元	Australian Dollar
PHP	菲律宾比索	Philippine Piso	CHF	瑞士法郎	Swiss Franc	NZD	新西兰元	New Zealand Dollar
SGD	新加坡元	Singapore Dollar	RUB	俄罗斯卢布	Russian Ruble			
KRW	韩国元	Won	CAD	加拿大元	Canadian Dollar			

三十九、原产国(地区)

原产国(地区)依据《中华人民共和国进出口货物原产地条例》《中华人民共和国海关关于执行〈非优惠原产地规则中实质性改变标准〉的规定》以及海关总署关于各项优惠贸易协

定原产地管理规章规定的原产地确定标准填报。同一批进出口货物的原产地不同的，分别填报原产国(地区)。进出口货物原产国(地区)无法确定的，填报“国别不详”。

按海关规定的《国别(地区)代码表》选择填报相应的国家(地区)名称及代码。

四十、最终目的国(地区)

最终目的国(地区)填报已知的进出口货物的最终实际消费、使用或进一步加工制造国家(地区)。不经过第三国(地区)转运的直接运输货物，以运抵国(地区)为最终目的国(地区)；经过第三国(地区)转运的货物，以最后运往国(地区)为最终目的国(地区)。同一批进出口货物的最终目的国(地区)不同的，分别填报最终目的国(地区)。进出口货物不能确定最终目的国(地区)时，以尽可能预知的最后运往国(地区)为最终目的国(地区)。

按海关规定的《国别(地区)代码表》选择填报相应的国家(地区)名称及代码。

四十一、境内目的地/境内货源地

境内目的地填报已知的进口货物在国内的消费、使用地或最终运抵地，其中最终运抵地为最终使用单位所在的地区。最终使用单位难以确定的，填报货物进口时预知的最终收货单位所在地。

境内货源地填报出口货物在国内的产地或原始发货地。出口货物产地难以确定的，填报最早发运该出口货物的单位所在地。

海关特殊监管区域、保税物流中心(B型)与境外之间的进出境货物，境内目的地/境内货源地填报本海关特殊监管区域、保税物流中心(B型)所对应的国内地区。

按海关规定的《国内地区代码表》选择填报相应的国内地区名称及代码。境内目的地还需根据《中华人民共和国行政区划代码表》选择填报其对应的县级行政区名称及代码。无下属区县级行政区的，可选择填报地市级行政区。本栏部分代码如表8-14所示。

表8-14　境内目的地、货源地名称及代码(部分)

境内目的地、货源地名称	代码	境内目的地、货源地名称	代码	境内目的地、货源地名称	代码
天津市和平区	12019	广州高新技术产业开发区	44013	武汉经济技术开发区	42012
天津市河东区	12029	广州保税区	44014	武汉东湖新技术开发区	42013
天津市河西区	12039	广东广州出口加工区	44015	湖北武汉出口加工区	42015
天津新技术产业园区	12043	广州白云机场综合保税区	44016	武汉东湖综合保税区	42016
天津市南开区其他地区	12049	广州保税物流园区	44017	武汉市其他地区	42019
天津市河北区	12059	广州市其他地区	44019	上海保税物流园区	31227
天津市红桥区	12069	深圳市其他地区	44039	上海浦东新区	31222
天津经济技术开发区	12072	深圳市高新技术产业园区	44033	上海外高桥保税区	31224
天津保税区	12074	广东福田保税区	44034	上海金桥出口加工区	31225
天津出口加工区	12075	广东深圳出口加工区	44035	上海浦东机场综合保税区	31226

四十二、征免

按照海关核发的《征免税证明》或有关政策规定，对报关单所列每项商品选择海关规定的《征减免税方式代码表》中相应的征减免税方式填报，具体如表8-15所示。

加工贸易货物报关单根据《加工贸易手册》中备案的征免规定填报；《加工贸易手册》中备案的征免规定为“保金”或“保函”的，填报“全免”。

表8-15　征减免税方式代码及名称

代码	名称	代码	名称	代码	名称	代码	名称	代码	名称
1	照章征税	3	全免	5	随征免性质	7	保函	9	全额退税
2	折半征税	4	特案	6	保证金	8	折半补税		

四十三、特殊关系确认

根据《中华人民共和国海关审定进出口货物完税价格办法》(以下简称《审价办法》)第十六条，填报确认进出口行为中买卖双方是否存在特殊关系，有下列情形之一的，应当认为买卖双方存在特殊关系，应填报“是”，反之则填报“否”：

(1) 买卖双方为同一家族成员的。

(2) 买卖双方互为商业上的高级职员或者董事的。

(3) 一方直接或者间接地受另一方控制的。

(4) 买卖双方都直接或者间接地受第三方控制的。

(5) 买卖双方共同直接或者间接地控制第三方的。

(6) 一方直接或者间接地拥有、控制或者持有对方5%以上(含5%)公开发行的有表决权的股票或者股份的。

(7) 一方是另一方的雇员、高级职员或者董事的。

(8) 买卖双方是同一合伙的成员的。

买卖双方在经营上相互有联系，一方是另一方的独家代理、独家经销或者独家受让人，如果符合前款的规定，也应当视为存在特殊关系。

出口货物免予填报，加工贸易及保税监管货物(内销保税货物除外)免予填报。

四十四、价格影响确认

根据《审价办法》第十七条，填报确认纳税义务人是否可以证明特殊关系未对进口货物的成交价格产生影响，纳税义务人能证明其成交价格与同时或者大约同时发生的下列任何一款价格相近的，应视为特殊关系未对成交价格产生影响，填报“否”，反之则填报“是”：

(1) 向境内无特殊关系的买方出售的相同或者类似进口货物的成交价格。

(2) 按照《审价办法》第二十三条的规定所确定的相同或者类似进口货物的完税价格。

(3) 按照《审价办法》第二十五条的规定所确定的相同或者类似进口货物的完税价格。

出口货物免予填报，加工贸易及保税监管货物(内销保税货物除外)免予填报。

四十五、支付特许权使用费确认

根据《审价办法》第十一条和第十三条，填报确认买方是否存在向卖方或者有关方直接或者间接支付与进口货物有关的特许权使用费，且未包括在进口货物的实付、应付价格中。

买方存在需向卖方或者有关方直接或者间接支付特许权使用费，且未包含在进口货物实付、应付价格中，并且符合《审价办法》第十三条的，在"支付特许权使用费确认"栏目填报"是"。

买方存在需向卖方或者有关方直接或者间接支付特许权使用费，且未包含在进口货物实付、应付价格中，但纳税义务人无法确认是否符合《审价办法》第十三条的，填报"是"。

买方存在需向卖方或者有关方直接或者间接支付特许权使用费且未包含在实付、应付价格中，纳税义务人根据《审价办法》第十三条，可以确认需支付的特许权使用费与进口货物无关的，填报"否"。

买方不存在向卖方或者有关方直接或者间接支付特许权使用费的，或者特许权使用费已经包含在进口货物实付、应付价格中的，填报"否"。

出口货物免予填报，加工贸易及保税监管货物(内销保税货物除外)免予填报。

四十六、自报自缴

进出口企业、单位采用"自主申报、自行缴税"(自报自缴)模式向海关申报时，填报"是"；反之则填报"否"。

四十七、海关批注及签章

供海关作业时签注。

第三节　进出口货物报关单检务数据补充填报

检验检疫的申报录入在报关单录入页面折叠隐藏，在需要对商品进行检验检疫时可以选择下拉显示申报的项目。

一、检验检疫项目进口申报范围

检验检疫货物的申报可分为两种情况：按照国家规定需实施检验检疫及自主申报检验检疫。

对于需实施检验检疫的一般进口货物，报关企业应按照法律法规等要求如实申报，在新报关单申报时，填写检验检疫项目，具体填写要求详见《海关总署关于修订〈中华人民共和国海关进出口货物报关单填制规范〉的公告》(2018 年第 60 号)。需实施检验检疫范围如下：

（1）HS编码海关监管条件含A的；

（2）进口捐赠医疗器械，监管方式为“捐赠物资”（3612），产品为医疗器械，HS编码范围详见附件1；

（3）进口成套设备，货物属性为成套设备；

（4）进口以CFCS为制冷剂的工业、商业用压缩机；

（5）进口危险化学品；

（6）进境货物使用木质包装或植物铺垫材料的；

（7）来自传染病疫区的进境货物；

（8）所有进口拼箱货物；

（9）所有进口旧品，货物属性为旧品的；

（10）所有的进口有机认证产品；

（11）所有退运货物。

若进出境货物不属于上述国家规定需检验检疫的货物范围，企业可根据自身意愿自主选择是否申报检验检疫。企业可通过录入“检验检疫名称”（CIQ3位编码对应的商品名称）及其他申报项目来自动报检。凡填写了“检验检疫名称”的报关单，需要在“备注”栏填报“应检商品”，且需要输入所有涉检数据。

二、检验检疫项目进口申报模式

（1）一般进出口货物通过单一窗口实施统一申报。

（2）过境货物、逐批申报的加工贸易货物、暂时进出口货物（包括ATA单证册货物）、展品、需实施检验检疫的快件、邮寄物，进口机动车登检、不涉密的军品，需实施检验检疫的使馆自用物品、个人自用物品，集装箱空箱，伴侣动物，尸体棺柩等11类业务，按原申报模式和渠道进行申报。

三、检验检疫项目种类

检验检疫项目涉及表头折叠隐藏和表体折叠隐藏的项目。表头隐藏项目有：境内收发货人检验检疫10位编码、申报单位10位检验检疫编码、检验检疫受理机关、领证机关、目的地检验检疫机关、启运日期等；表体隐藏项目有：检验检疫名称、检验检疫货物规格、货物属性、用途等。点击表头部分左下方的【»】展开，展开后的项目如图8-3所示。

四、检务数据的申报

因原报关单和报检单有重复项目，关检合并后部分重复项目合一，新报关单的关务项目已经在上一节提及，为避免内容重复，本节仅对报关单检务部分新增或不同的项目做说明。

（一）境外收发货人

境外收货人通常指签订并执行出口贸易合同中的买方或合同指定的收货人，境外发货

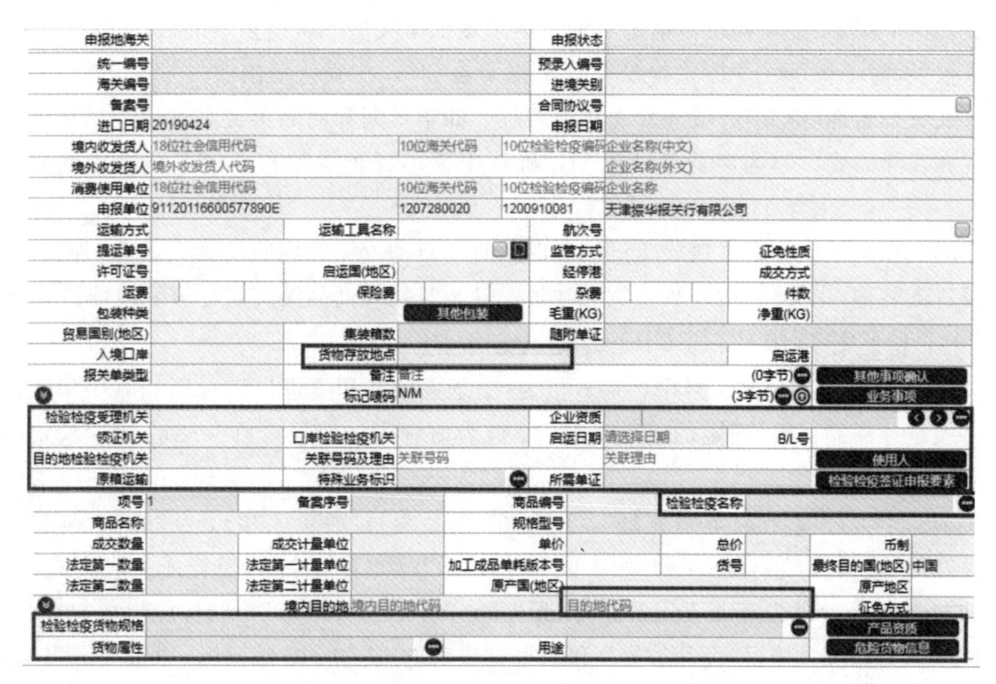

图 8-3　进出口货物报关单折叠的检务数据

人通常指签订并执行进口贸易合同中的卖方。需填报项目有两项，境外收发货人代码(选填)和境外收发货人名称(外文)(必填)。

境外收发货人的代码对于 AEO 互认国家(地区)企业的，编码填报 AEO 编码，填报样式按照海关总署发布的相关公告要求填报(如新加坡 AEO 企业填报样式为：SG123456789012，韩国 AEO 企业填报样式为 KR1234567，具体见相关公告要求)。

名称一般填报英文名称，检验检疫要求填报其他外文名称的，在英文名称后填报，以半角括号分隔。

(二) B/L 号(选填)

填报入境货物的提货单或出库单号码。当运输方式为“航空运输”时无需填写。

原报检“提货单”与原报关“提运单”项目意义一致，合并为“提运单号”后，原报检“提/运单号”改名为“B/L 号码”。

(三) 启运日期(必填)

填报装载入境货物的运输工具离开启运口岸的日期。

本栏目为 8 位数字，顺序为年(4 位)、月(2 位)、日(2 位)，格式为“YYYYMMDD”。

(四) 原箱运输(选填)

申报使用集装箱运输的货物，根据是否原集装箱原箱运输，勾选“是”或“否”。

(五) 关联号码及理由(选填)

进出口货物报关单有关联报关单时，在本栏中填报相关关联报关单号码，并在下拉菜单中选择关联报关单的关联理由。

(六) 所需单证(选填)

进出口企业申请出具检验检疫证单时，应根据相关要求，在“所需单证”项下的“检验检疫签证申报要素”中，勾选申请出具的检验检疫证单类型。申请多个的可多选。

填报“所需单证”项下“检验检疫签证申报要素”时，在确认境内收发货人名称(外文)、境外收发货人名称(中文)、境外收发货人地址、卸毕日期和商品英文名称后，根据现行相关规定和实际需要，勾选申请单证类型，确认申请单证正本数和申请单证副本数后保存数据。

提醒注意：系统会根据报关单已填制的信息，自动返填境内收发货人名称(外文)、境外收发货人名称(中文)、境外收发货人地址、卸毕日期和商品英文名称等字段信息。

(七) 检验检疫编码(原 CIQ 编码)(必填)

13 位数字组成的商品编号中，前 8 位为《中华人民共和国进出口税则》和《中华人民共和国海关统计商品目录》确定的编码；9、10 位为监管附加编号，11～13 位为检验检疫附加编号。

例如：申报进口商品“养殖龙虾”，需先在“商品编号”栏录入“0306329000” 10 位数编号，再在“检验检疫编码”栏下拉菜单的“101 活虾”“102 鲜或冷的带壳或去壳的龙虾(养殖)”和“103 鲜或冷的带壳或去壳的龙虾(野生的)” 中，选择“102”检验检疫附加编号。

该项目为原报关项目“商品编号” 和原报检项目的“货物 HS 编码”，原报关项目“商品编号”填报 10 位数字，原报检项目的“货物 HS 编码”填报 13 位数字，现合并为 13 位“商品编号”。

(八) 原产地区(选填)

入境货物填写在原产国(地区)内的生产区域，如州、省等。

例如：申报原产于美国纽约的樱桃，在本栏录入“840097-美国纽约”。

(九) 特殊业务标识(选填)

属于国际赛事、特殊进出军工物资、国际援助物资、国际会议、直通放行、外交礼遇、转关等特殊业务的，根据实际情况填报。

提醒注意：不属于以上情况的无须勾选。

该项目为原报检项目的“特殊业务标识”，录入要求无变化。

(十) 检验检疫受理机关(必填)

填报提交报关单和随附单据的检验检疫机关。

(十一) 口岸检验检疫机关(必填)

填报对入境货物实施检验检疫的检验检疫机关。

(十二) 领证机关(必填)

填报领取证单的检验检疫机关。

(十三)目的地检验检疫机关(选填)

需要在目的地检验检疫机关实施检验检疫的，在本栏填写对应的检验检疫机关。

提醒注意：不需目的地机构实施检验检疫的无需填写。

(十四) 企业资质类别(选填)

按进出口货物种类及相关要求，须在本栏选择填报货物的生产商/进出口商/代理商必须取得的资质类别。

多个资质的须全部填写。包括：

（1）进口食品、食品原料类填写：进口食品境外出口商代理商备案、进口食品进口商备案；

（2）进口水产品填写：进口食品境外出口商代理商备案、进口食品进口商备案、进口水产品储存冷库备案；

（3）进口肉类填写：进口肉类储存冷库备案、进口食品境外出口商代理商备案、进口食品进口商备案、进口肉类收货人备案；

（4）进口化妆品填写：进口化妆品收货人备案；

（5）进口水果填写：进境水果境外果园/包装厂注册登记；

（6）进口非食用动物产品填写：进境非食用动物产品生产、加工、存放企业注册登记；

（7）饲料及饲料添加剂：饲料进口企业备案、进口饲料和饲料添加剂生产企业注册登记；

（8）进口可用作废料的固体废物：进口可用作原料的固体废物国内收货人注册登记、国外供货商注册登记号及名称，两者须对应准确。

（9）其他：进境植物繁殖材料隔离检疫圃申请、进出境动物指定隔离场使用申请、进境栽培介质使用单位注册、进境动物遗传物质进口代理及使用单位备案、进境动物及动物产品国外生产单位注册、进境粮食加工储存单位注册、境外医疗器械捐赠机构登记、进出境集装箱场站登记、进口棉花境外供货商登记注册、对出口食品包装生产企业和进口食品包装的进口商实行备案

（十五）企业资质编号（选填）

按进出口货物种类及相关要求，须在本栏填报货物生产商/进出口商/代理商必须取得的资质对应的注册/备案编号。多个资质的须全部填写。

（十六）使用单位联系人（选填）

填报进境货物销售、使用单位的联系人名字。

（十七）使用单位联系电话（选填）

填报进境货物销售、使用单位的联系人的电话。

（十八）危险货物信息

危险货物信息项下填报的内容有如下几项：

▶ 1. UN 编码（选填）

进出口货物为危险货物的，须按照《关于危险货物运输的建议书》，在“危险货物信息”中填写危险货物对应的 UN 编码。

▶ 2. 非危险化学品（选填）

企业填报的商品 HS 编码可能是危险化学品时，会弹出“危险货物信息”窗口进行提示，企业可在“非危险化学品”栏目选择“是”或“否”。

▶ 3. 危包规格(选填)

进出口货物为危险货物的，须根据危险货物包装规格实际情况，按照海关规定的《危险货物包装规格代码表》在“危险货物信息”项下的“危包规格”中，选择填报危险货物的包装规格代码。

▶ 4. 危包类别(选填)

进出口货物为危险货物的，须按照《危险货物运输包装类别划分方法》，在“危险货物信息”项下的“危包类别”中，勾选危险货物的包装类别。

危险货物包装根据其内装物的危险程度划分为三种包装类别：

一类：盛装具有较大危险性的货物；

二类：盛装具有中等危险性的货物；

三类：盛装具有较小危险性的货物。

▶ 5. 危险货物名称(选填)

进出口货物为危险货物的，须在“危险货物信息”项下的“危险货物名称”中，填写危险货物的实际名称。

(十九) 货物属性代码(选填)

根据进出口货物的HS编码和货物的实际情况，按照海关规定的《货物属性代码表》，在本栏选择货物属性的对应代码。有多种属性的要同时选择。

提醒注意：①入境强制性产品认证产品：必须在入境民用商品认证(11目录内、12目录外、13无需办理3C认证)中勾选对应项；②食品、化妆品是否预包装、是否首次进口，必须在食品及化妆品(14预包装、15非预包装、18首次进口)中勾选对应项；③凡符合原质检总局2004年第62号令规定含转基因成分须申报的，必须在转基因(16转基因产品、17非转基因产品)中勾选对应项；④“成套设备”“旧机电”产品，必须在货物属性(18首次进出口、19正常、20废品、21旧品、22成套设备)中勾选对应项；⑤特殊物品、化学试剂，必须在特殊物品(25-28ABCD级特殊物品、29V/W非特殊物品)中勾选对应项；⑥木材(含原木)板材是否带皮，必须在是否带皮木材(23带皮木材/板材、24不带皮木材/板材)中勾选对应项。

(二十) 用途代码(选填)

根据进境货物的使用范围或目的，按照海关规定的《货物用途代码表》在本栏下拉菜单中填报。

例如：进口货物为核苷酸类(HS2934999001)时，用于工业时，应在本栏选择“工业用途”；用于食品添加剂时，应在本栏选择“食品添加剂”。

(二十一) 检验检疫货物规格(选填)

在“检验检疫货物规格”项下，填报“成分/原料/组分”“产品有效期”“产品保质期”“境外生产企业”“货物规格”“货物型号”“货物品牌”“生产日期”和“生产批次”等栏目。

提醒注意：①品牌以合同或装箱单为准，需要录入中英文品牌的，录入方式为“中文品牌/英文品牌”；②境外生产企业名称默认为境外发货人；③特殊物品、化妆品、其他检疫物等所含的关注成分或者其他检疫物的具体成分、食品农产品的原料等，在“成分/原料/组分”栏填报。

(二十二) 产品资质(选填)

(1) 进出口货物取得了许可、审批或备案等资质时，应在“产品资质”项下的“产品许可/审批/备案号码”中填报对应的许可、审批或备案证件编号。

提醒注意：同一商品有多个许可、审批或备案证件号码时，须全部录入。

(2) 进出口货物取得了许可、审批或备案等资质时，应在“产品资质”项下的“产品许可/审批/备案核销货物序号”中填报被核销文件中对应货物的序号。

提醒注意：特殊物品审批单支持导入。

(3) 进出口货物取得了许可、审批或备案等资质时，应在“产品资质”项下的“产品许可/审批/备案核销数量”中，填报被核销文件中对应货物的本次实际进出口数(重)量。

提醒注意：特殊物品审批单支持导入。

(4) 进出口货物取得了许可、审批或备案等资质时，应在“产品资质”项下的“产品许可/审批/备案类别代码”中填报对应的许可、审批或备案证件类别。

提醒注意：同一商品涉及多个许可、审批或备案证件类别的，须全部录入相应的证件类别。

(5) 进出口货物取得了许可、审批或备案等资质时，应在“产品资质”项下的“产品许可/审批/备案名称”中填报对应的许可、审批或备案证件名称。

提醒注意：同一商品有多个许可、审批或备案证件名称时，须全部录入。

(6) 申报进口已获3C认证的机动车辆时，填报机动车车辆识别代码，包括：VIN序号、车辆识别代码(VIN)、单价、底盘(车架号)、发动机号或电机号、发票所列数量、品名(英文名称)、品名(中文名称)、提运单日期、型号(英文)、质量保质期等11项内容。

提醒注意：① 车辆识别代码(VIN)一般与机动车的底盘车架号相同。②支持导入VIN码信息导入。

第四节　进出口货物报关单录入及审单

要完成报关单申报，在审单无误情况下一般要经过填制报关单、审核报关单及申报三个阶段。

一、填制报关单

(1) 报关单填制可通过中国国际贸易单一窗口进行录入，也可通过各地方电子口岸“单一窗口”门户进入新版报关单，如图8-4所示。

(2) 选择货物申报，如图8-5所示。

(3) 点击“货物申报”便可打开录入页面录入报关信息。

要注意的是：报关单录入页面由不同颜色的栏目组成，其中灰底栏目不允许录入，申

图 8-4　中国国际贸易单一窗口登录界面

图 8-5　单一窗口货物申报选择界面

报后系统自动返填；黄底栏目为必录项，部分栏目可使用代码调取；白底栏目为选填项，如检验检疫等项目；最后在操作过程中可经常暂存，避免数据流失。

（4）填写申报信息

在填报录入过程中需要格外注意标点符号、小数点、名称等的信息，避免出错。集装箱输入栏对应的商品项号，半角逗号分隔。单一窗口舱单数据可以调用舱单数据在货物申报界面，填写具体信息(如运输方式、运输工具名称、提运单号等)后，系统将自动查找并调取相关舱单信息；填写商品信息、集装箱信息，下载系统模板填入相关信息后上传；点击“转至报关报检单”系统自动生成报关/报检单并流转给相应部门，提高效率，降低企业录入出错率。

（5）申报信息来源

具体填报内容应以进出口商提供的各类单证为基础准确填写，以下是各申报栏目对应的单据来源。

① 运抵国、指运港、成交方式、成交金额、成交方式及单价等在形式发票中查找；

② 毛重、净重、件数、标记唛码及备注、成交单位等可在装箱单中查找；

③ 合同协议号、企业名称及生产销售单位可在发票中查找；

④ 提单号、集装箱信息及港口信息等可在提单中查找；

⑤ 申报地海关、监管方式、商品编号信息，进出口商信息及报关单类型可在委托企业报关信息确认表中查询。

二、报关单初审/复审

逐项审核，根据监管方式，收发货人，监管证件与报关单相应栏目一致性，成交方式与运费、保费逻辑关系，货物件数，货物毛净重进行逻辑审核，并核对签字等重要信息。

▶ 1. 打印审查

为方便核对，可打印或批量打印报关单。在报关单整合申报录入界面靠上方菜单栏中找到“打印”并点击可打印；也可从单一窗口的报关数据查询/统计中查找报关单，如图 8-6 所示。

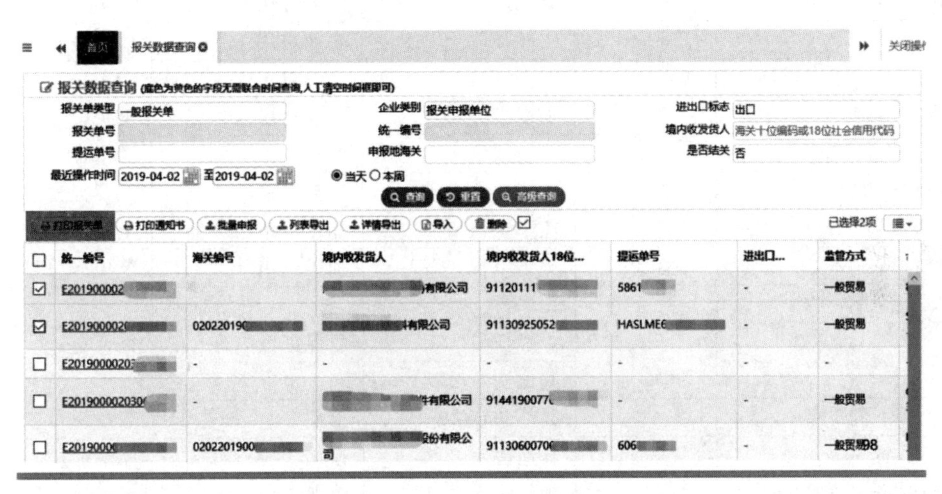

图 8-6　单一窗口报关数据查询/统计界面

▶ 2. 逻辑性审查

报关单的部分项目间存在一定逻辑性，如表 8-16 所示。

三、提交申报

审核报关单填制信息无误后，提交申报。

表 8-16　报关单部分项目逻辑关系表

监管方式	备案文件	征免性质	用　途	征　免
一般贸易 0110		一般征税 101	外贸自营内销	照率征税
	有(Z)	科教用品	企业自用	全免
		鼓励项目 789(内资企业适用)	企业自用	全免
		自有资金 799	企业自用	全免
来料加工 0214	有(B)	来料加工 502	加工返销	全免
进料对口 0615	有(C)	进料加工 503	加工返销	全免
来料深加工 0255		无对应征免性质	加工返销	全免
进料深加工 0654		无对应征免性质	加工返销	全免

续表

监管方式	备案文件	征免性质	用　途	征　免
合资合作备 2025	有(Z)	鼓励项目 789	企业自用	全免
		一般征税 101	企业自用	照章征税
		中外合资 601	企业自用	全免
		中外合资 602	企业自用	全免
外资设备物品 2225	有(Z)	外资企业 603	企业自用	全免
		鼓励项目 789	企业自用	全免
		一般征税 101	企业自用	照章征税
不作价设备 0320	有(D)	加工设备 501	企业自用	特案
无代价抵偿 3100		其他法定 299	无对应用途	全免
加工贸易设备 0420	有(D)	一般征税 101	企业自用	照章征税
		加工设备 501	企业自用	全免
减免设备结转	有(Z)	根据实际填	企业自用	全免
来料料件内销 0245	有(B)	一般征税 101	其他内销	照章征税
进料料件内销	有(C)	一般征税 101	其他内销	照章征税
来料余料结转	有(B)	免于填报	加工返销	全免
进料余料结转	有(C)	免于填报	加工返销	全免
1233 保税仓库货物		无		
1300 修理物品		一般征税 101	收保证金	保证金
		其他法定 299		
1500 租赁不满 1 年		其他法定 299	借用	照章征税
1523 租赁贸易		其他法定 299	借用	照章征税
2600 暂时进出货物(进境)		其他法定 299	收保证金/其他	保证金/保函
2600 暂时进出货物(出境)			免填	全免
2700 展览品(进境)		其他法定 299	收保证金/其他	保证金/保函
2700 展览品(出境)			免填	全免
4500 直接退运		免填		全免
4561 退运货物		其他法定 299		全免
3339 其他进出口免费		一般征税 101		
		其他法定 299		

线上课堂——练习与测试

扫描封底二维码刮刮卡

获取答题权限

在线题库-8

参考政策法规说明

本教材编写过程中重点参考了海关总署及商务部的最新政策法规，主要包括：

海关总署令第103号《中华人民共和国海关进出口货物申报管理规定》

海关总署令第240号(关于公布《海关总署关于修改部分规章的决定》的令)

国务院令第447号《中华人民共和国进出口商品检验法实施条例(2019年修订)》

海关总署 商务部联合公告2017年第33号(关于取消加工贸易银行保证金台账制度有关事宜的公告)

海关总署公告2018年第23号(关于启用保税核注清单的公告)

海关总署公告2018年第50号(海关总署关于全面取消《入/出境货物通关单》有关事项的公告)

海关总署公告2018年第104号(关于加工贸易监管有关事宜的公告)

海关总署公告2018年第143号(关于推进关检融合优化报关单位注册登记有关事项)

海关总署公告2018年第177号(关于公布《海关认证企业标准》的公告)

海关总署公告2018年第178号(关于实施《中华人民共和国海关企业信用管理办法》有关事项的公告)

海关总署公告2018年第191号(关于进一步优化报关单位登记管理有关事项的公告)

海关总署公告2018年第194号(关于跨境电子商务零售进出口商品有关监管事宜的公告)

海关总署公告2018年第197号(关于升级金关二期海关特殊监管区域管理系统有关事宜的公告)

海关总署公告2018年第219号(关于跨境电子商务企业海关注册登记管理有关事宜的公告)

海关总署公告2019年第18号(关于修订《中华人民共和国海关进出口货物报关单填制规范》的公告)

海关总署 国家外汇管理局公告2019年93号(关于取消报关单收、付汇证明联和海关核销联的公告)

海关总署公告2019年第218号(关于精简和规范作业手续 促进加工贸易便利化的公告)

海关总署公告2019年第229号(关于公布《海关认证企业标准》的公告)

海关总署公告2020年第44号(关于全面推广跨境电子商务出口商品退货监管措施有关事宜的公告)

海关总署公告 2020 年第 45 号(关于跨境电子商务零售进口商品退货有关监管事宜的公告)

海关总署公告 2020 年第 75 号(关于开展跨境电子商务企业对企业出口监管试点的公告)

海关总署公告 2020 年第 92 号(关于扩大跨境电子商务企业对企业出口监管试点范围的公告)

中华人民共和国商务部、科学技术部公告 2020 年第 38 号关于调整发布《中国禁止出口限制出口技术目录》的公告

参考文献

[1] 罗兴武．报关实务[M]．北京：机械工业出版社，2018.

[2] 姚雷，李贺，张宁，王伟宏．报关实务理论·技能·案例·实训[M]．上海：上海财经大学出版社，2016.

[3] 叶红玉，王巾．报关实务(第三版)[M]．北京：中国人民大学出版社，2019.

[4] 汪鼎喜，肖菲，陈颖君．报关实务[M]．武汉：武汉理工大学出版社，2019.

[5] 钟飞燕．报关实务与操作[M]．北京：人民邮电出版社，2017.

[6] 张荣，张帆．报关实务[M]．北京：清华大学出版社，2017.

[7] 徐炜等．报关单填制规范及案例解析[M]．北京：中国海关出版社，2019.

[8] 中国报关协会．关务基本技能(2018 版)[M]．北京：中国海关出版社，2018.

[9] 报关职业能力训练及水平测试系列教材编委会．报关业务技能[M]．北京：中国海关出版社，2016.

[10] 报关职业能力训练及水平测试系列教材编委会．报关基础知识[M]．北京：中国海关出版社，2016.

教师服务

感谢您选用清华大学出版社的教材！为了更好地服务教学，我们为授课教师提供本书的教学辅助资源，以及本学科重点教材信息。请您扫码获取。

教辅获取

本书教辅资源，授课教师扫码获取

样书赠送

国际经济与贸易类重点教材，教师扫码获取样书

清华大学出版社

E-mail: tupfuwu@163.com
电话：010-83470332 / 83470142
地址：北京市海淀区双清路学研大厦 B 座 509

网址：https://www.tup.com.cn/
传真：8610-83470107
邮编：100084